KB129922

업스트림
Upstream

UPSTREAM

업스트림
Upstream

댄 히스 지음 | 박선령 옮김

반복되는 문제의 핵심을 꿰뚫는 힘

웅진지식하우스

내가 로스쿨에 다니는 것을 막았던 형

칩 히스에게 이 책을 바친다.

한국의 독자들에게

자, 잠깐 자리에 그대로 멈춰 서서 인간에 대해 한번 생각해보자. 주어진 상황에 '반응'하도록 진화한 이 가련한 종(種)에 대해서 말이다. 우리 인간은 포식자가 쫓으면 도망가고, 폭풍우가 몰아치면 대피할 곳을 찾았다. 아주 오랫동안 인류의 목표는 당장 오늘 하루를 아무 일 없이 잘 보내는 것이었다.

하지만 이제 우리는 오늘 하루가 아니라 내일의 문제에 대해 걱정해야 한다. 팬데믹, 기후변화, 테러리즘, 경제 위기 등으로 한 치 앞도 내다볼 수 없는 세계에서 이는 필수다. 그러나 우리는 아직도 맹수에게 뒤쫓기는 시대에 살고 있는 것처럼 행동하고는 한다. 그것이 바로 내가 이 책을 쓴 이유다.

이 책에서 우리는 문제에 반응하는 데서 벗어나 예방하고 방지하는 법에 대해 이야기할 것이다. 여러분은 노숙 문제를 완전히 해결한 어느 도시 이야기를 읽게 될 것이다. 졸업률을 대폭 높인 교육구의 이야기와, 10대 약물 남용 문제를 근본에서부터 뿌리 뽑은 나라 이야기도 있다. (이 중 쉬워 보이는 일이 있는가?) 당연히 우리는 비즈니스 분야의 사례에 대해서도 자세히 살펴볼 것이다. 책의 첫 장에서, 여러분은 아주 단순한 발상의 전환으로 2천만 건의 문의전화를 사라지게 한 여행 웹사이트에 대해 알게 될 것이다. 해킹에 당하지 않기 위해 직원들을 교육시킨 단체의 사례도 있다. 뒤늦게 문제에 반응하기보다 한 발 앞서 먼저 행동하는 것이 훨씬 현명한 행동임을 깨달은 사람들의 이야기다.

2020년 3월 11일, 톰 행크스는 자신이 코로나 바이러스에 걸렸다고 발표했다. 같은 날, NBA는 나머지 시즌을 전부 취소했다. 그 전에도 미국인들은 코로나 바이러스에 대해 알고 있었지만, 그때가 되어서야 사태가 얼마나 심각한지를 깨달았다. 나는 팬데믹에 대한 책을 쓸 생각은 없었다(여러분이 지금 손에 들고 있는 이 책은 미국에서 2020년 3월 3일에 출간됐다). 하지만 어떤 면에서 보면 나는 지금 이 순간을 위해 책을 쓴 것 같기도 하다. 결국 이 책은 어떻게 부적절한 대응을 하지 않을 수 있는지에 대한 이야기이기 때문이다.

코로나 바이러스로 인해 우리는 350만 명의 생명을 잃었다. 이것이 냉정한 현실이다. 그리고 우리가 겪어야 할 더 많은 냉정한 현실이 아직 남아 있을 것이다. 나는 이 글을 쓰면서, 우리 인류가 어떤 식으로 다음 유행병에 대처할지 생각해봤다. 냉소적으로 예측하자면 이렇다. 우리는 아마 아무것도 하지 않을 것이다. 혹시 '에볼라'라는 말을 들은 게 언제인지 기억하는가? 무척 오래됐을 것이다. 그러나 그건 에볼라가 사라졌기 때문이 아니다. 오히려 더 긴급한 위협(코로나)으로 인해 상황이 바뀌었기 때문이다. 우리는 당장의 비상사태를 쫓느라 지쳐 내일의 비상사태 예측을 포기하고 있다.

그러나 근본적으로, 이 책은 비관적인 책이 아니라 희망적인 책이다. 한국이 바로 희망 그 자체다. 한국의 인구는 5천2백만인데 사망자는 2천 명에 불과하다(반면, 미국은 인구가 3억이 조금 넘는데, 코로나 바이러스로 60만 명이 사망했다). 어떻게 이런 일이 가능했겠는가? 바로 상황이 발생하기 전부터 미리 준비하고 단호하게 행동했기 때문이다. 미리 준비하고, 준비한 대로 실행하는 것. 그것이 바로 내가 이 책에서 말하는 '업스트림(upstream)'의 첫 단계다. 수영장 근처에 구명조끼를 비치한다고 해서 사고를 막을 수는 없지만, 사고로 사망에 이르는 것은 방지할 수 있다.

개인, 회사, 심지어 국가까지 모두 실수를 통해 배운다. 여러분이 이 책을 읽음으로 인해 여러분의 인생에, 조직에 닥쳐올 위협에 더 잘 대비할 수 있기를 바란다. 마치 한국이 메르스로부터 교훈을 얻어 코로나 바이러스에 잘 대처하게 된 것처럼 말이다. 그렇게 우리는 앞으로 나아갈 수 있다.

이 책과 함께하는 여정이 즐겁기를 바란다. 자, 그럼 시작하자.

2021년 6월

댄 히스

차 례

3부 업스트림 그 너머로

* 이 책을 쓰기 위해 300회 이상의 인터뷰를 진행했다. 출처가 명시되지 않은 인용문은('스미스가 말하길'처럼 처리된 경우) 전부 인터뷰를 하며 들은 얘기다. 다른 출처에서 나온 인용문은 해당 출처를 명시했다('스미스가 《뉴욕타임스》에서 말한 것처럼' 등).
* 특정 내용이 실질적으로 다른 사람의 자료에 기반하고 있는 경우에는 본문에 해당 출처를 밝혔다. 세부 정보나 사실 관계의 출처는 책 끝부분의 주석에 표기했다.
* 업스트림(upstream)은 상류, 다운스트림(downstream)은 하류라는 뜻이다. 이 책에서는 문맥에 따라 '상류'나 '하류'로 번역하는 게 더 자연스러운 몇몇 경우를 제외하고는 저자의 의도에 따라 '업스트림'이나 '다운스트림'이라는 말을 그대로 사용했다 – 옮긴이

서문

업스트림이란 무엇인가

> 당신이 친구와 함께 강가에서 소풍을 즐기고 있는데, 갑자기 강 쪽에서 다급하게 외치는 소리가 들린다. 어린아이가 물에 빠진 것이다. 두 사람 다 곧장 물에 뛰어들어 아이를 구해 강가로 데리고 나온다. 그런데 숨 돌릴 틈도 없이 또 다른 아이가 도움을 요청하는 소리가 들린다. 당신과 친구는 아이를 구하려고 다시 강물에 뛰어든다. 그게 끝이 아니다. 물속에서 허우적대는 아이가 보이고, 또 보이고, 계속 보인다. 두 사람의 힘으로는 다 구하기가 벅찰 정도다. 그때 갑자기 친구가 당신을 혼자 두고 물 밖으로 나간다. "어딜 가는 거야?" 당신이 묻자 친구가 답한다. "상류(upstream)로 가서 아이들을 물속에 던져 넣는 놈을 잡으려고."
>
> — 공중보건과 관련된 우화(사회 운동가 어빙 졸라가 썼다고 전해지는 글을 각색)

생각의 전환으로
1억 달러를 아낀 웹사이트

———————— 2012년, 여행 전문 웹사이트 익스피디아(Expedia)의 고객경험 그룹(customer experience group) 대표 라이언 오닐(Ryan O'Neill)은 회사 콜센터에서 받은 데이터 몇 가지를 꼼꼼히 검토했다. 그는 검토 중 믿기지 않는 숫자 하나를 보고 자기 눈을 의심했다. 항공권과 호텔, 렌터카 등 여행 관련 상품을 예약한 고객 100명 중 무려 58명이 콜센터에 전화를 걸어 도움을 요청했다는 것이다.

온라인 여행 사이트의 가장 큰 매력은 '셀프서비스'다. 여행사에 전화를 걸지 않고도 혼자서 모든 일을 처리할 수 있어야 한다는 얘기다. 주유기에서 바로 결제가 가능한 셀프 주유소에 갔는데, 10번에 6번 정도는 뭔가 잘못되어 가게 안으로 들어가 도움을 청해야 한다고 상상해보라. 익스피디아가 바로 그런 상황이었다.

콜센터는 업무 효율과 고객 만족을 위해 운영하는 부서다. 직원들은 고객의 기분을 풀어주고 만족도를 높이도록 교육받는다. 그것도 가능한 한, 최대한 빨리. 통화 시간이 짧을수록 비용이 줄기 때문이다. 오닐은 이렇게 얘기했다. "항상 어떻게든 비용을 줄이려고 애썼다. '통화 시간을 10분에서 2분으로 줄일 수는 없을까?'라고 물으면서. 하지만 우리가 해야 했던 진짜 질문은 이거였다. '왜 2분이나 통화를 해야 할까? 통화를 안 할 수는 없을까?'"

문제에 대응하는 데 익숙해지다 보면 문제가 발생하지 않도록 미연에 방지할 수 있다는 사실을 잊기도 한다. 오닐은 글로벌 사업부의 담당 부사장인 터커 무디(Tucker Moodey)에게 자신의 분석 결과를 알렸다. 두 사람은 기본적이면서도 지금까지 무시하던 의문을 파고들었다.

'콜센터로 전화를 하는 고객이 왜 그렇게 많을까?'

그들은 고객이 도움을 청하는 주요 이유를 정리해서 순위를 매겼다. 고객이 전화를 건 가장 주요한 이유는 무엇이었을까? 바로 여행 일정표를 얻기 위해서였다. 2012년 한 해에만 일정표를 얻기 위한 전화가 2천만 통쯤 왔다. 2천만 통이라니! 플로리다주 주민 전체가 익스피디아에 전화를 건 거나 마찬가지였다.

전화 한 통을 처리하는 데 약 5달러 정도의 비용이 들었다. 그러니 이건 자그마치 1억 달러짜리 문제인 셈이었다. 그렇다면 고객들은 왜 일정표를 자동으로 받지 못했을까? 답은 매우 간단했다. 이메일 주소를 잘못 입력했기 때문이다! 그게 아니라면 일정표가 스팸메일 폴더로 들어갔을 수도 있고, 고객이 귀찮은 광고 메일로 착각하고 삭제해버렸을 수도 있다. 이 문제는 고객이 웹사이트에서 본인의 여행 일정을 검색할 방법이 없었기에 더 복잡해졌다.

오닐과 무디는 당시 CEO였던 다라 코즈로샤히(Dara Khosrowshahi)에게 이 데이터를 들고 갔다. 오닐은 어떻게든 이 문제를 해결해야 한다고 말했다. 코즈로샤히는 통화량을 줄이는 데 집중해야 한다는 사실에 동의하며 이를 고객경험 그룹의 최우선 과제로 삼았다. 사내의 다양한 팀에 속한 이들이 매일같이 모일 수 있도록 '작전 회의실'이 마련됐고, 이들은 단순한

임무 하나를 부여받았다. '고객이 회사에 전화를 걸 필요가 없게 하라.'

작전 회의실에 모인 이들은 고객이 전화를 거는 주요 원인을 해결할 방안을 마련한 뒤 한 번에 하나씩 일을 처리했다. 일정표 요청 문제는 비교적 신속하게 해결됐다. 음성 안내 시스템에 자동 옵션을 추가하고("일정표를 다시 받으시려면 2번을 누르세요."), 이메일 발송 방식을 변경해 스팸 필터를 피했다. 고객이 직접 처리할 수 있도록 온라인 도구도 만들었다. 그 결과 일정표와 관련된 통화가 거의 오지 않게 됐다. 2천만 통의 도움 요청 전화가 사라진 것이다. 그 문제를 제외한 다른 10가지 유사 문제에도 진전이 있었다. 그 결과, 2012년 이후로 콜센터에 전화를 걸어 도움을 청하는 고객의 비중은 58퍼센트에서 15퍼센트로 줄었다. 통화량을 줄이려는 익스피디아의 노력은 성공적인 업스트림 개입(upstream intervention)이었다.

업스트림이란 무엇인가

'다운스트림'은 문제가 발생한 뒤에 대응하는 것을 의미한다. 반면 '업스트림'은 문제가 아예 발생하지 않도록 막는 것을 의미한다. 고객의 전화를 받은 뒤 누락된 일정표와 관련된 불만을 해결할 수도 있고(다운스트림), 고객이 일정표를 받도록 확실하게 조처해 아예 콜센터에 전화를 걸 필요가 없게 할 수도 있다(업스트림).

누구나 뒤늦게 문제에 대응하기보다 미리 예방하는 세계에 살고 싶을 것이다. 그렇다면 무엇이 우리를 방해하는 걸까? 익스피디아의 사례를 돌이켜볼 때 특히 이해하기 어려운 점은, 왜 일을 제대로 처리하기까지 그렇게 오래 걸렸는가 하는 점이다. 어쩌다가 일정표를 요구하는 사람이 2천만 명이나 됐을까? 이런 전화가 7백만 통쯤 왔을 때 뭔가 알아챘어야 하는 것 아닐까?

하지만 익스피디아 경영진은 그러지 못했다. 그들도 콜센터의 통화량이 엄청나다는 건 알고 있었지만, 자신의 업무에 속하지 않는 문제는 무시할 수밖에 없는 구조였다. 여느 회사들처럼 익스피디아도 인력을 부서별로 나눴고 그들은 각자가 맡은 분야에 집중했다. 마케팅팀은 고객을 사이트로 끌어들였고, 제품팀은 고객이 여행 상품을 예약하도록 유도했으며, 기술팀은 웹사이트가 순조롭게 작동하도록 했고, 지원팀은 고객의 문제를 신속하고 만족스럽게 해결했다.

그렇다면 여기에 무엇이 빠져 있을까? 고객이 전화를 걸어 도움을 요청할 필요가 없도록 하는 건 어느 팀의 일도 아니었다는 점이다. 고객이 더 이상 전화를 걸지 않는다고 해서 딱히 이득을 볼 팀도 없었다. 그들은 전화를 줄여야 한다는 생각조차 하지 않았을 것이다.

사실 어떤 면에서 보면 이 팀들의 목표는 전화가 더 많이 오도록 하는 것이었다. 예약을 최대한 늘려야 하는 제품팀의 경우, 목표를 위한 가장 좋은 방법은 고객의 이메일 주소를 한 번만 물어보는 것이다. 이메일 주소를 두 번씩 물어보면 고객과의 마찰이 늘어나기 때문이다. 이런 상황에 처하면 고객 백 명 가운데 한 명 정도는 짜증을 내면서 예약을 포기할 수도 있다.

하지만 이런 결정으로 인해 고객 중 일부가 이메일을 잘못 입력하는 부작용이 생기고, 결국 그들은 일정표를 받으려 콜센터로 전화를 걸어야 한다. 이건 시스템의 문제다. 그 고객은 애초에 전화를 하지 않았어야 했다. 하지만 어쨌든 제품팀은 거래를 성사시켰고, 지원팀은 고객의 전화를 신속하게 처리했다. 두 팀 모두 그들의 목표를 훌륭히 달성한 것이다.

우리가 항상 소 잃고 외양간 고치는 이유

———————— 2012년부터 익스피디아의 최고재무관리자(Chief Financial Officer, CFO)로 일하다가 2017년에 CEO로 승진한 마크 오커스트롬(Mark Okerstrom)은 이렇게 말한다. "조직을 만드는 이유는 직원들이 자기 일에 집중할 수 있도록 하기 위해서다. 그런데 이는 사실 근시안적으로 일하라고 자격증을 주는 것과 같다. 이렇게 말하는 것이다. '당신이 처리해야 할 문제가 여기 있다. 그러니 임무를 정의하고, 전략을 세우고, 자원을 조정해서 문제를 해결해라. 그러면 관련 없는 일들은 모두 무시할 수 있는 신성한 권리가 생길 것이다.'"

오커스트롬이 말하려는 요점은 집중이 조직의 강점이자 약점이라는 것이다. 하나의 조직이 갖춘 고유한 전문성은 엄청난 효율을 안겨준다. 하지만 한편으로는 새롭고 이로운 방법, 즉 업스트림 방식으로 문제를 통합하려는 노력을 방해한다.

이런 모습은 사회의 많은 부분에서 찾아볼 수 있다. 살다 보면 우리는 종종 대응만 반복하는 사이클에 갇히고는 한다. 불이 나면 불을 끈다. 비상 사태가 발생하면 대처한다. 문제가 생기면 해결한다. 하지만 문제를 발생시킨 시스템을 고치려는 시도는 절대 하지 않는다.

치료사들은 약물 중독자들의 재활 치료를 돕는다. 새로 채용된 사람은 회사를 떠난 재능 있는 경영진을 대체한다. 소아과 의사는 호흡 장애가 있는 아이들에게 흡입기를 처방한다. 물론 이런 문제를 해결하는 전문가가 있다는 건 대단한 일이다. 하지만 중독자가 애초에 마약에 손대지 않고, 경영진이 기꺼이 회사에 남아 있고, 아이들이 천식을 앓지 않는다면 더 좋지 않을까? 어째서 우리의 활동은 예방보다 대응에 치우쳐 있는 걸까?

지난 2009년, 나는 캐나다 어떤 도시의 부(副)경찰서장과 얘기를 나눈 적이 있다. 그 대화 덕분에 업스트림 사고에 대한 내 관심에 불이 붙었다. 그는 경찰력이 범죄 예방이 아닌 대응에 지나치게 집중되어 있다고 생각했다. "경찰 관계자 중에는 '경찰과 도둑' 놀이를 하고 싶어 하는 사람이 많다. 내가 이 자를 체포했다고 말하는 게 그 다루기 힘든 애를 붙잡고 한참 타일렀다고 말하는 것보다 훨씬 뽐내기 쉬우니까."

그는 경찰관 두 명을 예로 들었다. 첫 번째 경찰관은 근무 시간의 절반을 사고가 많이 발생하는 길모퉁이에 서 있었다. 경찰관의 모습이 보이면 사람들은 조심해서 운전을 한다. 즉 충돌사고가 줄어들 것이다. 두 번째 경찰관은 모퉁이 뒤에 숨어 있다가 교통신호를 위반하는 차들을 잡았다. 그가 말하길, 공공의 안전을 위해 더 큰일을 한 사람은 첫 번째 경찰관이지만 실제 보상은 두 번째 경찰관이 받게 되리라는 것이었다. 자신의 노력을 증명할 법규 위반 딱지를 잔뜩 발부했으니 말이다.

이는 우리가 사후대응을 선호하는 이유 중 하나다. 눈에 더 잘 보이는 것이다. 다운스트림 활동은 눈에 잘 들어오고 측정하기도 쉽다. 반면 업스트림 활동은 모호한 부분이 엄청나게 많다. 어느 날, 길모퉁이에 경찰관이 서 있는 모습을 보고 조심한 덕에 한 가족이 자동차 사고를 피하게 됐다고 하자. 하지만 그 가족은 자기들이 어떤 상황을 모면했는지 모른다. 경찰관도 마찬가지다. 일어나지 않은 일을 어떻게 증명할 수 있겠는가? 교통사고 관련 통계를 잘 관리해서, 사고가 줄어들기 시작하면 그걸 통해 성공을 감지하는 게 유일한 희망일 것이다. 하지만 본인의 노력을 통해 뭔가 이뤘다고 확신하더라도, 자기가 누굴 도왔는지는 여전히 알지 못한다. 그냥 종이 위의 숫자가 좀 줄어드는 것만 보일 테니 말이다. 이 승리는 보이지 않는 영웅이 주연을 맡아 보이지 않는 희생자를 구한 이야기다. 오로지 데이터만으로 측정되는 것이다.

나는 이 책에서 업스트림 활동을 '문제가 발생하기 전에 선제적으로 대응하거나, 그 문제로 인한 피해를 체계적으로 줄이는 것'이라고 정의하고자 한다. 예를 들어, 아이들에게 수영을 가르치는 건 익사를 예방하는 훌륭한 업스트림 활동이다. 하지만 때로는 노련한 수영 선수들도 익사할 위험에 처할 수 있다. 따라서 내가 볼 때는 구명 장치 또한 업스트림적인 물건이다. 얼핏 보면 구명 장치는 대응적인 방안처럼 보인다. 그것을 필요로 하는 사람들은 이미 문제를 겪고 있으니 말이다. 하지만 우리가 해결하려는 문제가 물에 빠져 죽는 사람들을 구하는 거라면, 구명 장치를 통해 그 문제를 처리할 수 있다.

업스트림 활동은 다음과 같은 시스템적 사고를 수반한다. 당국은 구명 장치를 구입한 뒤 쉽게 이용할 수 있는 장소에 배포한다. 왜? 사람들이 익사할 수도 있다는 것을 알기 때문이다. 그 반대 경우로 워터파크 수영장에서 허우적대는 아들을 구하려고 정신없이 물속으로 뛰어드는 아버지를 예로 들 수 있다. 이는 상황에 반응한 것이다. (보통 다운스트림 활동과 업스트림 활동 사이에서는 상호작용이 일어난다. 아버지가 물에 빠진 아들을 구하고 나면 워터파크 측에서는 이 사건을 검토하고 비슷한 일이 다시 벌어지지 않도록 제도적 변화를 꾀할 것이다. 다운스트림 구조가 업스트림 개선으로 이어지는 사례다.)

내가 예방적(preventive) 혹은 선행적(proactive)이라는 말보다 '업스트림'이라는 말을 선호하는 이유는, 개울(스트림)의 비유가 해결책에 관한 생각을 확장시키기 때문이다. 앞에서 소개한, 물에 빠진 아이들이 나오는 우화에서는 하류(다운스트림)와 상류(업스트림) 두 장소가 서로 대조된다. 하지만 현실에서 우리는 거의 무제한에 가까운 시간대를 따라가다 수많은 지점에서 사건에 개입한다. 다시 말해, 우리는 특정한 '지점'에 있는 업스트림에 도달할 수는 없다. 우리는 특정한 '방향'을 따라 업스트림으로 향해야 한다. 수영 강습은 구명 장치보다 더 업스트림적 해결책에 가깝다. 그리고 복잡한 상황을 감수할 용의만 한다면, 언제나 상류를 향해 다가갈 방법은 있다.

범죄 해결에는 경찰 신고가 최고다?

——————— 업스트림 활동의 범위를 살펴보기 위해 다음과 같은 구체적인 문제를 생각해보자. 2013년에 텍사스주 칼리지 스테이션에 있는 우리 부모님 집에 도둑이 들었다. 그때 부모님은 동네를 산책하고 계셨는데, 두 분이 나가 있는 동안 절도범들이 뒷문으로 들어와 지갑과 아이폰 두 대, 보석 몇 점을 훔쳐 갔다. 부모님은 경찰에 신고했지만 안타깝게도 도둑은 잡히지 않았다. 다운스트림 대응이 실패한 것이다.

그렇다면 사건이 일어나기 전에 도둑을 막기 위해서는 어떻게 해야 할까? 여기 몇 가지 방법이 있다.

- ▶ **몇 초 전에 막는 법** — 무단으로 침입하면 울리는, 귀청이 터질 듯한 경보음
- ▶ **몇 분 전에 막는 법** — 경보 시스템이 존재한다는 가시적 증거(주택 마당에 세우는 보안 회사 표지판 등. 어쩌면 이 방법은 도둑들의 관심을 이웃집으로 돌리는 효과밖에 없을지도 모른다.)
- ▶ **몇 시간 전에 막는 법** — 근처를 순찰하는, 눈에 띄는 경찰의 존재
- ▶ **몇 달 전에 막는 법** — 글쎄……. 도둑을 미리 체포했다면 그들의 재범 주기를 깨는 특정한 행동치료 과정에 등록시킬 수 있었을지도 모른다
- ▶ **몇 년 전에 막는 법** — 도둑이 되길 꿈꾸며 자라는 아이는 없다는 점을 생각해보라

도둑을 막는 최고의 업스트림 해결책은, 수많은 기회가 있는 사회를 만들어 굳이 절도 같은 범죄를 저지를 필요가 없게 하는 것이다. 지나치게 낙관적인 생각처럼 보인다면 4장까지 기다려보기 바란다. 이와 비슷한 기회의 철학을 받아들여 실제로 10대 청소년들의 마약과 알코올 남용 문제를 해결한 나라가 있으니까.

도둑이 들기 수십 년 전에 사건을 막는 게 가능할까? 가능하다. 업스트림 사고를 활용하면 모든 여지를 차단할 수 있다. 심리학자이자 아동발달 전문가 리차드 트람블레이(Richard Tremblay)는 범죄자의 공격적인 행동을 막기에 가장 좋은 시기는 그가 아직 어머니 뱃속에 있을 때라고 주장한다. 트람블레이는 아이의 만성적인 공격성을 예견할 수 있는 위험 요소들 중 산모와 관련된 것으로 애정 부족, 흡연, 영양실조, 분노, 우울증, 결혼 관계에서의 불화, 낮은 교육 수준, 청소년 임신 등을 지적한다. 트람블레이의 주장에 따르면 이 요소들은 서로 동반하는 경향이 있다. 그리고 그보다 더 중요한 점은, 이 요소들은 개선이 가능하다는 것이다. 트람블레이는 이렇게 위험 요소가 많은 상황에 처한 임산부를 돕는 프로그램을 진행하고 있다. 그는 《네이처(Nature)》와의 인터뷰에서 다음과 같이 말했다. "주로 남성에게 많이 나타나는 공격성 문제를 해결하려면 여성에게 초점을 맞춰야 한다. 여성의 생활을 향상시키면 그것이 다음 세대로 전해질 것이다."

이런 해결책이 전부 효과가 있다고 가정해보자. 그렇다면 우리는 애초에 더 적은 아이들을 범죄자로 만드는 업스트림 해결책을 선호할 것이다. 그러나 업스트림 방식은 더 바람직한 동시에 더 복잡하고 모호하다. 생각해보라. 트람블레이는 산모의 환경을 극적으로 개선해 위험 요소(가난, 분노, 우울증 등)를 줄일 것을 주장한다. 이는 즉 아이가 공격적인 성향을 보이는 일이 준다는 것이고, 결국 범죄 활동을 줄일 수 있다는 것을 의미한다. 어쩌면 18년 뒤, 아이는 남의 집에 침입하는 대신 대학에 진학할지도 모른다. 하지만 아닐 수도 있다. 즉 다운스트림 활동은 범위가 좁고 빠르고 구체적이다. 반면 업스트림 활동은 광범위하고 느리고 위험하지만 일단 성과가 보이면 그 효과는 정말 대단하다.

그렇다면 업스트림 방식과 다운스트림 방식 중 무엇이 옳을까? 경보 시스템으로 도둑질을 멈추게 해야 할까, 아니면 미래에 범죄자를 낳게 될 어머니를 보살펴야 할까? 여기서 할 수 있는 최선의 답은 왜 굳이 둘 중 하나를 선택해야 하느냐는 것이다. 기업들이 네트워크 작동 중단을 막기 위해 여러 단계로 된 보안 장치에 투자하는 것처럼, 우리도 범죄 및 다른 중요한 문제들을 해결하기 위해 다단계 보호 장치에 투자할 수 있다.

자원이 부족한 세상에서 개입할 지점을 하나만 선택해야 한다면 마음 불편한 답이 나올 수밖에 없다. 우리는 어떤 방법이 옳은지 모른다. 세상은 아직 범죄 및 모든 주요 문제의 어느 지점에서 개입해야 하는지 증거를 충분히 모으지 못했다. 어떤 면에서는 그게 이 책을 쓰게 된 주요 이유 중 하나다. 우리는 세상의 문제를 해결할 수 있는 광범위한 선택권을 가지고 있으면서도 대부분 대응이라는 작은 영역 안에 자신을 가두고 있다. 그냥 반응하고 대응하는 것. 그게 다다.

허리케인과 지진 피해를 복구하는 데에는 수십억 달러를 쓰지만, 재난 대비 업무 분야는 늘 지원이 부족하다. 노숙자를 돕기 위한 기관과 단체는 수백 개에 이르지만 노숙자가 되는 걸 막는 단체는 몇 개나 될까? 어느 나라에선가 에볼라 바이러스가 퍼지면 그 일은 국제적인 우선순위가 되지만, 그 사태가 끝나고 다음 사태를 막기 위한 보건 시스템 자금을 지원받기는 힘들다.

업스트림 방식이 항상 옳은 건 아니다. 다운스트림 방식을 포기해야 하는 것도 물론 아니다. 그곳에도 누군가가 있어야 우리를 구해줄 수 있다. 요점은 우리의 관심이 엄청나게 비대칭적이라는 것이다. 강물에 빠진 아이들을 구하는 데 너무 집중한 나머지, 왜 그들이 떠내려 오는지는 알아보지 않는다.

미국의 의료 시스템과 업스트림

———————— 미국 경제의 5분의 1에 달하는 3조 5천억 달러 규모의 의료업계만큼 이런 변화의 필요성이 명확한 분야도 없다. 미국의 의료 시스템은 대응만을 위해 설계되어 있다. 마치 거대한 '실행 취소' 버튼처럼 기능한다. 동맥이 막혔다고? 막힌 혈관을 뚫는다. 엉덩이뼈가 부러졌다고? 바꿔 끼운다. 시력에 문제가 생겼다고? 치료하면 된다. 아무튼 모든 게 제대로 이루어진다면 본래의 건강 상태를 회복할 것이다.

이 시스템에서는 '어떻게 하면 더 건강해질 수 있을까?'라는 의문을 해결해줄 사람을 찾기가 힘들다(이 질문은 '우리를 병들게 하는 문제에 어떻게 대응할 수 있을까?'와는 완전히 다르다). 의료 시스템을 업스트림 방식으로 바꿀 수 있을까? 그러려면 정책을 대대적으로 바꿔야 한다. 그런데 의료 정책은 당파적인 사안으로 악명이 높다.

보수 진영과 진보 진영의 근본적인 가치관을 좀 더 확실히 이해하기 위해, 레베카 오니(Rebecca Onie)와 로코 페를라(Rocco Perla)가 이끄는 단체인 헬스 이니셔티브(The Health Initiative)는 노스캐롤라이나주 샬럿에 조사 그룹을 두 개 구성했다. 하나는 민주당을 지지하는 아프리카계 미국인 여성 그룹이고 다른 하나는 공화당을 지지하는 백인 여성 그룹이었다. 그들은 각 그룹에 100달러가 있고 건강을 지키기 위해 그것을 지역사회 내에서 써야 한다면 어떻게 사용하겠느냐고 물었다. 그들은 100달러를 나눠 쓸 수 있는 선택지를 받았다.

민주당원인 아프리카계 미국인들은 돈의 3분의 1을 공적 의료 시스템(병원)에 쓰고 나머지는 전부 다른 데(몸에 좋은 음식에 25달러, 적절한 수준의 주택에 19달러, 보육비에 14달러 등)에 할당했다. 백인 공화당 여성들은 어땠을까? 그들의 대답도 거의 동일했다. 실은 소수점 마지막 자리까지 일치할 정도였다. 미국 각지에서 실시한 다른 조사(남자, 라틴계, 정치적 부동층 등)에서도 마찬가지였다. 페를라의 말에 따르면 "지출 패턴의 유사성이 놀라운 수준"이어서 "그걸 보고 놀라서 진행하던 일을 그만두었다."

지지 정당이 다른 사람들은 서로 치열한 싸움을 벌이는 것 같지만 사실 지출을 분배하는 방식에 있어서는 은밀히 마음이 통하는 것이다. 정치적 스펙트럼에 상관없이 가진 돈의 3분의 2는 건강을 지키는 시스템(식품, 주택 등)에 투자하고 3분의 1은 아픈 사람을 치료하는 시스템에 투자하는 것이 최선이라고 생각한다. 이를 달리 표현하면, 건강관리 분야에서 우리들 대부분은 다운스트림 활동에 1달러를 쓸 때 업스트림 활동에 2달러를 쓰는 게 현명한 방법이라고 생각한다.

사실 이 비율은 선진국의 일반적인 기준에 상당히 근접한 수치다. 선진국들의 평균적인 지출 내역을 보면 다운스트림에 1달러를 쓸 때마다 업스트림에 2~3달러를 지출한다. 그런데 그중에 특이한 나라가 하나 있으니, 바로 미국이다. 미국은 다운스트림 지출 1달러당 업스트림 지출 1달러를 쓴다. 비슷한 수준의 국가들 가운데 다운스트림 지출에 대한 업스트림 지출 비율이 가장 낮은 것이다.

미국이 의료 분야에 너무 많은 돈을 쓴다는 얘기를 자주 듣는다. 하지만 이 말은 지나치게 단순화된 표현이다. GDP 비율로 따지면 미국이 다른 선진국보다 공적인 의료비를 많이 지출하는 게 사실이다. 하지만 국가가 건강관리에 지출하는 비용과 사회복지에 지출하는 비용(주택, 연금, 육아 지원 등 기본적으로 업스트림 지출이라 할 만한 것)을 모두 더해보면 평범한 수준이라는 걸 알 수 있다. 엘리자베스 브래들리(Elizabeth Bradley), 헤더 십스마(Heather Sipsma), 로렌 테일러(Lauren Taylor)가 2017년에 실시한 연구 데이터에 따르면, 총 지출액을 기준으로 미국은 34개국 중 9위를 차지했다.

브래들리와 테일러가 『미국 보건의료의 역설(The American Health Care Paradox)』이라는 책에서 지적하듯, 미국이 의료에 접근하는 방식 중 정말 독특한 부분은 지출 액수가 아니라 돈을 지출하는 방식이다. 미국은 다른 나라에 비해 병을 고치는 데에 많이 쓰고 건강을 지키는 데에 덜 쓴다. 미국은 다운스트림 방식이고 다른 나라들은 업스트림 방식이라는 얘기다.

그런데 실상은 그보다 더 나쁘다. 미국은 업스트림 지출마저도 다른 나라들에 비해 업스트림 방식답지 못하다. 랜드 연구소(RAND Corporation)에서 나온 한 보고서에 따르면, 다른 선진국들은 가족을 지원하는(아동 세액 공제, 육아 지원 등) 업스트림 예산 비율이 미국의 3배에 달한다고 한다. 한편 미국은 노령 인구를 위한 지출이 다른 나라보다 30퍼센트 많다.

이렇듯 다운스트림에 집중한 결과 미국 의료체계는 암이나 심장병 같은 중증질환 환자들을 치료하는 영역에서 뛰어난 능력을 발휘하고 있다. 사우디의 왕족들이 암 치료를 받으러 휴스턴이나 보스턴에 오는 것도 그 때문이다. 이 혜택을 왕족들만 받는 건 아니다. 그 질병을 앓는 이들 모두가 받는다. 미국은 무릎 관절 교체 수술, 혈관 우회 수술, 신장 이식을 받은 환자 수, 고관절 치환술을 받아야 할 필요성이 생긴 후 6개월 이내에 수술을 받은 노인 비율 등의 부분에서 세계적인 선두주자다. 이건 다운스트림 활동에 투자해서 얻은 결실이다.

그렇다면 그 이면, 즉 다운스트림에 집중한 탓에 생긴 단점은 무엇일까? 노르웨이의 사례를 살펴보자. 노르웨이는 GDP로 따졌을 때 의료 분야에 쓰는 지출의 비율이 미국과 비슷한, 흥미로운 비교 대상이다. 그런데 노르웨이의 우선순위는 미국과 근본적으로 다르다. 다운스트림에 1달러를 지출할 때 업스트림에 약 2.5달러를 지출한다.

노르웨이는 어디에 돈을 쓸까? 출산을 예로 들어보자. 임신한 노르웨이 여성은 산부인과 진료를 받을 때 돈을 내지 않는다. 출산 비용도 무료다. 아기를 낳은 뒤 병원에 갈 때도 무료다. 모든 비용이 보험으로 처리된다.

부모가 아기 출산 전 10개월 중 6개월 이상 회사에 고용된 상태였다면 장기휴가를 쓸 권리를 갖게 된다. 엄마는 출산 예정일 3주 전부터 휴가를 받는다. 출산 뒤에는 엄마, 아빠 모두 15주간의 출산휴가를 받을 수 있다. 그 기간이 끝난 뒤에도 엄마와 아빠 중 적합하다고 생각되는 쪽이 나눠 쓸 수 있는 16주의 휴가가 추가로 남아 있다. 그리고 (이 얘기를 듣고 충격을 받을지도 모르니 앉아서 듣는 게 좋을 텐데) 이 모두가 유급휴가다. 총 49주의 유급휴가(만약 엄마나 아빠가 근무기간 요건을 충족하지 못하면 유급휴가는 받지 못하고, 9천 달러 정도의 수표를 일시불로 받는다).

아이가 한 살이 되면 온종일 아이를 돌봐주는 수준 높은 어린이집에 자리를 보장받는다. 부모들은 매달 차등제로 부과되는 요금을 내는데, 아무리 비싸도 몇백 달러를 넘지 않는다. 또한 각 가정은 매달 백 달러가 조금 넘는 돈을 받는데, 이 돈은 아이가 18세가 될 때까지 계속 지급된다. 부모는 그 돈으로 기저귀나 음식, 학용품을 살 수 있다. 대학 학자금을 마련하는 데 사용할 수도 있겠지만, 노르웨이에서는 등록금이 무료이기 때문에 무의미하다.

그럼 과연 어느 나라 사람이 더 건강할까? 미국? 노르웨이? 양국의 수치는 비슷하다고 말할 수조차 없는 수준이다. 노르웨이는 전 세계에서 5번째로 유아 사망률이 낮다. 미국은 34번째다. 노르웨이의 기대수명은 5위, 미국은 29위다. 스트레스를 가장 적게 받는 나라는 노르웨이 1위, 미국은 21위다. 행복한 정도? 이 분야는 그래도 미국이 확실히 앞서지 않을까? 아니다. 노르웨이가 3위, 미국은 19위다.*

GDP를 따져봤을 때 두 나라가 보건의료에 쓴 지출은 비슷했다는 사실을 기억하라. 노르웨이가 더 많이 쓴 게 아니다. 단지 쓴 방식이 달랐을 뿐이다. 미국은 고음부를 올리고 노르웨이는 저음부를 올렸다. 미국은 강에서 익사하는 아이들을 건져내는 데 점점 더 능숙해지는 방식을 택한 것이다.

우리는 다른 선택을 할 수도 있었다.

가자,
업스트림으로!

――――――――― 내가 이 책을 통해 이루려는 목표는 우리가 더 많은 에너지를 상류 쪽으로 옮겨야 한다는 사실을 독자들에게 납득시키는 것이다. 개인적, 조직적, 국가적, 세계적 차원에서 말이다. 우리는 문제의 증상에 대처하는 걸 멈추고 문제를 고치는 선택을 할 수 있다. 반드시 그래야만 한다.

그와 동시에 그런 변화를 이룰 때 맞닥뜨리게 될 문제가 뭔지도 알아야 한다. 1989년, 멕시코시티는 자동차 번호판의 마지막 숫자를 기준으로 삼아 사람들이 일주일 중 하루는 차를 몰지 못하게 했다. 대중교통 이용을

---

* 이렇게 다양한 척도로 비교해본 이유는 지나치게 단순한 시선으로 상황을 바라보는 걸 피하기 위해서다. 사실 미국이 업스트림 지출 수준을 노르웨이 수준으로 맞춘다 한들 두 나라가 비슷한 결과를 얻으리라는 보장은 없다. 국민 전체를 건강하게 만드는 건 복잡한 일이기 때문이다. 또한 미국은 전부터 겪고 있는 불평등과 인종차별 문제 때문에 인구 구성이 균질한 노르웨이보다 상황이 어렵다. 이런 업스트림 대 다운스트림 지출 비율은 신성불가침한 것이 아니다(예컨대 다운스트림 의료비 지출을 줄이면 미국의 지출 비율이 더 좋아 보이겠지만, 그런다고 해서 건강해지는 사람은 아무도 없다). 여기서 말하고자 하는 요점은 다음과 같다. 의료비에 쓰는 돈이 거대한 항아리에 들어 있다고 생각한다면, 미국은 그 항아리에 든 돈을 타국과는 다른 방법으로 쓰고 있다. 그러므로 미국이 국민들의 건강을 증진시키고 싶다면 업스트림 지출을 늘리거나 다운스트림 지출을 업스트림으로 바꾸는 편이 현명할 것이다.

장려하고 대기 질을 개선하기 위해서였다. 한마디로 대기 오염을 막기 위한 숭고한 업스트림 활동이었다.

하지만 이 방법은 효과가 없었다. 많은 멕시코 사람들이 매일 차를 몰고 다니기 위해 오래된 고물차를 사서 세컨드카로 이용했다. 대기 질이 개선될 리가 없었다. 의도가 좋다고 해서 반드시 성공이 보장되는 건 아니다.

업스트림 활동의 흥미로운 점은 이것이 인간성을 최고와 최악의 형태로 반영한다는 것이다. 업스트림 방식을 택하는 것은 이렇게 선언하는 것과 같다. '나는 이 세력들에 의해 좌우될 필요가 없어. 나는 그들을 통제할 수 있어. 난 내 세계를 만들어낼 수 있어.' 이 선언에는 영웅주의와 자만심의 씨앗이 모두 담겨 있다.

때로는 이런 통제 욕구가 놀라운 성공으로 이어지기도 한다. 20세기에만 3억 명의 목숨을 앗아간 것으로 추정되는 천연두 바이러스의 박멸이 좋은 예다. 전 세계적으로 진행된 대규모 노력 덕분에 천연두는 조직적으로 멸종됐다. 천연두에 마지막으로 감염된 사람은 소말리아의 마르카(Merca)라는 도시에 살던 알리 마우 마알린(Ali Maow Maalin)이라는 병원 요리사였다. 1977년, 그의 감염 사실이 밝혀지자 병의 확산을 막기 위한 미친 듯한 노력 끝에 2주간 그 주변에 사는 54,777명의 사람들이 예방접종을 받았다.* 이것이 천연두의 종말이었다. 우리는 천연두를 치료한 게 아니라 패배시켰다. 최고의 업스트림 활동이다.

하지만 통제 욕구 때문에 완전히 상황을 파악하지 못한 상태에서 행동하려는 유혹을 느낄 수도 있다. 우리는 제대로 이해하지 못한 시스템을 만지작거리다가 의도치 않은 결과에 빠져들기도 한다. 세상을 더 좋은 곳으로 만들려는 숭고한 노력 때문에 세상이 훨씬 더 나빠질 수도 있다는 것은 의심의 여지 없는 사실이다.

여기에 바로 업스트림 리더들이 풀어야 하는 난해한 문제가 있다. 문제가 발생하기 전에 어떻게 그걸 감지할 수 있는가? 어떤 일이 일어나지 않는 게 바로 '성공'이라면, 그 성공은 어떻게 측정할 수 있는가? (교통 법규 위반자들에게 딱지를 발부하기보다 자기 존재를 이용해 충돌사고를 막은 경찰관의 이야기를 떠올려보자.) 그리고 일어나지 않은 일을 위해 누가 돈을 지불하겠는가?

우리는 이 복잡한 문제들에 대하여 자세히 알아보는 것과 동시에 이 문제들을 극복하는 데 성공한 사람들을 만나볼 예정이다. 만성적인 노숙자 문제를 해결한 미국 최초의 도시를 찾아가보자. 1년간의 집중적인 노력을 통해 고등학교 졸업률을 25퍼센트나 높인 어느 도시의 주요 교육구(school district)도 연구할 것이다. 또 구독 서비스를 제공하는 어느 인터넷 회사의 일화도 들을 예정인데, 그 회사는 고객 가입 후 첫 4주 이내에 연간 구독을 취소할 것인지 아닌지 예측할 수 있다는 걸 알아냈다.

우리의 탐구 과정은 세 단계로 진행될 것이다. 먼저, 우리를 다운스트림

---

* 관련해 덧붙일 놀라운 이야기가 있다. 목숨을 건진 마알린은 소말리아에서 소아마비를 퇴치하는 일에 헌신했다. 이때 백신의 중요성을 강조하기 위해 천연두에 걸렸던 경험을 이용했다. 그런데 1978년에 비극적인 상황에서 부자연스러운 방법으로 천연두에 감염된 사람이 또 한 명 있었다. 영국의 의료 사진작가 자넷 파커(Janet Parker)다. 그의 암실은 헨리 베드슨(Henry Bedson)이라는 교수의 연구실 바로 위에 있었다. 천연두를 연구하던 베드슨은 연구를 끝내려고 서두르다 안전 조치를 제대로 하지 않았고, 그러는 바람에 파커는 환기구를 통해 들어온 천연두 바이러스에 감염됐다. 이로 인해 파커는 사망했고, 베드슨은 자기가 한 일에 수치심을 느껴 자살했다.

으로 밀어내고 문제를 예방하는 능력을 방해하는 세 가지 힘과 씨름해볼 것이다. 그런 다음 책의 핵심 부분에서는 업스트림 리더들이 반드시 알아야 하는 7가지 근본적인 법칙을 살펴볼 것이다. 문제를 방지하는 데 성공한 예와 실패한 예 모두를 살펴본 뒤, 성공에 이르는 전략은 무엇이고 주의해야 할 장애물은 무엇인지 밝힐 것이다. 마지막으로는 일반적인 업스트림 행동이 필요한 경우를 넘어서는 상황에서는 어떻게 해야 하는지 고민해볼 것이다. 전에는 한 번도 일어나지 않았던, 그리고 아예 일어나지 않을지도 모르는 문제와 마주쳤을 때는 어떻게 해야 할까?

사람들 대부분은 소 잃기 전에 외양간 고치는 게 더 낫다고 생각한다. 하지만 우리 행동은 그렇지 않다. 사회에서 벌어지는 일들 대부분은 외양간을 빠르고 효율적으로 고치는 데 최적화되어 있다. 우리는 '대응-회복-구제' 구조를 찬양한다. 하지만 우리는 그보다 더 대단한 일을 할 수 있다. 상황을 전으로 되돌리려는 노력은 줄이고 더 나은 결과물을 내는 것이다. 지금 이 세상에 필요한 건 더 조용한 영웅, 즉 구원이 필요 없는 세상을 만들기 위해 적극적으로 투쟁하는 자다. 우리는 고칠 수 있다는 사실을 잊어버렸다는 이유만으로 우리 삶과 사회에 너무 많은 문제를 용인하고 있는 게 아닐까?

오늘도 우리가 어제와 같은 문제로 씨름하는 이유

'선수들이 열심히 뛰다 보면 부상을 당할 수도 있다. 그 사실을 바꿀 수는 없다.' 나는 이런 마음가짐을 '문제 불감증'이라고 부른다. 이는 부정적인 결과가 자연스럽거나 불가피하다는 믿음이다. 통제할 수 없다고 생각하는 것이다. 우리는 어떤 문제에 무지하면 그걸 마치 날씨 대하듯 한다. 날씨가 나쁘면 다들 그냥 어깨를 으쓱할 뿐이다. '내가 뭘 어떻게 할 수 있겠어? 날씨가 이 모양인 걸.'

문제 불감증은 우리가 연구하게 될 업스트림 사고를 방해하는 세 가지 장벽 중 첫 번째다. 문제를 직시하지 않으면 해결할 수 없다. 또한 문제 불감증은 엄청난 피해 앞에서도 수동적인 태도를 보이게 만든다. 상류로 가려면 먼저 문제 불감증을 극복해야 한다.

chapter 1

눈앞에 있는 문제가 문제인지 모르기에

: 문제 불감증

NFL 선수들이 만성적으로 부상에 시달린 이유

—————— 의사이자 스포츠 트레이너인 마커스 엘리엇(Marcus Elliott)은 1999년에 프로 미식축구팀 뉴잉글랜드 패트리어츠(New England Patriots)의 스태프로 합류했다. 엘리엇에 따르면 부상을 운명으로 받아들이는 게 그 당시의 일반적인 생각이었고 다들 부상을 스포츠의 일부라고 생각했다고 한다. "운동을 하다 보면 다치는 게 당연하니까 그냥 또 빌어먹을 부상을 당했다고 생각한 거다."

하지만 엘리엇의 생각은 달랐다. 그는 부상 대부분이 잘못된 훈련의 결과라고 생각했다. 당시의 NFL 훈련은 몸을 키우고 강하게 만드는 데에만 초점을 맞췄다. 선수들의 몸 상태나 맡은 포지션은 저마다 완전히 다르지만 훈련 내용은 거의 똑같았다. "의사를 찾아갔는데 질문도 안 하고 검사도 전혀 하지 않은 채 처방전만 건네주는 것과 마찬가지였다. 말도 안 되는 일이다. 하지만 그게 프로선수들의 훈련방법이었다. 천편일률적인 프로그램뿐이었다."

엘리엇은 개인에 맞춘 새로운 접근법을 이용했다. 특히 와이드 리시버(Wide Receiver. 미식축구의 포지션 중 하나로, 넓게 흩어져 상대방의 빈틈을 파고드는 역할을 맡는다 – 옮긴이)처럼 햄스트링 부상 위험이 높은 선수들에게 더 많은 관심을 쏟았다. 엘리엇은 선수들을 한 명씩 살펴봤다. 그들의 힘을 테스트하고, 전력으로 달릴 때의 메커니즘을 관찰하고, 근육의 불균형한 부분(한쪽 햄스트링이 다른 쪽보다 강한 경우 등)을 찾아냈다. 그런 뒤 이런 평가에 기초해 선수들을 부상 위험이 높은 그룹, 중간 그룹, 낮은 그룹으로 나눴다. 높은 그룹에 속한 선수들은 비시즌에 적극적인 훈련을 받았다. 엘리엇이 근육에서 발견한 위험 징후를 바로잡기 위해서였다.

그 전 시즌에 패트리어츠 선수들은 햄스트링 부상을 22번 당했다. 그런데 엘리엇의 프로그램을 도입한 이후로 그 횟수가 3번으로 급감했다. 이 방법이 성공하자 호응을 보내는 사람들이 늘어났고 회의적인 시각도 사라졌다. 그로부터 20년이 지나면서 엘리엇이 사용한 데이터 중심의 선수 맞춤형 접근법은 훨씬 더 보편화됐다.

엘리엇은 엘리트 선수들을 평가하고 훈련하는 스포츠 과학 회사 P3를 설립했다. 이 회사는 선수가 달리고, 점프하고, 회전하는 모습을 3D 모션 캡처 기술을 이용해 미세 분석한다. 결과는 놀라울 정도로 정확하다. 엘리트 운동선수를 위한 MRI라고 봐도 될 정도다. 엘리엇은 선수와 함께 앉아 이렇게 설명해준다. "봅시다. 점프 후 착지할 때 몸 한쪽에 힘이 25퍼센트 더 들어가서 대퇴골이 안쪽으로 회전하고 경골은 바깥쪽으로 회전하고 있네요. 이 때문에 당신의 상대 회전률은 우리가 조사한 선수들 가운데 96퍼센트에 달하는데, 백분위가 95퍼센트 이상인 선수는 모두 2년 내에 무릎 부상을 입었어요. 그러니 공들여서 그 부분을 고쳐야겠죠. 일단 훈련을 한 다음에 어느 정도 변화가 있는지 다시 한번 평가해볼 겁니다." 현재 NBA 선수 중 절반 이상이 P3 분석을 받았다.

엘리엇은 이렇게 말한다.

"나쁜 일이 일어나기를 기다리고만 있어서는 안 된다. 그보다는 위험이 도사리고 있다는 신호를 찾아서 그 신호에 따라 행동해야 한다. 나쁜 일이 일어나기를 기다리고만 있으면 절대 예전 상황으로 되돌아갈 수 없다." 엘리엇(그리고 비슷한 철학을 가진 그의 동료들) 덕분에 프로 스포츠계에는 부상 예방 과학이 점점 널리 퍼지게 됐다.

'선수들이 열심히 뛰다 보면 부상을 당할 수도 있다. 그 사실을 바꿀 수는 없다.' 나는 이런 마음가짐을 '문제 불감증'이라고 부른다. 이는 부정적인 결과가 자연스럽거나 불가피하다는 믿음이다. 통제할 수 없다고 생각하는 것이다. 우리는 어떤 문제에 무지하면 그걸 마치 날씨 대하듯 한다. 날씨가 나쁘면 다들 그냥 어깨를 으쓱할 뿐이다. '내가 뭘 어떻게 할 수 있겠어? 날씨가 이 모양인 걸.'

문제 불감증은 우리가 연구하게 될 업스트림 사고를 방해하는 세 가지 장벽 중 첫 번째다. 문제를 직시하지 않으면 해결할 수 없다. 또한 문제 불감증은 엄청난 피해 앞에서도 수동적인 태도를 보이게 만든다. 상류로 가려면 먼저 문제 불감증을 극복해야 한다.

아이들의 졸업률을 25퍼센트 올린 시카고 공립학교

———— 1998년, 시카고 공립 고등학교 교육구에 속한 학생들의 졸업률은 52.4퍼센트였다. 졸업장을 받을 확률이 반반이었던 셈이다. 의료 전문가 폴 바탈덴(Paul Batalden)은 이렇게 말한 바 있다. "모든 시스템은 특정한 결과를 얻도록 완벽하게 설계되어 있다." 시카고의 공립학교는 아이들 중 절반이 낙제하도록 고안된 시스템이었다.

당신이 이 시스템에 속한 교사나 관리자라고 상상해보라. 당신은 이 견딜 수 없을 만큼 낮은 가능성을 높여보고자 하는 선한 마음을 품고 있다. 정확히 어느 지점에서 시작해야겠는가? 여러분의 고귀한 열망은 이내 642개 학교에 다니는 36만 명 이상의 학생과 3만 6천 명 이상의 직원, 즉 시카고 공립학교 전체와 맞닥뜨리게 될 것이다. 규모를 살펴보자면 위스콘신주의 그린베이에는 학생이 2만 천 명 있다. 그런데 시카고 공립학교에는 전체 교사 수가 그만큼이다. 시카고 공립학교 예산 60억 달러는 시애틀 전체 예산과 맞먹는다.

이 이야기는 변화를 믿는 사람들이 거대하지만 부서져 있던 시스템을 어떻게 내부에서부터 바꾸려고 노력했는지, 학생들이 중퇴하는 걸 막기 위해 어떻게 상류로 나아갔는지에 대한 이야기다.

먼저 그들은 변화를 일으키기 위해 잘못된 마음가짐과 싸워야 했다. 이 변화를 주도한 이들 중 한 명인 켄우드 아카데미 고등학교의 전직 교장 엘리자베스 커비(Elizabeth Kirby)는 이렇게 말했다. "오랫동안 사람들은 누군가가 고등학교에 오면 졸업하거나 중퇴하게 될 것이라는 생각을 갖고 있었다. 이 아이들의 성공과 실패를 결정하는 건 우리들이다. 그런데 만약 성공하지 못했다면 그건 그들의 잘못으로 치부됐다. 원래 그러니까 아무도 거기에 의문을 품지 않았던 것이다."

'원래 그랬으니까 아무도 의심하지 않는다.' 이게 바로 문제 불감증이다. 시카고 공립학교에서는 많은 사람들이 높은 중퇴율을 받아들였다. 학생들이 낙제하면 그들은 가난한 가정환경, 불충분하게 이뤄진 이전 단계의 교육, 충격적인 정서적 경험, 영양 부족 같은 고칠 수 없는 근본적 원인이 문제라고 믿었다. 게다가 아이들은 노력도 하지 않았다. 수업을 빼먹었고 숙제도 제출하지 않았다. 아예 신경을 안 쓰는 것 같았다. 고등학교 교사나 교장이 이 문제에 영향을 미치기 위해 뭘 할 수 있을까? 상황은 통제하기 힘들었고, 1년이 지나도 졸업률이 여전히 50퍼센트 안팎이었다. 그들의 무력감은 강해졌다. 힘든 세상이지만 세상은 원래 그런 곳이니까 내 힘으로는 어쩔 수가 없다는 생각이 고개를 들었다.

그러던 와중 졸업률에 의미 있는 차이를 만들 수 있다는 첫 번째 희망이 생겼다. 시카고대학 연구 컨소시엄의 일레인 앨런스워스(Elaine Allensworth)와 존 이스턴(John Easton)이 수행한 학술 연구에서였다. 2005년에 그들은 어떤 신입생이 졸업하고 어떤 학생이 중퇴할지를 80퍼센트의 정확성으로 예측할 수 있다는 연구 결과를 발표했다.

이 예측은 놀라울 정도로 단순한 두 가지 요인을 근거로 한 것이었다. 신입생이 1년간 5학점을 이수했는가(미국 고등학교에서는 한 학기 동안 한 과목을 수강하면 0.5학점을 받는다 – 옮긴이), 수학이나 영어 같은 핵심과목을 한 학기 이상 낙제하지는 않았는가. 이 두 요소를 결합시킨 측정 방식은 '신입생 온트랙 측정(Freshman On-Track, FOT) 지표'라고 알려졌다. 이 측정 지표를 충족한 신입생들이 졸업할 확률은 그렇지 않은 학생들보다 3.5배 높았다.

이 지표를 관리하기 위해 2007년에 시카고 공립학교에 고용된 페이지 폰더(Paige Ponder)는 "이 지표가 다른 모든 지표를 합친 것보다 더 중요하다."고 말했다. 이 지표에서는 다음과 같은 요소들이 빠진 게 눈에 띈다. 소득, 인종, 성별, 그리고 아마 가장 믿을 수 없는 요소일 텐데 학생 본인의 8학년까지의 학업 성적이다.

고등학교 입학 직전(8학년) 성적이 하위 4분의 1에 불과했던 신입생들도 이 지표를 충족하기만 하면 졸업할 확률이 68퍼센트로 지역 평균을 훨씬 웃돌았다. 연구원들은 특히 학생들이 9학년 때 거둔 성취가 고등학교에서의 성공과 실패를 좌우하는 특이한 점이 있다는 사실을 발견했다.

왜 그럴까? 9학년 때 뭐 그렇게 특별한 일이 있기에? 그 이유 중 하나는 시카고에 중학교가 없다는 것이다. 1학년부터 8학년까지는 초등학교, 9학년부터는 고등학교로 운영된다. 그러므로 8학년에서 9학년이 되는 건 엄청나게 큰 변화다. 갑작스럽게 유년기를 졸업하고 성인기로 진입하는 셈이다.

사라 던컨(Sarah Duncan)은 시카고 공립학교의 프로젝트에 중요한 역할을 한 비영리 단체 '대학 성공 네트워크(Network for College Success)'를 운영하고 있다. 던컨은 "사람들은 전환 과정에 취약하다."고 말한다. 학생들은 9학년이 되어 처음으로 실패를 맛보게 되는 경우가 많았는데, 교사들은 학생에 대한 엄한 사랑 때문에 그 사실을 거의 즐기는 듯 행동했다는 것이다. "교사는 낙제한 아이들이 이제 더 열심히 해야 한다고 생각할 거라고 여겼다. 가끔은 그런 아이도 있었다. 하지만 열네 살짜리 아이들 대다수는 한번 낙제하고 나면 '나는 공부에 어울리는 사람이 아니야. 실력이 부족해.'라고 해석하고 기권해버린다."

그렇다면 어떻게 학생들을 올바른 궤도에 올려놓을 수 있을까? 명심해야 할 점은, FOT 지표는 단지 예측일 뿐 아무것도 해결하지 못한다는 것이다. 화재 감지기가 불을 끄지 못하는 것과 같다. 하지만 화재 감지기와 마찬가지로 경보가 울리면 이미 나쁜 일이 일어났다는 걸 의미한다. 문제를 방지할 기회를 놓친 것이다(학생이 궤도에서 벗어난 상태로 1학년을 마친다면, 이미 문제가 발생한 것이다).

그러나 화재 감지기와는 달리 FOT 지표는 문제를 방지하는 방법을 제시했다. '위기에 처한 학생이 전체 학습 과정을 이수할 수 있는지 확인하고, 핵심 과정을 이수할 수 있도록 도와라.'*

그 임무를 수행하기 위해 시카고 공립학교의 관행은 수없이 많이 바뀌

---

* 인과관계와 상관관계는 다르다. 그때까지 신입생들의 FOT 지표를 높인다고 해서 졸업률이 높아진다는 보장은 없었다. 그러나 둘 사이에 인과관계가 존재한다고 믿을 만한 이유는 충분했고, 그들은 그걸 입증하기 위해 자신들의 노력을 추적했다.

었다. 우선, 만약 9학년이 중요한 전환점이라면 최고의 교사들이 그 신입생들을 가르쳐야 할 것이다. 이는 교사들의 서열을 뒤집는 것이었다. 보통 최고의 교사들은 더 성숙한 11학년이나 12학년을 가르치고 싶어 하기 때문이다. 하지만 시카고 공립학교는 최고 교사들의 도움이 필요한 것은 9학년이라는 것을 알게 됐다.

또 FOT 지표를 통해서 보니, 일부 학칙에 문제가 있다는 점이 드러났다. 사라 던컨은 이렇게 말했다. "우리가 이 일을 시작할 무렵에는 아이들이 늘 2주 동안 정학을 당했다. 학교에 총을 가져오거나 주먹다짐을 벌여서가 아니다. 그냥 복도에서 실랑이를 벌인 것 같은 사소한 이유로도 정학 처분을 내린 것이다." 무관용의 시대였다.

하지만 위험에 처한 학생들, 학교에서 버티기 위해 고군분투하던 학생이 2주간 쫓겨나면 어떻게 될까? 수업에 뒤처지고, 낙제하고, 결국 궤도에서 이탈해 졸업을 못 하게 된다. 그 누구도 그런 엄격한 정책이 학생들의 미래를 망칠 수 있다는 사실을 깨닫지 못했다. 다시 한번 말하자면, '모든 시스템은 특정한 결과를 얻도록 완벽하게 설계되어 있다.'

이 수많은 변화들 중 가장 심오한 변화는 교사들의 사고방식이 바뀐 것이다. 일레인 앨런스워스는 이렇게 말한다. "교사들이 자기 직업을 바라보는 관점을 바꿨다. 덕분에 교사와 학생 사이의 관계가 달라졌다. '내 일은 과제를 내주고 성적을 매기는 거야.'라는 생각과 '내 일은 우리 반 모든 학생이 성공할 수 있도록 돕는 거야. 그러니 학생이 힘들어한다면 왜 힘든지 알아내야 해.'라는 생각 사이에는 분명한 차이가 있다."

교사로서 해야 할 일이 학생들을 평가하는 게 아니라 돕는 것이라는 사실을 받아들이면 모든 게 바뀐다. 협업 방식이 달라지는 것이다. 혼자 힘으로는 어려움을 겪고 있는 학생을 제대로 도울 수가 없다. 교사는 학생을 하루에 한 시간 정도만 만날 수 있기 때문이다. 학생이 하나의 수업에서만 힘들어하는가, 아니면 다른 수업에서도 힘들어하는가? 그 학생은 결석을 얼마나 자주 하는가? 혹 그 학생을 가르칠 좋은 방법을 찾은 다른 교사가 있는가? 요컨대 학생에 대해 좀 더 잘 알아야 하고, 협력자도 필요하다.

일반적으로 교사들은 학과별로 뭉친다. 사회과 교사들은 사회과 교사들끼리 함께 어울리고, 영어과 교사들은 영어과 교사들끼리 어울리는 식이다. 그러나 시카고 공립학교 교사들은 신입생들의 성공을 돕는 팀을 꾸려 정기적으로 만나 학생별 실시간 정보를 자세히 검토했다. 그렇게 각 학생의 학습 정도에 대한 전방위적 시각을 공유했다.

페이지 폰더는 가상의 학생을 예로 들며 설명했다. "이 일의 멋진 점은, 선생님들 각각이 교육에 어떤 철학을 갖고 있든 마이클에 관한 대화를 할 때는 마이클에게만 신경 쓴다는 것이다. 모든 건 사람들이 실제로 관심을 갖는 진짜 문제로 귀결된다. '다음 주에 마이클을 어떻게 가르쳐야 할까?'라는 문제로."

학생마다 다른 도움이 필요하다. 알리야는 수학 공부를 도와줄 사람이 필요하지만 자기가 먼저 요구하지는 않을 것이다. 하지만 누군가가 도움을 주면 받아들일 것이다. 말릭은 초등학교에 다니는 동생을 매일 아침 데려다줘야 하기 때문에 자주 지각한다. 그는 1교시에 핵심과목이 아닌 선택과목을 들어야 될 것이다. 그래야 지각 때문에 핵심과목에서 낙제하는 일을 피할 수 있다. 케빈은 게으름뱅이라 해야 할 일을 계속해서 미룰 것이다. 하지만 그의 어머니에게 연락하면 어머니가 그를 계속 감시할 것이다. 조던은 수업을 빼먹을 때마다 집에 전화를 걸어줄 사람이 필요하다(폰더가 말한 것처럼, 출석 관리는 FOT 지표 관리의 가장 중요한 부분 중 하나였다. "학교를 졸업하려면, 학교에 다녀야 합니다.").

학생별, 모임별, 학교별, 학기별 측정 지표가 조금씩 변하기 시작했다. 학생들의 출석률이 높아지고 성적도 향상됐으며 대책도 점차 개선됐다. 그리고 4년 후, 모두가 예상한 것보다 더 많은 학생이 고등학교 졸업장을 받았다. 2018년에는 졸업률이 78퍼센트로 치솟았다. 20년 만에 25퍼센트포인트 이상 증가한 수치다. 수백 명의 교사, 장학사들과 학계가 업스트림 활동을 수행한 덕분이다.

추정에 따르면 2008년과 2018년 사이에 3만 명의 학생이 추가로 졸업장을 획득했다고 한다. 시카고 공립학교의 활동이 없었다면 중퇴했을 가능성이 큰 학생들이다. FOT 지표로 인해 시작된 업스트림 활동이 지연되거나 시작되지 않았다면 그 졸업생들은 자퇴했을 테고, 그들의 삶은 헤아릴 수 없을 만큼 더 힘들어졌을 것이다.

그들은 고등학교를 졸업함으로써 일평생 30~40만 달러의 돈을 더 벌게 될 것이다. 시카고 공립학교 지도자들은 업스트림 활동을 통해 약 100억 달러의 가치가 있는 승리를 거두었다. 이는 단지 학생들이 추가로 벌어들일 금액만 계산한 금액으로 좋은 건강 상태, 더 큰 행복 등에서 오는 수많은 긍정적인 파급 효과는 포함하지 않은 수치다.

방사선과 의사들은 왜 고릴라를 못 봤을까?

———————— 시카고 공립학교의 성공담은 우리가 이 책에서 탐구할 많은 주제를 예시한다. 업스트림 전략을 성공시키기 위해서는 문제를 조기에 발견해야 하고, 복잡한 시스템을 변화시키기 위해 지렛대로 삼을 부분을 찾아야 한다. 성공적으로 업스트림 활동을 수행 중인지 확인할 방법을 찾아야 하고, 다른 사람들과 어떻게 협업할 것인지도 고민해야 한다. 새롭게 마련한 시스템을 지속시키기 위한 방법 또한 고민해야 한다. 그러나 기억하라. 변화를 일으키기 위해서는 먼저 문제 불감증에서 깨어나야 했다. 문제를 직시하지 않거나 불가피한 것으로 받아들인 뒤('풋볼은 거친 경기다. 그러니 선수들은 당연히 다치게 될 것이다.') 해결하는 건 불가능하다.

왜 우리는 문제 불감증의 희생양이 되는가? 아래의 흉부 CT 스캔 슬라이드에서 그 단서를 찾을 수 있다. 이는 방사선과 의사들이 폐암 진단을 위해 분석하는 시각적 자료다. 혹시 이상한 점 없는가?

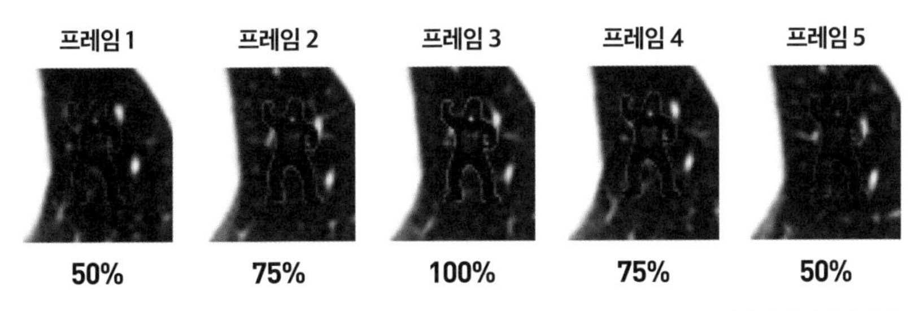

그렇다. 작은 고릴라가 보이는데 저건 환자가 삼킨 인형 같은 게 아니다. 트래프턴 드루 연구팀이 방사선과 의사들에게 장난을 치기 위해 영상에 고릴라를 집어넣은 것이다. 방사선과 의사들은 이 영상 속에서 암의 가능성을 알려주는 결절을 찾아낸다. 이들 중 고릴라의 존재를 알아차린 사람이 몇 명이나 될까? 별로 많지 않다. 24명 중 20명이 고릴라의 존재를 전혀 알아차리지 못했다. 그들은 '무주의 맹시(inattentional blindness)'라는 현상의 먹잇감이 됐다. 이는 우리가 한 가지 일에만 세심한 주의를 기울일 때, 그 일과 무관하나 중요한 정보를 놓치게 되는 현상을 가리킨다.

무주의 맹시는 주변을 살피는 시야를 축소시킨다. 여기에 시간적 압박이 더해지면 호기심 부족이 야기된다. '난 내가 하는 일에만 온 신경을 기울여야 해.'라고 생각하게 되는 것이다. 교사와 교장이 해마다 학생들의 시험 성적을 올려야 한다는 압박감에 시달리고, 자기들이 성공하는 데 필요한 자원을 부정당하면서 끝없는 일련의 규제와 교과과정 개정에 지치면, 주변 시야를 잃게 된다. 마치 방사선과 의사들이 고릴라를 보지 못할 정도로 열심히 결절 검사를 하는 것과 같다. 그렇게 시간이 흐르면 졸업률에 대한 걱정은 하지 않게 된다. 이미 걱정할 거리가 너무 많기 때문이다. 어쨌든 간에, 대체 그 문제에 대해 무엇을 할 수 있단 말인가?

그나저나, 혹시 몇 페이지 동안 아래의 페이지 번호가 남자 요정 그림으로 바뀌었다는 걸 눈치챘는가? 예전에 독자들과 테스트해보니 절반 정도는 알아차리고 나머지 절반은 알아차리지 못했다.

만약 알아차렸다면, 여러 페이지에 걸쳐 같은 그림이 나오는 상황에 점차 흥미가 줄어들었을 것이다. 처음 봤을 때는 '대체 이게 뭐야?'라고 생각

했겠지만 그다음 페이지에서는 '아, 또 있네.'라고 생각하게 되고, 네 번째 페이지쯤 되면 벌써 의식에서 사라진다. 바로 습관화다. 우리는 똑같은 자극에 익숙해진다. 방에 막 들어서면 에어컨에서 나는 커다란 웅웅 소리를 즉시 알아차리지만, 5분 뒤에는 그 소리가 정상적인 것으로 느껴져 의식에서 희미해진다.

습관화가 사람들의 공포증을 치료하는 요법으로 자주 사용된다는 점을 생각해보자. 예를 들어 바늘을 두려워하는 사람에게는 바늘의 이미지를 보여주거나 직접 바늘을 다뤄보게 한다. 그렇게 여러 번 하다 보면 비합리적인 공포가 사라진다. 바늘이 오명을 벗고 '정상화'되는 것이다.

고치거나 악화시키거나, 습관화의 두 얼굴

——————— 치료적 맥락에서 보면 그런 정상화는 바람직하다. 그러나 습관화를 통한 정상화는 두 가지 상반된 효과를 낳는다. 정상화되는 대상이 부패나 남용이라고 상상해보라.

1960년대와 1970년대에는 직장 내 성희롱이 문제 없는 것으로 여겨져, 실제로 여성들에게 이를 받아들이라고 부추길 정도였다. 오랫동안 《코스모폴리탄(Cosmopolitan)》에서 편집자로 일한 헬렌 걸리 브라운(Helen Gurley Brown)이 1964년에 출간한 『섹스 앤 더 오피스(Sex and the Office)』라는 책에는 이렇게 적혀 있을 정도다.

> 유부남은 대개 자기 주변의 매력적인 여성을 좋아하며, 그들을 성적인 대상으로 생각할 수도, 그렇지 않을 수도 있다(절대 내 말이 틀렸다고 주장하지 못할 것이다!). 그가 여러분을 자기 수집품으로 삼으려는 야심을 품지는 않을 것이다. 그는 아마 남자에 대한 당신의 기본적인 태도가 어떤지를 확인하려 할 것이다. 자기가 저지른 죄가 아니더라도 그 죄를 간과하느니 차라리 독약을 먹겠다고 생각하는 콧대 높은 여자는, 그의 입장에서 볼 때 남자의 즐거움을 망치는 존재다. 어떤 매력적인 여성복 담당 임원은 '남자가 내 일을 망치게 놔두느니 차라리 언제든 건전한 수작을 걸게 놔두는 편이 낫다.'고 말했다.

이건 책 내용을 그대로 옮긴 것이다. 마치 성적인 스톡홀름 증후군에 걸린 것 같다.

1960년 전국사무관리협회(National Office Management Association)의 조사에 따르면, 조사대상 2천 개 기업 가운데 30퍼센트가 접수원, 교환원, 비서 등을 고용하는 과정에서 얼마나 성적인 매력이 있는지를 진지하게 고려했다고 인정한 것으로 나타났다.

성희롱(sexual harassment)이라는 용어는 1975년에 언론인 린 팔리(Lin Farley)가 만든 것이다. 코넬 대학에서 여성과 직장에 대한 강의를 해온 팔리는 여학생들을 '의식 고취' 세션에 초대해서 직장 내 경험에 대해 물었다. 팔리는 그 일에 대해 2017년 라디오 프로그램 〈온 더 미디어(On the Media)〉의 진행자인 브룩 글래드스턴(Brooke Gladstone)과의 인터뷰에서 "그들 모두 상사의 성적 제안을 거절했다는 이유로 직장을 그만두거나 해

고된 경험이 있었다."고 말했다. 팔리는 이런 공통된 경험을 담아낼 수 있는 용어 혹은 꼬리표를 찾아다녔고, 결국 '성희롱'이라는 표현을 쓰기로 했다. 팔리는 나중에 《뉴욕타임스(The New York Times)》와 이렇게 인터뷰했다. "일하는 여성들은 그들이 매일같이 겪는 성적 강요를 잘 포착한 이 용어를 즉각적으로 받아들였다. 이제 친구와 가족에게 '그가 나를 건드리려 했는데 내가 거부한 탓에 일을 그만둬야 했다.'고 설명할 필요가 없어졌다. 그들이 한 짓에 이름이 생긴 것이다."

앞에서 습관화가 문제를 정상화해 공포증을 치유하는 데 도움이 된다는 얘기를 했다. 그런데 팔리가 성희롱이라는 용어를 통해 한 일은 그와 정반대다. 정상적인 것으로 받아들여지던 현상을 문제 삼음으로써 여성에 대한 강압적인 대우를 비정상적인 것으로 재분류하고 그것이 잘못됐음을 알린 것이다. 팔리는 잘못된 문제에 명칭을 붙임으로써 사회가 문제 불감증에서 깨어나도록 도왔다.

문제 불감증을 둘러싼 보이지 않는 싸움

———— 문제 불감증은 과학적인 현상인 동시에 정치적인 현상이다. 우리 모두는 자신의 삶과 세계에서 어떤 것이 문제로 인정되는지에 대한 끊임없는 협상에 참여한다. 일단 어떤 것이 문제로 인정되면 해결책이 요구되기에 이런 논쟁은 중요성을 갖는다. 또한 이러한 논쟁은 우리

에게 거기에 참여할 묵시적인 의무를 발생시킨다. 이 논쟁은 자기에게 '문제'가 있다는 걸 부인하는 술꾼의 경우처럼 자기 자신과 벌어지기도 하고, 상담을 받으러 갈 건지를 놓고 다투는 부부처럼 가까운 사람과 벌어지기도 한다. 사회에는 우리의 자원과 관심을 더 많이 차지하기 위해 경쟁하는 복잡한 문제 시장이 존재한다.

때로 우리는 잘못된 문제를 해결하라고 우리 스스로를 설득하기도 한다. 1894년, 런던을 중심으로 매일 6만 마리 이상의 말이 사람을 실어 나르던 때에, 《타임스(Times)》는 "50년 후 런던의 모든 거리는 3미터 높이의 거름에 묻힐 것"이라고 경고했다. 이 악몽에 대한 논리적인 의심은 잠시 거두자(3미터째의 거름은 정확히 어떤 식으로 그 아래의 더미 위에 추가됐을까?). 사실 완전히 불합리한 두려움은 아니었다. 매일 6만 마리의 말들이 각자 평균 7~16킬로그램의 거름을 만들어내는 것을 고려해보면 말이다. 1898년에 뉴욕에서 열린 제1차 국제도시계획회의에서도 말똥이 화두였다. 다행히도 다들 알다시피 위기는 오지 않았다. 자동차가 등장하면서 위기가 해소된 것이다(그리고 이제는 자동차에서 나오는 배설물, 즉 이산화탄소와 미세먼지가 큰 문제를 일으키고 있다).

그렇다면 문제 불감증에 맞선 오늘날의 싸움, 즉 문제를 각성시키고 대중들을 집결시키기 위한 싸움은 어떤가? 이를 알아보기 위해 데보라 델라지(Deborah Delage)라는 브라질 활동가의 사례를 살펴보자.

자연분만을 허하라!

———————데보라 델라지는 딸을 낳으면서 현실을 깨닫게 됐다. 2003년 8월, 임신 37주차였던 델라지는 정기 검진을 받으려고 상파울루 산투안드레(Santo Andre)에 있는 산부인과에 갔다. 델라지가 병원에 도착하자 의사는 벌써 진통이 시작된 상태라고 말했다. 하지만 진통이 매우 약했기에 델라지는 의사의 말을 심각하게 받아들이지 않았다. 델라지는 분만 속도를 높이기 위해 자궁 근육을 수축시키는 옥시토신(oxytocin)을 투여받았다. 12시간 뒤, 의사는 제왕절개를 하기로 했고, 그렇게 해서 딸 소피아가 태어났다. 델라지와 딸은 둘 다 건강했고 회복도 순조로웠다.

델라지는 자신과 딸이 건강한 것에 감사했지만 그때의 경험을 돌이켜 볼수록 점점 의아해졌다. 왜 의사는 빨리 출산을 진행하려 했을까? 왜 담당 의사는 제왕절개를 꼭 하고 싶어 하는 것처럼 보였을까?

델라지는 인터넷에서 산모들이 출산 경험을 공유하는 토론 포럼을 찾았다. 산모들이 한 경험 대부분이 비슷했다. 자연분만을 원했는데도 결국 제왕절개를 하게 됐다. 실제로 그중 상당수는 의사가 자연분만을 말렸다고 증언했다. "내게 있었던 일이 전국 각지의 다른 여성들에게도 일어나고 있다는 걸 깨달았다. 모두가 그런 일을 겪고 있었다."

델라지는 곧 자신의 직관을 뒷받침하는 통계 자료를 찾아냈다. 2016년에 태어난 정상 출산아 가운데 제왕절개로 태어난 아기의 비율은 스웨덴 18퍼센트, 스페인 25퍼센트, 캐나다 26퍼센트, 독일 30퍼센트, 미국 32퍼센트로 나라마다 상당히 차이가 난다. 그런데 2014년 자료를 보면 브라질의 제왕절개 비율은 57퍼센트로 세계 최고 수준이다. 그리고 놀랍게도 브라질 내 부유계층이 선호하는 민간 의료 시스템에서는 84퍼센트의 아이들이 제왕절개로 태어났다.

제왕절개는 큰 수술이고 당연히 산모와 아기 모두에게 위험하다. 특정한 상황에서는 제왕절개가 생명을 구하는 수단일 수도 있다. 그러나 84퍼센트라는 비율을 보면 위기나 위험에서 벗어나기 위해 제왕절개를 택한 게 아닌 건 분명하다. 단순히 불편을 피하려 한 것이다. 무엇 때문에 자연분만이 선택받지 못한 걸까? 이건 브라질뿐만 아니라 전 세계에서 많은 논란을 빚은 주제다. 어떤 여성에게 제왕절개는 선호의 문제다. 분만을 미리 계획할 수 있기 때문이다. 브라질 민간 의료계에서는 제왕절개가 사회적 지위의 상징이라는 주장도 있다. 심지어 브라질의 고급 개인 병원에서는 제왕절개에 어울리는 매니큐어와 마사지를 제공한다는 이야기도 있다.

하지만 이보다 더 설득력 있는 주장은 의사들이 제왕절개를 선호한다는 것이다. 제왕절개 수술은 차례대로 질서정연하게 일정에 따라 진행할 수 있다. 밤늦은 시간이나 주말, 휴일에 일할 필요도 없다. 금전적인 동기도 제왕절개 쪽이 단연코 높다. 의사는 하루 종일 간헐적으로 일하면서 자연분만으로 태어나는 아기를 받을 때보다 한두 시간 정도만 일하면서 제왕절개 수술을 할 때 훨씬 많은 돈을 벌 수 있다.

이런 구조적 설명과 함께 문화적 설명도 있다. 상파울루 대학의 공중보건학 교수 시모네 디니즈(Simone Diniz)는《애틀랜틱(Atlantic)》과의 인터뷰에서 자연분만에 대한 의사들의 인식에 대해 "출산을 원시적이고 추악하며 끔찍하고 불편한 것"으로 여긴다고 평했다. "출산 경험은 굴욕적이어야 한다는 생각이 있다. 임산부가 진통 중일 때 어떤 의사는 '섹스할 때는 불평하지 않았으면서 이제 와서 울기는.'이라는 말도 한다."

이런 언어폭력이 극단적인 사례처럼 들리겠지만, 브라질 여성들의 증언에 따르면 그렇지 않다. 브라질에서 출산한 1,626명의 여성을 대상으로 진행한 설문조사에서, 응답자의 약 4분의 1이 의사가 자신들의 행동을 비웃거나 아파서 울부짖는 걸 비난했다고 답했다. 절반 이상은 분만하는 동안 평소보다 더 열등하고, 취약하고, 불안한 기분을 느꼈다.

이것이 자신의 제왕절개 수술에 불안감을 느낀 데보라 델라지가 브라질의 분만 실태를 조사하면서 발견한 현실이었다. 델라지가 온라인 포럼에서 만난 엄마들은 서로 중복되는 경험을 나누며 이제 뭔가 바뀌어야 한다는 믿음을 키웠다. 델라지는 엄마들을 지지하기 위해 설립된 '파르토 두 프린시피오(Parto do Princípio)'라는 새로운 단체에 합류했다. 파르토 두 프린시피오는 대략적으로 '원칙에 입각한 출산'이라는 뜻이다.

2006년에 파르토 두 프린시피오는 브라질의 출산 시스템에 문제가 있다고 주장하는 35페이지 분량의 문서(반은 연구 논문이고 반은 성명서였다)를 연방 검찰청에 제출했다. 이 연구 보고서에 따르면 자연분만을 원했지만 그러지 못한 여성들이 압도적으로 많았다. 그들은 제왕절개를 해야 했고, 그 결과 산모와 아기의 건강이 모두 나빠졌다. 이 논문은 문제의 구조적인 원인을 설명하고 보건 시스템에 대한 개선안을 제시했다.

파르토 두 프린시피오는 브라질의 민간 의료보험 규제기관인 ANS (Agência Nacional de Saúde Suplementar)에서 일했던 산부인과 간호사 겸 모성 보건 전문가 자쿠에리니 토레스(Jacqueline Torres)를 비롯해 정부 내에서 정보를 제공해줄 사람을 찾았다. 토레스는 자연분만을 찬성하는 이들을 찾기 위해 나라 전체를 뒤졌고, 결국 파울로 보렘(Paulo Borem) 박사를 만나게 됐다.

보렘은 상파울루에서 북쪽으로 320킬로미터 정도 떨어진 자보치카바우(Jaboticabal)라는 도시에서 지속적인 개선을 통해 자연 출산율을 높이려는 시범 프로젝트를 진행하고 있었다. 하지만 프로젝트 파트너를 찾기가 어려웠다. 그가 이 아이디어를 들고 찾아간 첫 번째 병원에서는 다들 그를 비웃었다. 그들은 "이건 말도 안 돼요. 여자들은 제왕절개를 원하죠. 의사들도 원하고. 그러니 아무 문제도 없습니다."라고 말했다(문제 불감증을 완벽하게 표현하는 말이다).

하지만 그는 결국 이런 변화를 기꺼이 받아들이려는 지역 병원을 찾았다. "의사들은 자기들도 변화를 원한다고 말했다. 그들은 신생아 집중치료실로 보내지는 아이들이 너무 많다는 생각에 불안해했다." 제왕절개로 태어난 아기들은 만삭이 되기 전에 태어난 탓에 호흡기에 문제가 생겨 집중치료실에 들어가는 경우가 많다.

보렘 박사가 프로젝트를 처음 시작했을 때 이 병원의 자연분만율은 3퍼센트 수준이었다. 그 병원의 시스템은 제왕절개를 유도하도록 만들어져 있었다. 그와 협력자들은 시스템을 수정하기 시작했다. 우선 임신 40주가 되기 전에 선택적으로 제왕절개를 하는 것을 금지했다. 그 전까지는 37주차에 수술을 진행하는 것이 일반적이었다. 또한 병원의 의사들에게 교대 근무를 하도록 했다. 자신이 담당하던 환자가 본인 근무 시간 중에 아기를 낳으면 직접 아기를 받지만, 그러지 않으면 다른 의사가 대신 받게 된 것이다. 전에는 의사가 반드시 자기 담당 환자의 아기를 받아야 하는 관습이 있어서 제왕절개를 이용하곤 했는데, 이제 그런 관습에서 벗어나게 됐다. 또한 분만 과정에서 연속성을 보장하기 위해 간호사들을 환자에게 적절히 배정했다. 의사들의 수입이 줄어들지 않도록 인센티브 제도도 조정했다. 그러자 9개월 후, 자연분만율이 40퍼센트까지 치솟았다.

보렘 박사의 연구에 대해 알게 된 토레스는 전국적으로 효과를 발휘할 방법을 찾았다고 생각했다. 2015년에 ANS는 보렘 박사와 그의 팀이 자보치카바우에서 진행한 사업을 전국적으로 확대하기 위해 '올바른 출산'이라는 프로젝트를 시작했다. 프로젝트에는 35개 병원이 참여했고, 프로젝트가 시작되고 첫 18개월 동안 이 병원들의 자연분만율은 20퍼센트에서 37.5퍼센트로 증가했다. 병원 중 12곳에서는 신생아들의 집중치료실 입원이 크게 줄어든 것으로 나타났다. 수치들을 종합해보면 최소 1만 건 이상의 제왕절개를 막은 셈이었다. 세 배나 더 많은 병원들이 참여한 다음 단계 프로젝트는 2017년에 시작됐다. 이 프로젝트의 협력 기관 중 하나인 브라질 의료 개선 연구소(Institute for Healthcare Improvement)의 페드로 델가도(Pedro Delgado) 소장은 다음과 같이 말했다. "프로젝트 첫 단계의 결과는 브라질은 물론이고 이집트나 도미니카공화국, 터키 등 제왕절개 비율이 비슷한 전 세계 다른 나라에서도 이런 일이 가능하다는 희망을 안겨준다."

하지만 아직 갈 길이 멀다. 지금까지 진행된 프로젝트에는 브라질에 있는 6천 개가 넘는 병원 중 극히 일부만 참여했다. 그래도 바뀔 준비가 됐다는 징후들이 있다. 처음에 보렘 박사의 아이디어를 비웃었던 병원들도 이제는 이 프로젝트에 참여하기 위한 대기 명단에 올라 있다. 산부인과 의사이자 이 프로젝트에 참여하는 한 병원에서 진행을 맡은 리타 산세스(Rita Sanchez) 박사는 이 캠페인이 자신의 심금을 울렸다고 말했다. "정신을 차리고 보니 제왕절개 횟수가 너무 많다는 걸 깨달았다. 20~30년 전보다 훨씬 늘어난 것이다. 그래서 왜, 그리고 어쩌다가 이 지경에 이르렀는지 의문을 품기 시작했다. 심지어 우리가 환자들에게 제왕절개의 위험성과 자연분만의 장점도 알려주지 않았다는 걸 깨닫게 됐다. 의사들은 시스템이 바뀐 걸 알아차리지 못했다."

문제를 받아들일 때
변화는 시작된다

——————— 문제 불감증에서의 탈출은 자기가 비정상을 정상처럼 대하고 있었다는 충격적인 자각에서부터 시작된다. '잠깐, 왜 제왕절개 수술을 받아야 한다는 압박감을 느낀 거지?', '잠깐, 왜 고등학교 졸업률이 52퍼센트밖에 안 되는 걸 무덤덤하게 받아들이게 된 걸까?' 자각과 불만은 개선의 씨앗이다.

다음으로 필요한 것은 현황 조사다. '다른 사람들도 이렇게 느낄까?'라고 묻고 그에 대한 답을 찾는 것이다. 델라지는 이렇게 말했다. "이 나라의 수많은 여성들이 나와 똑같은 일을 겪었다는 걸 깨달았다." '성희롱'이라는 표현을 제안한 팔리는 다음과 같이 말했다. "직장인 여성들은 그 말을 바로 쓰기 시작했다. 본인이 날마다 겪는 성적 강요를 포착한 그 표현을."
이러한 과정을 통해 우리는 지금 벌어지는 현상은 분명 잘못됐으며, 다들 생각이 같다는 인식을 얻게 된다. 이 인식은 우리에게 힘을 준다.

그런 뒤 이 지점에서 무언가 주목할 만한 일이 벌어진다. 사람들이 자기가 일으킨 게 아닌 문제를 바로잡기 위해 나서는 것이다. 한 언론인은 성희롱을 견디는 수백만의 여성을 대신해 싸우기로 했다. 제왕절개를 해야 한다는 압박감을 느꼈던 한 여성은 일면식도 없는 다른 엄마들 수천 명의 대변인이 됐다.

업스트림 사고를 하는 사람은 이렇게 결론 내린다. '내가 이 문제를 유발한 것은 아니다. 하지만 내가 해결할 것이다.' 이런 주인의식의 탑재와 그로 인해 어떤 결과가 생기는지가 바로 우리가 다음에 분석할 내용이다.

chapter 2

'과연 내가 나서도 될까?' 라는 의문

: 주인의식 부족

내가 아니라면 그 누구도 해결할 수 없어

산업 및 기관용 카펫을 만드는 회사 인터페이스(Interface)의 설립자인 레이 앤더슨(Ray Anderson)은 1994년에 모든 기업가가 꿈꾸는 일을 이뤘다. 맨손에서 시작한 회사를 연 매출 8억 달러 규모로 성장시킨 것이다. 앤더슨은 회사를 주식시장에 상장했다. 하지만 그 뒤, 자기가 성취한 것에 심각한 의구심을 품게 되는 순간이 찾아왔다.

조지아주의 작은 마을에서 자란 앤더슨은 미식축구 장학금을 받아 조지아 공대에 다녔고 젊을 때부터 카펫 업계에서 일했다. 앤더슨은 1969년에 영국 키더민스터를 여행하던 중 조각을 끼워 맞추는 모듈식 카펫 타일을 보고는 첫눈에 반했다.

전통적인 광폭 카펫은 폭이 3.5미터 이상이다. 그것은 둘둘 말아 팔렸고 부피가 컸다. 사무실에 어떤 변화가 생기면(가구 배치를 바꾸거나 얼룩진 부분을 교체하는 등) 카펫을 커다랗게 도려내 교체해야 했다. 하지만 한 면의 길이가 45센티미터인 정사각형 모양의 모듈식 카펫 타일을 이용하면 그럴 필요가 없었다. 타일을 손쉽게 분리해 재조립할 수 있고 접착제도 필요 없었다.

서른여덟 살이던 1973년, 앤더슨은 미국에 모듈식 카펫 타일을 대량으로 들여오기 위해 인터페이스를 설립했다. 인터페이스는 20년간 놀라운 성장을 거듭해 1994년에는 세계에서 가장 큰 카펫 회사 중 하나가 됐다. 그해에 앤더슨은 당시로선 비교적 새로운 용어인 '환경 지속 가능성(environmental sustainability)'에 대한 회사의 입장을 정리해야 했다. 고객들이 그 문제에 대해 문의하기 시작했던 것이다. 앤더슨은 어떻게 해야 할지 몰랐다. 그때까지 그가 갖고 있던 환경에 대한 비전은 법을 준수하겠다는 것 그 이상은 아니었다.

앤더슨은 그쯤에 우연히 폴 호켄(Paul Hawken)이 쓴 『비즈니스 생태학(The Ecology of Commerce)』이라는 책을 선물받았다. 호켄은 이 책에서 비즈니스 리더들의 환경 파괴적인 관행을 맹비난했다. 호켄 본인도 소매 원예점 체인인 스미스 앤 호켄(Smith & Hawken)을 공동 창업한 기업가였다. 그는 비즈니스 리더들이 환경 위기에서 벗어나는 방향으로 세계 경제를 이끌어야 한다고 주장했다.

다른 기업의 리더 같으면 이런 감정적인 주장을 비웃었을지도 모른다. 하지만 앤더슨은 눈물을 흘렸다.

당시 그는 60세였다. 은퇴를 앞두고 있는 나이였다. 인터페이스의 성공은 그의 커리어에 있어서 가장 큰 성과였다. 하지만 그는 그 성공을 위해 너무 큰 대가를 치른 게 아닐까 생각했다. 그는 자신이 다음과 같이 기억될 거라고 여겼다. '레이 앤더슨. 자신과 투자자들을 부자로 만들려고 지구의 자원을 약탈한 사람. 그는 회고록에 "호켄의 메시지가 창처럼 내 가슴을 찔렀고 그 창은 지금도 그 자리에 남아 있다."고 썼다.

하지만 현실적으로 그가 뭘 할 수 있을까? 인터페이스의 핵심 사업은 나일론 실로 만든 카펫 타일을 판매하는 것이었다. 나일론은 석탄이나 석유에서 발견되는 화학 물질로 만든 플라스틱이다. 한마디로, 인터페이스는 화석 연료로 제품을 만들기 위해 화석 연료를 태운 셈이다. 지속불가능성이 이중으로 겹쳤다.

앤더슨은 망연자실했다. 당신은 거대한 문제의 원인이 바로 자신의 행동이었다는 걸 깨닫는다면 어떻게 하겠는가?

***

지니 포레스트(Jeannie Forrest)는 예일 로스쿨 부학장으로, 교수회에 참석해 가장 뒷줄에 앉아 있었다. 앞줄에 머리 큰 남자가 앉아 시야를 가리는 바람에 자리에서 발표자가 잘 보이지 않았다.

"그 사람은 남들에게 친절한 부류인 듯했다. 한쪽으로 머리를 기울였다가 이내 다른 사람들을 배려해 반대 방향으로 기울였다. 하지만 난 미칠 지경이었다. 그의 동작에 맞춰 계속 그 반대쪽으로 머리를 기울여야 했기 때문이다. 그가 왼쪽으로 기울이면 난 오른쪽으로 기울이고, 그가 오른쪽으로 기울이면 난 왼쪽으로 기울였다. 점점 짜증이 났다. 그러다 문득 이렇게 짜증을 내지 말고 그냥 의자의 위치를 바꾸면 된다는 생각이 들었다." 문제는 해결됐다.

포레스트는 자기가 문제를 전적으로 통제할 수 있다는 자명한 사실을 깨닫기까지 그렇게 오랜 시간이 걸렸다는 것에 좌절했다. 그리고 의자를 옆으로 옮기는 순간에 대한 기억은 그녀에게 일종의 교훈적인 은유가 됐다. "어떤 무의미한 문제 때문에 짜증이 나기 시작하면 '이봐, 의자를 옮겨야지. 왜 그러고 있는 거야?'라고 생각한다. 이건 새로운 접근을 시도하기 위한 내면의 암호다."

처음에 포레스트는 앞 사람의 머리 때문에 발표자가 보이지 않는 문제가 자신의 통제 밖에 있다고 여겼다. 자신의 외부에 존재하는 문제였던 것이다. 그러나 잠시 후 재빨리 시점을 바꿔서 자신이 그 상황에 대한 소유권을 갖고 있다고 생각했다. '의자를 옆으로 옮겨. 왜 가만히 있는 건데?'

업스트림 활동에서 또한 이런 일이 일어난다. 업스트림 활동의 이상한 점은 막대한 이해가 걸려 있는데도 불구하고 선택 사항인 경우가 많다는 것이다. 보통 다운스트림적인 일(구조, 대응, 반응)은 우리가 반드시 해야만 하는 것들이다. 의사는 심장 수술에서 손을 뗄 수 없고, 탁아소 직원은 기저귀 가는 일에서 손을 뗄 수 없다. 그에 반해 업스트림 활동은 의무가 아니라 선택이다.

이 통찰의 요지는 이런 것이다. '누군가가 그 일을 하겠다고 선택하지 않는 한 근본적인 문제는 해결되지 않는다.' 앞에서 살펴본 첫 번째 힘인 '문제 불감증'은 문제가 눈에 띄지 않는 것, 혹은 발생한 문제를 불가피하다고 여기는 것을 뜻한다. 반면 주인의식 부족은 문제를 해결할 수 있는 당사자들이 그건 자신의 문제가 아니라고 여기는 것이다. 이런 주인의식 부족이 우리를 다운스트림에 묶어두는 제2의 힘이다.

이 두 가지 힘은 한데 어우러지는 경우가 많다. 시카고 공립학교의 리더들을 생각해보자. 처음에 졸업률을 높이기 위한 노력을 억제한 건 문제 불감증이었다. '그래, 중퇴하는 학생들이 많지만 그건 원래 그런 거야.'라는 마음이다. 거기에 더해 일부 교사와 행정가는 낮은 졸업률이 문제라 하더라도 자기가 해결해야 할 일은 아니라고 생각했다. 아이들이 직접 해결하거나 그들의 부모 혹은 사회가 처리할 일이라고 여긴 것이다.

어떤 면에서는 이 회의론자들의 생각도 맞다. 학교를 중퇴하면 학생과 부모가 그 누구보다 더 상처를 받을 것이다. 그러나 문제는 누가 그것 때문에 고통을 받는가가 아니다. 문제는 누가 그걸 해결하기에 가장 좋은 위치에 있고, 그들이 과연 나설 것인가 하는 점이다. 시카고 공립학교에서 문제를 해결한 이들은 졸업률을 자신의 문제로 삼았다. 주인의식을 가진 것이다.

사람들이 문제와 연관된 것처럼 느끼게 만들라

———— 왜 사람들은 주인의식을 갖지 않는 걸까? 때로는 사리사욕 탓이다. 담배 회사들은 자사 상품으로 인해 수백만 명이 목숨을 잃

는 걸 막을 수 있는 최고의 위치에 있다. 하지만 그렇게 한다면 돈을 벌지 못할 것이다. 그러나 이러한 악의 없이도 주인의식이 부족한 경우가 있다. 이때는 책임소재가 불분명한 게 문제일 수 있다. 익스피디아에서는 고객들의 전화와 관련된 그룹이 많았지만, 통화량을 줄이는 문제를 책임질 이들은 없었다는 걸 기억하자.

자기가 나설 상황이 아니라고 느껴 문제를 인식하고도 행동하는 걸 거부할 수도 있다. 캠퍼스에서 데이트 강간 사건이 발생한 것에 충격을 받았으면서도, 여성들이 주도하는 시위에 동참하는 게 적절한지 의아해하는 남자 대학생이 이런 경우다. 스탠퍼드 대학의 데일 밀러(Dale Miller), 대니얼 에프론(Daniel Effron), 소냐 잭(Sonya Zak)은 이런 기피감을 탐구한 논문에서 이렇게 적었다. "사람들이 항의를 못 하게 가로막는 것은 항의할 동기의 부족이 아니라 자기는 정당하게 나설 입장이 못 된다는 생각인 경우가 많다."

그들은 이 정당성에 대한 감각을 '심리적 적격 기준(psychological standing)' 문제라고 부른다. 이는 법률에서 말하는 '당사자 적격 기준(legal standing)'이라는 개념에서 영감을 받은 것이다. 단순히 어떤 일이 나에게 거슬린다는 이유만으로 소송을 제기할 수는 없다. 그게 자신에게 영향을 미쳤다는 사실을 증명해야 한다. 본인이 피해를 입었다는 증거가 있으면 소송을 제기할 수 있는 지위가 생긴다. 데이트 강간에 대한 항의 시위에 동참하기를 꺼리는 남자는 그 문제에 개인적으로 영향을 받지 않았기 때문에 자신의 자격이 부족하다고 느낀 것인지도 모른다.

그렇다면 시위에 앞장선 여대생들이 남학생들에게 심리적 적격 기준을 충족한다는 느낌을 갖게 하려면 어떻게 해야 할까? 방법은 놀랄 정도로 간단하다.

데일 밀러와 레베카 래트너(Rebecca Ratner)의 실험을 보자. 프린스턴 대학 학생들은 '발의안 174호'라는 제안서를 받았다. 이 제안서는 "학생들의 정의감에 위배되도록" 만들어진 것으로, 가치 있는 일을 위해 쓰일 정부 기금을 무가치한 일에 재분배할 것을 제안하는 내용이었다. 일부 학생은 이런 변화가 특히 여성에게 해를 미칠 것이라는 말을 들었고, 또 어떤 학생은 그것이 남성에게 해가 될 것이라고 들었다.

남녀 모두 그 제안에 대해 같은 의견을 공유했다. 양측 모두 강하게 반대한 것이다. 연구자들의 관심은 그들의 의견이 과연 행동으로 이어질 것인가였다. 연구자들은 학생들에게 '발의안 174호를 반대하는 사람들'이라는 모임을 도울 기회를 줬다. 제안서의 내용이 자신의 권리와 연관되어 있을 때(즉 남학생은 남성에게 해가 될 것이라는 말을 듣고 여학생은 여성에게 해가 될 것이라는 말을 들었을 때), 학생들 중 94퍼센트가 그 발의안에 반대하는 탄원서에 서명했고, 50퍼센트가 반대 성명서를 쓰는 데 동의했다. 하지만 연관성이 부족할 때는 그 수치가 각각 78퍼센트와 22퍼센트로 감소했다. 연구원들은 이런 감소가 이기주의 때문이 아니라(남녀 모두 똑같이 이 조치에 반대했다는 걸 기억하라) 심리적 적격 기준이 부족했기 때문이라고 설명한다. 남자들은 '여성의 대의'를 위해 싸우는 것이 옳다고 느끼지 않았다. 그 반대 경우도 마찬가지였다.

이러한 생각이 맞는지 확인하기 위해, 연구진은 다른 조건에서 연구를 진행하며 조직 이름을 '발의안 174호에 반대하는 남녀'로 바꿨다. '남녀'

라는 말을 사용한 것은 심리적 적격 기준을 충족시키는 간단한 방법이었고 효과적이었다. 그 결과, 자신의 권리와 연관된 학생과 그렇지 않은 학생 모두 동등한 비율로 청원서 서명과 성명서 작성에 참여했다.

소아과 의사들은 어째서 카시트 의무화를 주장했을까

——————— 물론 프린스턴 대학은 학생들이 가상의 탄원서에 서명하고 반대할 시간이 충분한 학문적 오아시스다. 그렇다면 이 아이디어가 학계 밖에서도 통할 수 있을까? '심리적 지위'라는 용어가 만들어지기 훨씬 전인 1975년, 자동차 안전 옹호자인 앤마리 셸니스(Annemarie Shelness)와 소아과 의사 시모어 찰스(Seymour Charles)는《소아과(Pediatrics)》라는 학회지에 기사를 하나 기고했다. 소아과 의사들이 자신의 것으로 여기지 않았던 문제, 즉 자동차 사고로 인한 소아 사망과 부상에 주인의식을 느끼도록 독려하는 기사였다. 어린이의 사망 원인 1위가 자동차인데도 불구하고 다들 급속히 확산되는 이 문제를 무시했다. 이들은 차량의 '외부'가 아니라 '내부'에서 죽거나 다치는 아이들이 더 많다고 썼다.

학회지에 기사가 실릴 당시 모든 신차에는 운전자와 앞 좌석 승객을 위한 안전벨트가 의무화되어 있었다. 하지만 사람들 대다수는 안전벨트를 착용하지 않았다. 또 어린이를 위한 카시트도 거의 사용하지 않았다(사실

카시트는 1930년대부터 존재했지만, 초기 카시트는 안전을 위해서가 아니라 아이들이 높이 앉아 창밖을 내다보게 하기 위한 것이었다. 운전자를 성가시게 하지 않도록 말이다).

오늘날의 부모에게는 잘 이해가 안 될 수도 있다. 요즘에는 유아들을 위험하게 앉히고 차를 몰고 다니는 부모에게 어떤 사회적, 법적 제재가 가해질지 상상조차 하기 어렵다. 하지만 1970년대에는 그런 광경이 흔했다. 자동차 내 어린이의 안전과 관련해 우리가 느끼는 강박관념은 비교적 새로운 현상이다. 이건 이 사례에서 기인한 부분이 적지 않다.

셀니스와 찰스는 소아과 의사들이 자동차 안전을 주장하기에 좋은 위치에 있다고 썼다. "규제를 도입하는 건 예방의학만큼이나 좋은 조치다. 안전벨트를 채우지 않고 아이를 차에 태웠을 때의 위험성을 경고하기에 소아과 의사보다 더 좋은 위치에 있는 사람은 없다." 셀니스와 찰스가 소아과 의사들의 심리적 지위를 확대하려 했다는 점에 주목하자. '당신은 이 문제에 대한 행동을 이끌 적임자다. 이 문제에 주인의식을 가져야 한다.'고 말한 것이다.

이는 사실 소아과 의사들에게 주어진 역할은 아니다. 소아과 의사들은 공공의 안전을 위해 로비를 하는 게 아니라 병을 진단하고 치료하도록 훈련받은 존재들이다. 하지만 이 사안에 주인의식을 가지라는 요청은 잘 받아들여졌다.

밥 샌더스(Bob Sanders) 박사는 이 요청에 응한 사람 중 한 명이다. 샌더스는 2004년에 기록된 녹취록에 "난 그 기사를 읽고 충격을 받았다. 미국 각지의 다른 소아과 의사들도 그랬으리라 생각한다."라는 말을 남겼다. 샌더스는 테네시주 머프리즈버로(Murfreesboro)에 사는 소아과 의사 겸 카운티 보건국장으로, 예방 정책에 열성적인 사람이었다. 의대생일 때 그는 테네시주에서 실시된 최초의 소아마비 백신 주사를 놓는 일에 참여했다. 나중에 응급실 레지던트로 일할 때는 끝이 열린 옷핀을 삼킨 아기가 죽는 모습을 보았다. 그는 망연자실했다. 그건 일어날 필요가 없는, 막을 수 있는 죽음이었다. 그의 아내 팻은 2018년에 이렇게 말했다. "예방과 치료에 관한 그런 모든 생각이 그에게는 아주 큰 부분을 차지한다."

샌더스는 테네시주를 대상으로 하는 안전 협의회에 참여했고, 1975년 이 위원회의 위원들은 주에서 카시트 사용을 의무화하는 법안을 논의하기 시작했다.《소아과》에 발표된 기사는 협의회가 더 빨리 움직이도록 자극했다.

위원회는 4세 미만 아동에게 카시트 사용을 의무화하는 법안을 마련했다. 이 법안은 1976년에 발기인을 찾았지만, 최종 표결 단계에는 이르지 못했다. 실패를 겪은 밥 샌더스와 그의 아내 팻 샌더스는 로비 활동을 강화하기 시작했다. 그들은 자기 집 식당을 전략 회의실로 개조했다. 식탁은 그들이 연락을 취하려는 의원이나 소아과 의사들의 이름으로 뒤덮여 있었다. 밥 샌더스는 주말이면 자신의 주장을 설파하기 위해 그들의 지역구로 찾아가곤 했다.

샌더스의 법안에 반대하는 사람들은 그 안이 부모의 자유를 침해한다고 주장했다. 주 하원의원인 로스코 피커링(Roscoe Pickering)은 "랠프 네이더(Ralph Nader. 1960년대에 미국에서 소비자 보호 운동을 이끈 변호사. 이후 대통령 선거에 출마하기도 했다 – 옮긴이)나 내놓을 법한, 부모들의 권리를 빼앗는 법안이다. 가난한 사람들이 값비싼 카시트를 사야 한다니 말도 안 된다."고 비아냥거렸다. 팻 샌더스는 어느 부모가 불만을 담아 "전 제 아이를 로켓에 태워 달에 보낼 권리가 있어요."라고 써서 보냈던 편지를 아직도 기억하고 있다.

1977년, 치열한 로비 끝에 마침내 아동 승차자 보호법이 상정되어 표결에 들어갔고 약 3분의 2의 지지를 얻어 통과됐다.* 1978년 1월 1일, 테네시주는 미국에서 최초로 4세 미만 어린이에게 카시트 사용을 의무화한 주가 됐다.

그러나 불행히도 허점이 하나 있었다. 부모의 권리를 옹호한 피커링 하원의원이 부모가 운전 중 아기를 품에 안는 것을 허용하는 '품에 안긴 아기들(Babes-in-Arms)' 개정안을 법안에 첨부한 것이다. 피커링은 1978년에 《테네시안(Tennessean)》과의 인터뷰에서 "아기를 갓 낳은 젊은 엄마가 느낄 수 있는 가장 큰 기쁨 중 하나는 병원에서 집으로 돌아오는 차 안에서 아기를 안고 있는 것이다. 그런데 이제 아기를 안전벨트에 묶으란 말인가?" 라고 말했다.

샌더스는 피커링의 수정안 때문에 자신들의 승리가 부분적인 것임을 알았다. 기본적으로 이 법은 아이들의 안전을 보장했지만, 그보다 더 어린 아기들에게는 선택 사항이 됐다. 샌더스는 '품에 안긴 아기들' 수정안을

---

* 여기서 현명한 전략 하나를 소개한다. 밥 샌더스의 녹취록에 있는 얘기다. 샌더스는 테네시 주지사가 그 법안에 서명하지 않을 수도 있다는 소문이 도는 걸 알고는 주지사의 손주가 다니는 소아과 의사에게 연락해 자기 주장을 펼쳤다.

'어린아이 으스러뜨리기(Child Crusher)' 수정안이라고 부르기 시작했다. 법안이 통과되고 난 뒤 몇 년 동안 샌더스는 이 안을 바꾸기 위해 계속 싸웠다. 하지만 반대자들은 꿈쩍도 하지 않았다.

그러던 중 1981년 건설교통위원회 청문회에 부모 두 명이 증언대에 섰다. 한 명은 카시트 덕분에 11주 된 아기를 충돌사고에서 무사히 구할 수 있었던 엄마였다. 다른 한 명은 생후 한 달 된 아기를 안전이 보장되지 않은 상태로 차에 태운 아빠였다. 아기는 사고로 대시보드에 부딪혀 죽었다. 그는 "우리는 카시트가 없었던 불운한 사람들"이었다고 말했다. 샌더스는 1980년에 3세 미만 어린이 11명이 자동차 충돌사고로 숨졌다는 걸 알아냈다. 이 중 9명은 부모 품에 안겨 있었다.

이런 증거 덕에 여론은 수정안에 반대하는 쪽으로 바뀌었고, 이 수정안은 1981년에 폐지됐다. 같은 해에 웨스트버지니아주는 어린아이의 카시트 사용을 의무화한 세 번째 주가 됐고, 1985년까지 50개 주가 모두 아동 승차자 보호법을 통과시켰다.

미 도로교통안전국은 1975년부터 2016년까지 4세 미만 어린이 11,274명이 카시트 덕에 목숨을 건진 것으로 추정하고 있다. 연쇄적으로 어떤 일이 발생했는지를 생각해보라. 자동차 안전을 위해 싸우는 투사 두 명이 소아과 저널에 기사를 썼다. 그 기사는 테네시주의 한 소아과 의사가 그 문제에 주인의식을 갖도록 자극했다. 그는 주 정부가 행동을 취하도록 동기를 부여했고, 그 주가 49개의 다른 주에 영향을 미쳤다. 그로부터 40년 뒤, 예방이 가능함에도 잔혹한 죽음을 맞았을지 모르는 수많은 아이들이 살아남았다.

주인의식이 가져온 놀라운 결과

——————《소아과》에 실린 기사 덕분에 샌더스가 행동하게 된 것처럼, 폴 호켄의 책은 카펫 회사 인터페이스를 운영하는 레이 앤더슨을 흔들어놓았다. 그는 회고록에 이렇게 썼다. "그 책을 읽고 인생이 달라졌다. 정말 깜짝 놀랐다. 채 절반도 읽기 전에 회사를 위해 찾고 있던 비전과 얼른 뭔가 해야 한다는 강력한 절박감을 갖게 됐다."

앤더슨은 샌더스에 비해 불리한 점이 있었다. 그는 단순히 행동에 나서야 하는 문제를 인지하기만 한 게 아니었다. 그의 회사가 호켄이 분개하는 환경 문제를 악화시키고 있었다. 또한 그 당시 앤더슨은 그 해악을 어떻게 원상태로 돌려놓아야 하는지 전혀 몰랐다. 하지만 한편으로는 샌더스보다 유리하기도 했다. 그는 일을 빨리 진행시킬 수 있었다. 본인이 사장이니 말이다.

1994년 앤더슨이 환경 문제를 다루는 사내 그룹을 대상으로 지속 가능성에 대한 연설을 앞두고 있을 때, 그들은 앞으로 무슨 일이 일어날지 전혀 몰랐다. 그들은 진부한 연설을 듣게 될 거라고 예상했다. 그런데 실제로 그들이 들은 건 적절한 조치를 촉구하는 연설이었다.

앤더슨은 급진적인 아이디어를 제시했다. 인터페이스가 지구에 미친 부정적인 영향을 제거하자는 것이었다. 계속해서 카펫 사업을 성공적으로 이어나가면서도 환경에 가했던 모든 파괴적인 행동을 그만두자는 것이 앤더슨의 생각이었다. "나는 그들을 대상으로 시작을 알리는 연설을 했다.

나를 놀라게 하고, 그들을 망연자실하게 만들고, 결국엔 우리를 행동으로 이끌 그런 연설이었다. 누군가가 이끌지 않는다면 아무도 이끌지 않을 것이다. 그건 자명하다. 그래서 나는 그들에게 '우리가 하는 게 어떨까?'라고 물은 것이다."

당시 이 회사의 CFO였던 대니얼 헨드릭스(Daniel Hendrix)는《뉴욕타임스》와의 인터뷰에서 이렇게 말했다. "그가 처음 이 아이디어를 제시했을 때 나는 그가 미친 게 틀림없다고 생각했다." 인터페이스는 지난 3년간 회사를 강타한 불황에서 아직 완전히 헤어나오지 못한 상태였다.

과연 인터페이스의 재정은 불확실한 약속이라는 새 임무를 수행할 만큼 튼실했던 걸까? 그러나 앤더슨은 끈질겼다. 단기적으로는 회사가 에너지를 적게 사용하고 자원을 적게 소비하는 데 주력하도록 했다. 내부적으로는 '절약, 재사용, 회수'를 모토로 삼았다. 초반의 몇몇 승리는 놀라울 정도로 빨리 찾아왔다. 인터페이스의 한 부서에서 직물 공장의 보일러에 새로운 컴퓨터 제어장치를 추가함으로써 일산화탄소 배출량을 주당 2톤에서 연간 수백 킬로그램으로 줄였다.

이런 승리가 계속 늘어났다. 1995년부터 1996년까지, 인터페이스의 매출액은 원자재 소비량을 늘리지 않고도 8억 달러에서 10억 달러로 증가했다. 이 혁명은 효과가 있었다. 앤더슨은《패스트 컴퍼니(Fast Company)》와의 인터뷰에서 다음과 같이 말했다. "이 세계는 처음으로 2억 달러 규모의 지속 가능한 사업을 목격했다."

1997년, 이 회사의 전설로 남을 사내 회의에서 앤더슨은 훗날 '미션 제로(Mission Zero)'라고 불리는 계획에 대한 연설을 한다. 2020년까지 생태

발자국(Enviromental Footprint)을 '제로'로 줄이겠다는 목표를 세운 것이다. 말 그대로 제로로.

인터페이스가 지니 포레스트처럼 의자를 옮기고 '우리가 이 문제를 해결해야 해.'라고 다짐한 순간이었다. 앤더슨은 '미션 제로'를 달성하기 위한 7단계 계획을 세웠다. 폐기물 없애기, 배기가스에서 독성 물질 제거하기, 재생 가능한 에너지 이용하기, 자원 효율이 높은 운송수단 이용하기, 제조공정 폐기물 재활용(세상에 내놓은 것을 모두 회수하고 그걸 투입물로 재구성)하기, 이해당사자들이 이 문제를 민감하게 받아들이도록(사람들에게 지속 가능성이 왜 중요한지 설명하고 실제로 그걸 중요시하도록) 만들기, 물질보다 가치를 전달하는 데 초점을 맞춰 상거래를 재설계하기.

앤더슨은 그의 회사가 새로운 방식으로 생각하도록 격려했다. 일례로 그는 고객이 새 카펫을 사면 대부분 오래된 카펫을 처분한다는 데 주목했다. 인터페이스가 오래된 카펫을 회수해서 새로운 제품으로 재활용할 수 있을까? 재미있는 아이디어기는 하지만 중대한 결함이 최소 두 가지 이상 존재한다. 첫째, 카펫을 재활용할 수 있는 기술은 아무도 모른다. 둘째, 조지아주에 있는 본사로 재활용 카펫을 운송하면 '자원 효율이 높은 운송수단 이용'이라는 다른 원칙을 위배할 수 있다. 고객이 현장에서 폐기하는 카펫의 양은 보통 4백 제곱미터 정도였다. 이걸 재활용하려면 트럭에 싣고 조지아주에 있는 공장으로 가져와야 했다. 하지만 4천 제곱미터 가까이 되는 카펫을 실을 수 있는 트레일러 트럭에 4백 제곱미터의 카펫만 실어 보내는 건 끔찍하게 비효율적인 일이었다.

이런 장애물들을 고려할 때, 다른 제조사 같으면 카펫을 재활용하겠다는 아이디어를 버렸을지도 모른다. 하지만 인터페이스의 구성원들은 앤더슨이 방법을 찾기를 바란다는 걸 알았다. 카펫 운반 문제를 해결하기 위해, 그들은 조지아에 보낼 트레일러를 가득 채울 때까지 4백 제곱미터의 카펫을 보관할 수 있도록 전국적인 파트너 망을 구성했다. 그러는 한편 카펫을 재활용할 수 있는 기술을 찾기 위해 전 세계를 조사했다. 그들은 결국 낡은 카펫 타일을 분해해 비닐 부스러기로 변형시키는 값비싼 장비를 독일에서 발견해 구입했다. 그들은 이 비닐 부스러기를 용해해 카펫 안감으로 재사용할 수 있었다. 낡은 카펫을 새 카펫으로 만듦으로써 폐기물을 재활용하게 된 것이다.

직원들은 앤더슨이 새롭게 주창한 "세계를 구하자."라는 임무에 푹 빠져들었다. 그들은 장애물을 피할 방법을 어떻게든 찾아냈다. 처음에는 회의적이었던 대니얼 헨드릭스조차 "우리는 몽상가와 행동가들이 선망하는 하나의 문화가 됐다."라며 마음을 돌렸다.

갑자기 사람들이 이 지루한 카펫 제조업체에서 일하고 싶어 했다. 데이비드 거슨(David Gerson)은 2000년도에 지속 가능성을 위한 인터페이스의 노력에 대해 듣고는 이 회사에 전화를 걸었다. 뉴욕에서 자란 그는 이렇게 말했다. "만약 누군가가 내게 언젠가 조지아주 소도시 라그레인지(LaGrange)에 있는 카펫 회사에서 일하게 될 거라고 얘기했다면 웃었을 거다. 기분도 좀 상했을 것 같고." 그러나 그는 인터페이스에서 발견한 것에 놀랐다. "나 혼자의 힘으로 할 수 있는 것보다 훨씬 더 큰 무엇인가의 일부가 될 수 있는 완벽한 배출구였다."

인터페이스는 2007년까지 앤더슨의 비전을 거의 다 실현했다. 매출이

49퍼센트나 증가했음에도 화석 연료 사용량은 45퍼센트 감소했다. 물 사용량도 기존의 3분의 1로 줄였고 매립지 사용은 80퍼센트나 감소했다. 앤더슨은 인터페이스가 도달해야 하는 목표를 절반 정도 달성했다고 평가했다. 누구도 인터페이스에게 더 큰 지속 가능성을 확보하라고 요구하지 않았다. 그들 스스로 자신에게 요구한 것이다. 그들은 환경에 미치는 영향에 주인의식을 가졌다. 그리고 그것이 효과가 있었다.

그로부터 4년 뒤인 2011년, 앤더슨은 77세의 나이로 세상을 떠났다. 그의 장례식에는 앤더슨의 변신을 촉발시킨 책을 쓴 폴 호켄이 참석해 그를 칭송했다. 호켄은 앤더슨을 두고 이렇게 말했다. "보기 드물게 믿음직한 사람이었다. 또 용기도 있었다. 그는 몇 번이나 많은 청중 앞에 서서 그들이 알고, 배우고, 하는 거의 모든 것들이 지구를 파괴한다고 말했다. 그는 말 한마디 한마디에 진심을 담았고, 그 말들은 그의 연설을 들은 수십만 명의 머리와 가슴에 깊이 새겨졌다."

문제의 피해자에서 벗어나 문제의 소유자로

——— 인터페이스의 성공담을 어떻게 이해해야 할까? 어떤 측면에서 보면 이 이야기는 판타지다. 2012년에 인터페이스는 어느 프로젝트의 운영을 도왔다. 바다에 버려져 물을 더럽히고 야생동식물을 위험하게 하는 어망을 어부들이 회수해 오면 보상금을 주는 프로젝트였다.

회수한 어망은 슬로베니아의 한 공장으로 보내져 나일론 섬유로 바뀐다. 이 섬유는 다시 카펫 타일로 바뀐다. 미국 어딘가에 있는 사무실에서는 이 카펫을 구입해 바닥에 설치할 것이다. 그 사무실에 있는 직원은 커피를 마시려고 그 위를 걸으면서도 자기 발밑에 깔린 카펫이 바다를 더 깨끗하게 만든다는 사실을 전혀 모를 것이다. 이건 마법이다.

반면 기업으로서 인터페이스는 주주들에게 큰 성공을 안겨주지 못했다. 레이 앤더슨이 깨달음을 얻은 해인 1994년 초에 인터페이스에 투자했다고 가정할 때, 2018년 말을 기준으로 연간 수익률은 3.6퍼센트 정도다. 이는 시장 전체 수익률 9.06퍼센트에 비해 상당히 낮은 수치다. 환경 보호를 위한 회사의 노력이 주주들의 수익에 직접적으로 악영향을 미쳤을 가능성이 있다. 하지만 지속 가능성에 초점을 맞춘 제품 혁신과 브랜딩이 없었다면 회사가 더 나쁜 실적을 올렸을 가능성도 있다. 이는 판단하기 어려운 문제다. 모두가 성공하는 동화 같은 이야기는 아니었다고 말하는 게 타당할 것이다.

인터페이스 이야기를 통해 알 수 있는 건 문제를 예방하기 위한 노력이나 좋은 의도가 늘 보상을 받는다는 점이 아니라, 현실에 안주하지 말아야 한다는 것일지도 모른다.

인터페이스는 카펫 제조업체이므로 자신들은 환경을 오염시킬 수밖에 없다고 가정하는 건 쉬운 일이었을 것이다. 테네시주의 밥 샌더스 박사는 그 일은 자기 영향력 밖의 일이라고 여기면서 정치에 발을 담그지 않고 소아과 의사로서 길고 성공적인 삶을 살 수도 있었을 것이다. 그러나 그들은 '누군가가 이 문제를 해결해주지 않을까?'라고 자문하지 않았다. 그들은 자진해서 주인의식을 받아들였다. 레이 앤더슨이나 밥 샌더스 모두 본인이 그런 부담을 받아들여야 할 필요는 없었단 사실에 주목하자. 그럼에도 그들은 화를 냈다. 도전 의식을 가졌다. 우리 또한 지속되는 어떤 문제를 해결할 수 있음에도 불구하고 그 문제를 용납하고 있는 건 아닐까? 어떻게 해야 눈을 뜰 수 있을까?

앞에 앉은 남자를 피해 의자를 옮겼던 지니 포레스트에게서 한 가지 아이디어를 얻을 수 있다. 포레스트는 예일대에서 일하기 전에 임상 심리학자와 경영 코치로 일했다. 포레스트가 받은 인간의 동기를 식별하는 훈련은 관리자로 일하는 데 도움이 됐다. 여기 한 예가 있다. 2019년 2월, 포레스트는 직원들 사이의 다툼을 해결해야 했다. 한 직원('던'이라고 부르자)이 포레스트에게 '엘런'이라는 다른 직원에 대한 불만을 털어놓았다. 던은 엘런이 끊임없이 자기를 깎아내리고 얕잡아본다고 비난했다.

포레스트는 그 둘을 모두 자기 사무실로 불렀다. 포레스트는 이렇게 말했다. "저도 이 일에 책임이 있어요. 제 책임이 뭔지 말할게요. 두 사람이 사이가 안 좋다는 소문을 들었어요. 두 분의 상사로부터도 같은 얘길 들었죠. 그런데 제가 이 문제를 그냥 외면했네요. '두 사람이 알아서 해결하겠지.'라고 생각한 거예요. 이 문제를 무시한 걸 죄송하게 생각합니다."

포레스트는 계속해서 말을 이었다.

"두 분 모두 이 상황이 마치 전부 자기 책임인 것처럼 생각하며 말해줬으면 좋겠어요."

던과 엘런 모두 이 요구를 들어주느라 애를 먹었다. 그들은 금세 상대를 손가락질하기 시작했다. 엘런은 "당신은 내가 지시를 내리려고 할 때마다 내 말을 가로막았어요. 그리고 쓸데없는 질문을 잔뜩 했죠."라고 말했다. 포레스트는 엘런이 손가락질하는 방향을 돌려놨다. "아니, 그건 던을 탓하는 거잖아요. 모든 게 당신 책임인 것처럼 얘기해야 해요."

마침내 던과 엘런은 어떻게 해야 하는지 이해했다. 엘런이 말했다. "저는 던의 질문에 나쁜 의도가 담겨 있다고 생각했어요. 저는 던이 아무런 의문도 표하지 않고 제가 한 말을 그대로 받아들여야 한다고 여겼죠. 하지만 애초에 제가 원하는 걸 더 잘 설명할 수도 있었을 것 같아요."

던은 이렇게 말했다. "저는 엘런이 씩씩대면서 절 마음에 안 들어 하는 태도를 그냥 담아뒀고 그 즉시 해결하려고 하지 않았어요. 저는 '지금 저한테 화를 내고 있는데, 전 왜 그러시는 건지 잘 이해가 안 돼요. 제가 더 잘 이해할 수 있게 도와주세요.'라고 말했어야 해요."*

이들 셋 모두(포레스트를 포함하여) 처음에는 이 상황 안에 갇혀 있는 것처럼 행동했다. 하지만 포레스트가 마치 자신에게 책임이 있는 것처럼 상황을 설명해보라고 설득하자 그들은 자기가 어떤 힘을 가졌는지 알아냈다. 문제의 피해자처럼 느끼는 것에서 벗어나 해결책의 공동 소유자인 것처럼 느끼게 된 것이다. 이런 중재가 있고 6주가 지난 뒤, 그들은 포레스트에게 "생산적이고 기분 좋게 함께 일하고 있어요. 좀 어이없을 정도로요."라

---

* 분명히 말하자면, 자기 책임인 것처럼 생각하라는 이 접근법에는 한계가 있다. 만약 부하 여직원을 성추행한 상사와 관련 있는 상황이라고 상상해보라. 그 여자에게 당신에게 책임이 있는 것처럼 말하라고 요구하는 건 어처구니없는 일일 것이다. 그건 피해자에게 책임을 전가하는 행동이다. 이 도구의 강점은 문제에 기여할 것처럼 보이는 수많은 요인 중 실제로 작동하는 '행동의 지렛대'를 찾아내는 데 도움이 된다는 것이다.

고 전했다.

이는 본질적으로 레이 앤더슨이 직원들에게 요구한 것과 같다. '우리가 초래한 환경 파괴에 100퍼센트 책임이 있는 것처럼 얘기해보자.' 그런 식으로 세상을 바라보면 우리가 영향력을 발휘할 수 있는 틈새가 보이기 시작한다. 보일러에 제어장치를 추가하고, 낡은 카펫을 녹여 재활용하고, 바다에서 나일론 그물을 건져 올리는 데 보상금을 지급하는 방법 등이 그것이다. 항상 존재해왔지만 묻혀 있던 인과관계의 가닥이 표면화되는 것이다.

포레스트의 질문은 복잡한 상황에서 필요 없는 소음을 걸러내는 데 도움을 준다. 연애에 문제가 있을 때, 자기에게만 책임이 있는 것처럼 얘기하면 어떨까? 고용주가 직원의 건강 문제는 오롯이 자기 책임인 것처럼 행동한다면? 교육구들이 고등학생들의 중퇴 문제가 전부 자기들 책임인 것처럼 생각한다면? 그런 질문을 던지면 무관심과 안일을 극복하고 무엇이 가능한지 알아보는 데 도움이 될 것이다. 이런 생각이 싹트면서 말이다.

'나는 이 문제를 고치기로 했다. 그게 내 의무여서가 아니다. 내가 할 수 있는 일이고, 또 고칠 가치가 있기 때문이다.'

chapter 3

조금만 더 이따가, 급한 일부터 처리한 다음에
: 터널링 증후군

업스트림 활동은 왜 그리 드물까?

온타리오주 고드리치(Goderich)에 살며 은퇴 뒤 비상근으로 일하는 존 톰슨(John Thompson)은 녹내장 때문에 안약을 처방받았다. 그는 그 약을 하루에 두 번씩 넣어야 하는 걸 자주 잊었다. 그래서 그는 부엌 싱크대 위의 창문턱에 안약을 놔두기로 했다. 그렇게 하면 아침에 커피를 끓일 때마다 그것을 볼 수 있었다. "창턱 동쪽에 안약을 놓아뒀다. 그게 아침용이라는 걸 알 수 있도록. 안약을 넣은 다음에는 창턱 서쪽으로 옮겼다. 그러면 아침에 안약을 넣었고, 이제 밤에 넣으면 된다는 걸 알 수 있었다. 밤에 안약을 넣고 나면 그걸 다시 창턱 동쪽에 놓았다." 톰슨은 창턱 시스템을 이용해 문제를 해결했다.

리치 머리사(Rich Marisa)도 그의 생활에서 이와 비슷한 업스트림적 깨달음을 얻었다. 뉴욕주 이타카(Ithaca) 인근에 사는 애플리케이션 프로그래머인 머리사는 "아내는 내가 전등을 켜놓는 것, 특히 외출하거나 들어올 때 복도 등을 켜두는 것에 불만이 있었다."고 말했다. 복도의 불빛은 부부간 사소한 마찰의 원인이었다. 사람들이 몇 년 동안 계속 다투게 되는 그런 사소한 일 말이다("변기 뚜껑을 또 열어뒀잖아!"). 하지만 마리사는 이런 언쟁이 일어나는 걸 막을 수 있다는 걸 깨달았다. 이혼 소송을 통해서.

농담이다. 미안. 그가 실제로 한 일은 이것이었다. "그 상황을 해결해야 한다는 주인의식을 가지고 타이머가 달린 전등 스위치를 샀다. 이제 버튼을 누르면 불이 켜지고 5분이 지나면 자동으로 불이 꺼진다. 이 일은 한때 우리 사이 갈등의 원인이었지만 더 이상은 아니다."

나는 연구 과정에서 이런 이야기들, 즉, 문제에 반응하는 걸 멈추고 그보다 앞서 대처하기 시작한 사람들을 찾아다녔다. 나는 그들이 특이할 정도로 많은 영감을 준다는 걸 발견했다. 나는 내 인생을 미시적으로 분석하기 시작했다. 내 인생에서 되풀이하여 발생하는 짜증스러운 것들을 업스트림 활동의 마법으로 날려버리기 위해서였다.

예를 들어 나는 노트북 전원 코드를 이리저리 옮겨 꽂느라 많은 시간을 보내곤 했다. 나는 제대로 된 책상을 갖춘 사무실이 있는데도 불구하고 카페에서 일이 가장 잘되는데, 그 때문에 항상 노트북 전원 코드를 뽑고 짐을 싸서 다른 곳에 가 다시 꽂곤 했다. 자, 이제 놀랄 준비 하시라. 그래서 나는 전원 코드를 하나 더 샀다. 이제 하나는 계속 책상에 있고, 다른 하나는 내 가방 안에 있다.

물론 이건 손쉽게 얻을 수 있는 승리다. 필요한 건 문제에 대한 인식과 작은 계획이다. 하지만 나는 인터뷰를 하면서 사람들 대부분이 자신의 경험에서 이와 유사한 사례를 잘 떠올리지 못한다는 걸 알게 됐다. (그건 그렇고, 이건 내 자랑을 하려는 게 아니다. 내가 몇 년 동안 전원 코드 때문에 고생했다는 걸 기억해주길 바란다. 마침내 해결책을 찾게 된 건 업스트림에 대한 책을 쓴 덕분이다.) 여기서 다음과 같은 의문이 생긴다. 업스트림 활동이 그렇게 간단한 것이고 반복적인 문제를 해결하는 데 효과적이라면, 대체 왜 그리 찾아보기 힘든 걸까?

우리의 눈과 귀를 막는 터널링 증후군

——————— 업스트림 사고에서 벗어나 행동하는 게 얼마나 쉬운지 생각해보라. 가족 중 누군가가 아팠던 때를 떠올려보자. 사태를 더 낫게 만들 작은 개선사항 하나하나를 곰곰이 생각하지는 못했을 것이다. 일이나 인간관계 때문에 스트레스를 받는 경우도 마찬가지다. 이 모든 일들은 우리에게 직관적으로 다가온다.

우리는 인생의 큰 문제가 작은 문제를 밀어내리라 기대한다. 그러나 사실 그 모든 문제를 다 해결할 수 있는 방법은 없다.

연구자들은 사람들이 돈이나 시간, 다른 정신적 문제에서 부족함을 경험할 때 큰 문제가 작은 문제를 밀어내는 게 아니라는 걸 알아냈다. 실은 작은 문제가 큰 문제를 밀어낸다. 다달이 날아오는 카드값을 지불하지 못하고 한도액까지 다 써버린 싱글맘을 상상해보라. 그녀의 아이가 동네 농구 리그에서 뛰려면 150달러가 필요하다. 그녀는 도저히 안 된다고 말할 수가 없다. 농구는 그 동네에서 아이가 누릴 수 있는 얼마 안 되는 건전한 활동 중 하나다. 하지만 그녀는 돈이 없고 다음 월급까지는 열흘이나 남았다. 그녀는 길 아래쪽에 있는 은행에서 초단기 소액대출을 받는다. 이자율은 20퍼센트로(연이율 240퍼센트에 해당), 한 달 안에 대출금을 갚아야 한다. 만약 갚지 못하면 다음 달로 이월되어 갚아야 할 돈은 더 많아진다. 엄청난 돈은 아니지만 그녀의 위태로운 재정이 무너지기에는 충분할지도 모른다.

재정 전문가는 그녀가 좋지 못한 결정을 내렸다고 말할 것이다. 하지만 그녀가 보기에는 다르다. 자신의 아들은 기회를 얻었고, 그녀는 며칠 혹은 몇 주간의 중요한 전략적 여유가 생겼다. 그래, 어쩌면 위기가 찾아올지도 모른다. 하지만 오늘 당장은 아니다.

심리학자 엘다 샤퍼(Eldar Shafir)와 센딜 멀레이너선(Sendhil Mullainathan)은 『결핍의 경제학(Scarcity)』이라는 저서에서 이러한 상태를 '터널링(tunneling)'이라고 부른다. 한꺼번에 많은 문제를 겪는 사람은 그걸 전부 해결하려는 노력을 포기한다. 그리고 터널 속에 있는 것 같은 제한적인 시야를 받아들인다. 장기적인 계획도 없고 사안에 대한 전략적인 우선순위도 없다. 터널링 증후군은 업스트림 사고의 세 번째 장벽이다. 우리를 단기적이고 반응적으로 사고하게 만들기 때문이다. 터널 안에서는 오로지 직진만 가능할 뿐이다.

우리는 종종 일련의 나쁜 결정이 사람을 가난하게 만들 수 있다고 말한다. 어떤 경우에 그 말은 의심할 여지가 없는 사실이다(고액 연봉을 받던 슈퍼스타 선수가 파산 선고를 받는 걸 생각해보라.) 하지만 샤퍼와 멀레이너선은 우리가 인과관계를 잘못 파악하고 있다고 설득력 있게 주장한다. 사실은 가난이 근시안적인 재정 결정을 하게 만든다는 것이다. 저자들이 쓴 것처럼 결핍은 "통찰력이나 미래지향적 사고, 통제력을 부족하게 만든다. 그리고 그 영향은 엄청나다. 예를 들어, 가난은 잠을 자지 않고 하룻밤을 꼴딱 새는 것보다 사람의 인지 능력을 더 떨어뜨린다. 가난한 사람들 개개인의 시야가 좁은 게 아니다. 가난을 겪으면 누구나 시야가 줄어든다." 자원이 부족하면 모든 문제가 스트레스의 원인이 된다. 돈을 완충제로 이용할 방법이 사라진다. 차를 최신 상태로 유지하고, 치과 치료비를 내고, 아픈 부모를 돌보기 위해 일을 며칠 쉴 수가 없다. 그러니 인생이 외줄타기가 된다.

터널링 증후군을 겪는 사람들은 체계적인 사고를 할 수 없다. 그들은 문제를 예방할 수 없다. 단지 반응만 한다. 그리고 하나 더, 터널링 증후군은 가난해야만 벌어지는 일이 아니다. 시간 부족 때문에 생길 수도 있다.

샤퍼와 멀레이너선은 다음과 같이 적었다. "결핍과 터널링 증후군은 특히 사무실 청소나 대장내시경 검사, 유언장 작성처럼 중요하지만 아주 다급하지 않은 일을 미루게 한다. 그것들은 즉각적이고 불가피해 보이면서도 미루기 쉬우며, 그 이익은 터널 밖에 있다. 그리하여 그들은 긴급한 일이 모두 마무리될 때까지 기다린다."

물론 긴급한 일이 마무리되는 경우는 전혀 없다. 우리는 그렇게 유언장도 작성하지 못한 채 일흔이 된다.

똑똑한 사람들이 모여 멍청한 조직을 만드는 이유

——— 이런 터널링 함정은 조직도 괴롭힌다. 애니타 터커는 제너럴 밀스(General Mills)사의 아이싱(icing. 케이크나 쿠키 등에 올리는, 설탕으로 만든 달콤한 크림 형태의 페이스트 – 옮긴이) 공장 운영을 지원하는 산업 엔지니어 출신으로, 병원 8곳에서 일하는 간호사 22명을 200시간 가까이 따라다닌 뒤 하버드 대학에서 논문을 썼다. 터커는 간호사들이 본질적으로 전문적인 문제 해결사라는 걸 알아냈다. 평균 90분에 한 번씩 예상치 못한 문제가 발생했다. 예를 하나 들어보자. 세탁소 직원 중 일부가 비번이던 사흘간의 연휴가 끝난 뒤, 한 간호사가 자기 병동에 수건이 다 떨어진 걸 알아차렸다. 간호사는 이웃 병동에서 수건 몇 개를 가져왔다. 그런 뒤 비서를 통해 전화를 걸어 수건을 더 달라고 세탁실에 요청했다.

터커는 간호사들이 가장 흔하게 직면하는 문제 중 상당수가 누락되거나 잘못된 정보 처리, 없거나 파손된 장비에 대처하는 일이었다고 지적한다. 일례로, 당직 간호사인 애비는 병원에서 초보 엄마를 퇴원시킬 준비를 하고 있었다. 애비는 그 엄마가 낳은 아기가 보안 태그를 달고 있지 않다는 걸 알아차렸다. 발목에 착용하는 보안 태그는 납치 위험을 줄여주는 비싸고(개당 100달러 정도) 중요한 물건이다, 재빨리 주변을 찾아본 애비는 아기 요람에서 태그를 발견했다. 그런데 3시간 후, 또 같은 일이 일어났다. 곧 퇴원하려던 다른 아기에게도 태그가 없었던 것이다. 이번에는 여러 사람이 찾아봐도 허탕이었다. 애비는 관리자에게 태그가 없어졌다는 사실을 알렸다. 애비의 빠른 조치 덕에 두 엄마 모두 오래 기다리지 않고 퇴원할 수 있었다.

이런 문제를 극복하려면 간호사들은 창의적이어야 한다. 끈질기고 지략도 풍부해야 한다. 그들은 일이 생겼다고 해서 매번 상사에게 달려가지 않았다. 어떻게든 문제를 해결했고, 그래서 계속 환자를 치료할 수 있었다. 좋은 간호사가 되려면 이렇게 해야 하는 것이다.

참으로 고무적이지 않은가? 어떤 사실을 깨닫기 전까지는 그렇다. 터커는 아무런 교훈도 얻지 못하는 시스템을 지적한다. 간호사들이 일하는 시스템은 절대 나아지는 법이 없었다. 터커는 "솔직히 정말 충격을 받았다."라고 말했다. 업스트림적인 행동이 전혀 없는 걸 보고 충격을 받은 것이다.

세 시간 사이에 사라진 보안 태그 두 개를 처리한 애비는 왜 이런 일이 계속 발생하는지 물을 생각을 하지 않았다. 여분의 수건을 가져온 간호사는 업무 프로세스에 문제가 있고, 사흘간의 연휴에 대처할 계획을 세워야 한다는 생각을 하지 않았다.

간호사들은 터널링 상태였다. 그들에게는 시간이 부족했고 주의력도 부족했다. 다른 병동에서 수건을 가져와 몇 시간 후에 그 병동의 수건이 떨어질 수도 있게 만드는 건 초단기 소액대출을 받는 것과 비슷한 행동이다. 청구서에 적힌 지불 기한이 닥쳐오겠지만 지금 당장은 아니다. 간호사들은 그렇게 계속 앞으로 나아갔다.

이 이야기의 의도가 간호사들에게 돌을 던지라는 것일까? 그렇지 않다. 내 생각으로는 터커가 변호사나 승무원, 교사 같은 다른 전문가 집단을 선정했더라도 결과는 거의 같았을 것이다. 그 간호사들이 터널을 탈출하는 게 얼마나 부자연스러웠을지 생각해보라. 신생아의 보안 태그가 떨어지기 쉽다는 걸 알아낸 뒤 상사에게 이 사실을 전한다. 그리고 또 무엇을 할 수 있을까? 지금 당장 보살펴야 하는 환자가 십여 명이나 있는데 현장에서 근본적인 원인을 분석한다고? 그냥 다른 부서에 가서 수건을 가져오는 대신 프로세스를 수정해야 한다고 주장한다면 동료들은 어떻게 생각할까? 터널에 계속 머무는게 훨씬 쉽고 자연스럽다.

이건 끔찍한 함정이다. 체계적으로 문제를 해결하지 못하면 계속 끝없는 반응의 순환에 빠져 있어야 한다. 터널링은 더 많은 터널링을 낳는다.

터널링 상태는 자기 영속적인 측면이 있을 뿐 아니라 이 상태에 있을 때 우리는 감정적으로도 보람을 느낀다. 마지막 순간에 큰 실책을 면하는 데서 오는 일종의 영광이 있는 것이다. 우리가 자주 사용하는 진부한 표현들을 살펴보자. 팀원 여러분, 급한 불을 꺼준 스티브(에게 큰 박수를 보냅시다. / 덕분에 곤경을 면했습니다. / 가 우리를 구해줬습니다. / 가 우리를 재난에서 구출해줬습니다. / 가 아니었다면 재고 정리 보고가 하루 늦었을 겁니다.) 곤경을 면하는 건 매우 기분 좋은 일이고 영웅주의에는 중독성이 있다. 실제로 중요한 마감일을 맞추기 위해 밤을 새우는 모험을 즐기는 것처럼 보이는 동료가 있을 것이다. 곤경을 면하는 게 나쁘다는 얘기가 아니다. 그런 행동이 반복되는 걸 경계해야 한다는 얘기다. 영웅이 필요하다는 건 대개 시스템이 실패했다는 증거다.

터널 탈출을 위해선 게으름이 필요하다

――――――――― 터널에서 어떻게 탈출하겠는가? 이럴 땐 게으름을 피울 필요가 있다. 문제를 해결하는 데 시간이나 자원을 당장 투입하지 말고 일부러 미루는 것이다. 예를 들어, 몇몇 병원에서는 직원들이 아침마다 만나 전날 안전과 관련해 벌어진 일촉즉발의 상황(환자들이 다칠 뻔하거나 실수가 발생할 뻔한 상황)을 검토하고 그날 벌어질 복잡한 일들을 간단히 정리함으로써 여유를 갖는다. 이런 시간이 있다면 보안 태그가 자꾸 떨어진다고 얘기하기가 아주 쉬울 것이다.

이러한 시간은 그저 여유를 주기 위해 만드는 게 아니다. 오히려 직원들이 터널에서 나와 문제를 시스템 차원에서 생각할 수 있도록 하는 것이다. 이를 '구조화된 느슨함(structured slack)'이라 한다. 이것이 갖추어질 때 업스트림적인 행동이 일어난다. 사람들은 협력하게 되고 규율을 갖춘다. 중퇴율을 낮추기 위해 시카고 공립학교도 이런 자리를 만들었다. 신입생 성공팀은 학생 개개인의 상황을 검토하는 회의를 주기적으로 열었다. 이런 회의는 '자연스럽게' 일어나지 않는다. 이미 빽빽한 교사들의 스케줄을 더 쪼개는 건 사소한 일이 아니다.

터널을 탈출하는 건 어려울 수 있다. 조직의 생리가 그걸 거부하기 때문이다. 익스피디아 CEO인 마크 오커스트롬의 말을 기억하라. "조직을 만드는 이유는 직원들이 자기 일에 집중할 수 있도록 하기 위해서다. 그런데 이는 사실 근시안적으로 일하라고 자격증을 주는 것과 같다." 집중은 적이자 동맹이다. 더 빠르고 효율적으로 일하게 만들지만, 사람들에게 눈가리개를 씌운다. 눈가리개를 쓴 경주마들은 집중을 방해하는 것들을 무시하고 더 빨리 달릴 것이다. 전진하는 데에만 역점을 둘 때, 우리는 올바른 방향으로 가고 있는지 묻기 위해 멈추지 않는다.

뇌, 본능,
그리고 위험 회피

——————— 사실 우리 뇌는 터널링을 위해 고안됐다고 말하는 게 타당할 정도다. 하버드대 심리학자 대니얼 길버트(Daniel Gilbert)는 눈앞에 닥친 긴급한 일에 집중하는 것이 우리 사고의 기본 특징이라고 주장한다. 그는《로스앤젤레스 타임스(Los Angeles Times)》에 다음과 같은 글을 썼다.

> 모든 동물과 마찬가지로, 사람도 현재의 명확한 위험에 빠르게 반응한다. 그래서 우리 눈을 향해 똑바로 날아오는 야구공을 피하는 데 몇 밀리초밖에 걸리지 않는 것이다. 뇌는 위험 상황을 회피할 수 있도록 멋지게 설계된 회피 기계로, 지금 당장 해야 할 일을 찾으려고 끊임없이 주변을 스캔한다. 그게 바로 뇌가 수억 년 동안 해온 일이다. 그리고 불과 몇백만 년 전, 포유류의 뇌는 위험이 실제로 발생하기 전에 그 시기와 위치를 예측하는 새로운 방법을 배웠다.

> 아직 벌어지지 않은 일을 피하는 우리의 능력은 뇌에서 벌어진 가장 놀라운 혁신 중 하나다. 이런 능력이 없었다면 치실이나 퇴직연금 같은 건 존재하지도 않았을 것이다. 그러나 이 혁신은 아직 개발 초기 단계에 있다. 가시적인 야구공에 대응하는 프로그램은 오래됐고 신뢰성이 높지만 보이지 않는 미래와 어렴풋이 다가오는 위협에 대응하는 프로그램은 여전히 테스트 중이다.

길버트의 말에 따르면, 업스트림 사고는 우리 뇌의 새로운 특징이다.

사실 우리의 업스트림 본능을 확실하게 유발하는 영역은 단 두 가지, 즉 우리 아이들과 치아 건강뿐인 것 같다는 생각이 든다. 아이들과 관련해서 우리는 몇 년 전부터 미래를 대비한다. 'TV를 너무 많이 보는 건 아닐까? 몸에 좋은 음식을 섭취하고 있나? 좋은 대학에 들어갈 수 있을까?'

그런데 그보다 더 곤혹스러운 것은 우리가 몸에서 가장 애지중지하는 기관인 치아에 대한 관점이다. 비록 피부를 위한 자외선 차단제를 바르지 않고 심장을 위한 조깅도 하지 않고 면역체계를 위한 독감 예방 주사를 맞지도 않으면서도 우리는 매일매일, 심지어 가장 바쁜 날에도 예방 차원에서 하루에 두 번 이상 양치하는 걸 최우선 과제로 삼고 있다. 그리고 더 엄격한 평가를 위해 치과의사를 정기적으로 방문한다. 충치를 때우거나 구멍을 막기도 한다. 그것 때문에 불편함을 느끼지 않더라도 말이다. 잠시 이 사실을 곰곰이 생각해보자. 우리 인간이라는 종이 개발한 가장 성공적인 예방 습관이 폐와 뇌, 심장에 대한 것이 아니라 바로 치아에 대한 것이라는 사실을!

냄비 속 개구리가 될 뻔한 인류

――――――――――― 언젠가 이를 닦는 것의 절반만큼이라도 지구를 아끼고 보존하는 법을 배울 수 있을까? 기후변화를 늦추지 못하는 국제적인 실패는 그렇지 않다는 걸 암시한다. 우리는 냄비가 끓는데도 뛰쳐나오지 않는 우화 속 멍청한 개구리를 오랫동안 비웃어왔다. 하지만 알고 보니 우리가 바로 그 개구리였다.

기후변화는 인간 정신의 모든 약점을 이용하기 위해 어느 사악한 주모자가 일부러 고안한 것 같다. 기후는 너무 느리게 변하므로 긴박함을 유발하지 않는다. 거기에는 인간의 얼굴이 없다. 앞의 글에서 대니얼 길버트가 썼듯이 "만약 잔혹한 독재자나 사악한 제국 때문에 기후변화가 닥쳤다면 온난화와의 전쟁은 이 나라의 최우선 과제가 됐을 것이다."

기후변화는 행동과 결과의 불일치를 특징으로 한다. 해를 끼치고 있는 사람들은 대부분 결과적으로 가장 큰 고통을 겪게 될 사람들이 아니다. 이 문제를 성공적으로 해결하려면 국가, 정당, 조직이 자기들의 이익만 생각하지 말고 전면적으로 협력해야 한다.

이런 설명은 암울해 보이지만 그래도 희망적인 사례가 하나 있다. 최근 인류는 위에서 설명한 모든 특징을 가진 중요한 위협, 즉 오존층 고갈 문제를 해결하기 위해 모인 적이 있는 것이다.

1974년으로 돌아가보자. 과학자 마리오 몰리나(Mario Molina)와 F. 셔우드 롤런드(F. Sherwood Rowland)는《네이처》에 '클로로플루오르메탄에 의

한 성층권 침몰: 염소 원자의 오존 파괴 촉매 작용'이라는 제목의 논문을 발표했다. 종말론적인 발견을 알리는 냉정한 제목이었다.

과학자들은 다른 응용 분야를 연구하던 중 스프레이 탈취제의 압축가스와 에어컨의 냉매 등으로 사용되는 화학 물질인 클로로플루오로카본(Cholorofluoro Carbons, CFCs)에 대한 걸 발견했다. CFCs은 불연성이고 무독성이기 때문에 다들 이걸 이용하고 싶어 했다. 이 물질은 아주 안정적이라 오랫동안 대기 중에 남아 있는데, 아무도 그 기체가 냉장고나 겨드랑이에서 탈출한 뒤 어디로 가는지에 대해서는 별로 생각해본 적이 없었다. 몰리나와 롤런드는 그것이 점점 더 높이 상승하다가 결국 태양 광선에 의해 분해되어 세계의 오존층을 먹어치우는 염소를 방출한다는 사실을 알아냈다. 오존층은 자외선을 막는 중요한 역할을 수행한다. 결국 이로 인해 예상되는 결과는 전 세계적인 식량 공급 중단과 피부암 발병이었다.

그들이 이 충격적인 발견을 발표한 후에 무슨 일이 일어났을까? 아무 일도 없었다. 아무 일도. 몰리나는 PBS 다큐멘터리 〈오존홀(Ozone Hole)〉에서 "눈에 보이지 않는 가스가, 눈에 보이지 않는 광선으로부터, 우리를 보호해주는 눈에 보이지 않는 층에 도달하는 얘기를 했기 때문에, 아무런 파장도 생기지 않았다. 그들은 그냥 '아, 과장이 심하시군요.' 정도로 반응했을 뿐"이라고 말했다. 그러나 그들은 상황을 과장한 게 아니었다.

다행스럽게도 세계는 끝장나지 않았다. 한 기후 과학자가 "브레이크를 슬쩍 밟은 것"이라고 표현한 1987년의 몬트리올 의정서와, 1992년의 코펜하겐 수정안을 비롯한 일련의 합의에 수많은 나라들이 모인 덕분이었다(이것 말고도 몇 차례 더 합의가 있었다). 결과적으로 인류는 문제를 악화시키는 걸 멈췄다. 오존층은 고정된 상태가 아니다. 만약 현재 추세가 지속된다면 2050년이 되어서야 1980년 수준으로 회복될 것이다. 하지만 우리는 자기 무덤을 파는 걸 그만뒀고, 그 삽을 치우려는 의지는 축하할 만한 가치가 있어 보인다.

업스트림 활동을 위해 우리 본능을 역이용하는 법

――――――――― 예방적 노력에는 역설적인 면이 있다. 당분간 일어나지 않을지도 모르는 문제를 해결하기 위해 긴급한 요구를 만들어야 한다. 다시 말해 업스트림 활동이 다운스트림 작업인 것처럼 느껴지도록 해야 한다. 몰리나와 롤런드가 논문을 발표한 1974년의 상황을 생각해보자. 오존층 파괴 문제를 해결하기 위해 머리카락에 불이 붙은 듯한 긴박함을 느낀 사람이 이 세상에 수십 명쯤 있었을 것이다. 오존층을 원상복구시키기 위한 열정을 묘사한 지구의 열 지도를 상상해보라. 몰리나와 롤런드가 일하는 학교에는 붉은 반점이 이글이글 타오르는 반면, 지구의 나머지 지역은 무심한 푸른색으로 덮여 있을 것이다. 그리고 그로부터 10년 뒤, 붉은색이 들불처럼 번지며 전 세계적인 협정이 이루어졌다. 어떻게 그런 일이 일어났을까?

가장 먼저 알아야 할 점은, 긴급함을 조성하기 위해서는 터널링의 힘을 끌어들여야 한다는 것이다. 앞에서 '게으름'에 대해 얘기했을 때와 비슷하다. 터널을 탈출하려고 하기보다는 터널이 제공하는 극단적인 초점을 우리에게 유리한 방향으로 이용해야 한다. 누구나 마감 시한이 코앞에 닥쳤을 때 가장 생산성이 높아지고 동기부여가 되지 않는가? 마감은 어떤 일에든 인위적인 긴박성을 제공한다. 미국의 세금 신고서 납부기한인 4월 15일을 생각해보자. 임의의 날짜지만 행동을 이끄는 실질적인 힘을 가지고 있다. 약 2,150만 명의 미국인들이 마감 전 마지막 주에 세금 신고를 한다. 마감일이 다가오면 다른 걸 다 포기하고서라도 그 일을 끝마치게 된다.* 터널링 현상이 사라진 게 아니다. 우리가 마칠 수 있도록 정부가 그 일을 터널 안에 집어넣은 것이다.

다들 반려동물을 보살피는 일까지 터널 안으로 집어넣고 싶겠지만, 터널 내부는 이미 붐빈다. 터널 안에는 이미 아이들에게 축구 연습을 시키고, 상사에게 제출할 자료를 만들고, 요양원에 있는 할머니를 방문하는 등의 다른 수많은 긴급하고 감정적인 일들이 있다. 우리가 추가로 하려는 일은 이런 일들과의 경쟁에서 이겨야 한다.

반면 오존층 문제는 이런 일상적인 일보다 더 중요하다. 하지만 궁극적으로 우리의 관심사는 아니다. 그렇기에 우리는 무관심해진다. 그런 무관심과 싸우기 위해, 롤런드를 비롯한 많은 과학자들은 행동의 적극적인 옹

* 해가 바뀌면 내야 하는 금액에 다달이 2퍼센트의 이자가 붙는 대신, 세금 납부기한이 정해져 있지 않고 언제든지 전년도 세금을 신고할 수 있다고 상상해보라. 마치 신용카드 대금이 계속 연체되는 것처럼 말이다. 어떤 사람은 이 돈이 쌓여서 나라의 현금이 고갈되지만 않는다면 연방 정부의 아주 훌륭한 돈벌이 수단이 될 거라고 생각하기도 한다.

호자가 됐다. 자기가 받은 훈련이나 본능과는 반대되는 일이었다. 심지어 본인들의 연구 결과에 적대적인 이들에게도 오존 파괴가 인간에게 어떤 영향을 미치는지 강조했다.

그들의 행동 덕분에 예상치 못한 곳에서 개종자가 생겼다. 1975년, 그 당시 미국에서 가장 인기 많은 TV 시트콤이었던 〈올 인 더 패밀리(All in the Family)〉는 진보적인 대학생 마이크(일명 '미트헤드')가 CFCs을 함유한 헤어 스프레이를 사용한 아내 글로리아를 꾸짖으며 화학 물질이 오존층을 파괴하고 우리 모두를 죽일 것이라고 말하는 에피소드를 방영했다. 이 에피소드가 방영된 후 에어로졸 스프레이 판매가 눈에 띄게 감소했다.

또 '오존 구멍(ozone hole)'이라는 용어도 사태의 긴박성을 널리 확산시키는 데 도움이 됐다. 오늘날에는 익숙한 말이지만《네이처》에 관련 논문이 발표되고 10년이 지난 1980년대 중반까지도 오존 문제는 대중들에게 잘 다가오지 않았다. 일부 과학자들은 부정확하다는 이유로 이 용어 사용에 반대한다. 하지만 이 말은 대중들에게 많은 인기를 끌었다. 대기 중 화학물질을 연구하는 과학자 리처드 스톨라르스키(Richard Stolarski)는 어느 팟캐스트에서 "이 말은 상황을 묘사하는 간단한 키워드를 가지고 있기에 많은 대중에게 쉽게 다가갔다."고 말하기도 했다. '구멍'이라는 개념 덕에 문제가 손쉽게 시각화됐고 행동에 나서야 한다는 마음가짐이 발동한 것이다. 우리는 지붕이나 보트나 스웨터 같은 중요한 것에 구멍이 나면 재빨리 고친다. 시급한 문제니까 말이다. 하지만 진행 속도가 느린 오존층 문제는 그전까지 그렇게 느껴지지 않았다.

오존층을 둘러싼 이러한 노력들의 또 다른 측면, 즉 국제적 행동을 잠재적으로 반대한 이들에 대처한 방법도 살펴볼 필요가 있다. CFCs의 최대 제조사인 듀폰(DuPont) 같은 회사들은 몇 년 동안 CFCs 생산 금지를 반대했지만, 몬트리올 의정서가 체결될 무렵에는 듀폰도 의정서를 지지했다. 후에 이 문제에서 듀폰의 역할을 연구한 전문가들은 다음과 같이 결론지었다. "듀퐁이 의정서를 지지한 것은 미국 관리들의 능력 덕분이다. 그들은 유럽에 기반을 둔 생산자들이 조약의 어떤 조항을 통해서도 우위를 얻을 수 없음을 확인시켜줬다." CFCs 사용이 미국에서만 금지됐다면 듀폰은 저항했을 것이다. 하지만 세계의 모든 경쟁사가 동일한 조건을 적용받으므로 듀폰도 불이익을 받지 않는다고 여겼다.

조약을 반대한 이들 중에는 개발도상국 지도자들도 포함되어 있었다. 이들은 자기 탓이 아닌 문제를 해결하기 위해 높은 비용을 부담하는 게 불공평하다고 생각했다. 당시 영국 총리였던 마거릿 대처(Margaret Thatcher)도 이런 비난에 앞장서서, 공업 선진국들이 필요한 자금 대부분을 대야 한다고 촉구했다(철의 여인은 오존 감소 활동의 투사처럼 보이지 않을 수도 있지만 그녀의 이력을 보면 단서를 얻을 수 있다. 대처는 대학에서 화학을 전공했고 한동안 화학자로 일하기도 했다).

이런 타협이 이루어지기 전에는 오존층에 대한 국제적인 조치가 듀폰과 개발도상국들에게 위협이 됐을 것이다. 협상가들은 지지자들은 긴박감을 더 강하게 느끼고 반대자들은 덜 느끼도록 상황을 잘 조율했다.

이런 성공담을 돌이켜보면 현재의 결과가 필연적인 것으로 느껴지기도 한다. 물론 우리는 오존층을 복원하는 중이다. 무조건 그래야 했다! 그러나 그 모든 노력이 수포로 돌아갈 위기도 수없이 많았다. 몬트리올 의

정서가 체결되기 불과 몇 달 전인 1987년 5월, 미국 내무장관 도널드 호들(Donald Hodel)은 의정서와 관련된 내부 토론 도중 CFCs을 금지할 필요 없이 다들 모자와 선크림, 선글라스를 이용하면 된다며 의정서 체결에 비판적인 발언을 한 것으로 알려졌다. 그러자 언론의 비판이 뒤따랐다(여러분은 그의 발언에 대응하기 위해 당시에도 트위터가 존재했기를 바랄 것이다). 결국 호들은 뒤로 물러났고, 레이건 행정부는 협정의 중요한 주체로 계속 남게 됐다.

처음에는 회의적이던 레이건 대통령도 결국 이 활동을 지지하게 됐다. 조지 슐츠(George Schultz) 전 국무장관은 PBS 다큐멘터리에서 레이건의 태도를 이렇게 묘사했다. "아마 아무 일도 일어나지 않을 거라는 당신 말이 맞겠지만, 일단 일어났다 하면 대재앙이 될 테니까 보험을 들어두자는 식이었다."

기후 과학자들은 오존층 협정을 통해 막을 수 있었던 문제들에 대해 얘기할 때 "문제를 피해 간 세상(The world avoided)"이라는 표현을 사용한다. 미국 국립해양대기청의 션 데이비스(Sean Davis) 연구원은 TED 강연에서, "우리가 마주할 수도 있었던 세계를 생각해보는 게 도움이 된다."고 말한 바 있다. "몬트리올 의정서를 제정함으로써 우리는 환경과 인간의 안녕에 대재앙을 불러올 세계를 피할 수 있었다. 우리는 2030년대까지 매년 수백만 명의 새로운 피부암 환자가 생기는 걸 막았다. 그리고 그 숫자는 계속 늘어날 것이다."

'문제를 피해 간 세상'이라는 말은 우리에게 뭔가를 환기시킨다. 어떤 면에서 보면 그건 모든 업스트림 활동의 목표다. 어떤 해악이나 불의, 질병, 고난이 계속되는 세상을 피하는 것이다. '문제를 피하는 세상'으로 가는 길은 문제 불감증(문제가 보이지 않는다), 주인의식 부족(내가 해결할 문제가 아니다), 터널링 증후군(지금은 그 문제에 대처할 수 없다) 같은 장애물들 때문에 어렵다.

이 책의 다음 부분에서는 세계가 회피한 문제를 해결하기 위해 싸운 이들을 살펴볼 것이다. 이 문제들은 가정폭력부터 엘리베이터 고장, 생태계 교란종 처리, 부서진 채 방치된 보도 처리, 고객 이탈 관리, 학교 총격 사건에 이르기까지 그 영역과 의미 면에서 매우 광범위하다. 하지만 분야가 매우 다른데도 불구하고 그들이 채택한 전략은 중요한 유사점을 공유한다. 다들 각자의 방식에 따라 인재 모집이나 비용 지불 등의 7가지 핵심 과제를 해결해야 했다.

바로 다음 장에서 우리는 상상조차 할 수 없는 일을 해낸 나라, 즉 10대 청소년의 약물 남용 문제를 해결한 나라를 만나게 될 것이다. 말짱한 정신으로 행복하게 살아가는 10대 청소년은 환상 속에나 존재한다고 생각한다면 페이지를 넘겨보기 바란다.

2

업스트림으로
나아가기 위한
7가지 행동 전략

업스트림 작업은 문제가 발생할 확률을 줄이는 행위다. 그러므로 그 작업을 통해 결국 시스템을 변화시켜야 한다. 시스템은 확률의 원천이기 때문이다. 시스템을 바꾼다는 것은 곧 우리를 지배하는 규칙이나 우리에게 영향을 미치는 문화를 바꾼다는 것이다. 우리는 이러한 질문에 답할 준비가 되어 있어야 한다. '망가진 시스템을 어떻게 고칠 수 있을까?'

꼭 필요한 사람을 모집해 문제의 심각성을 각인시켜라

: 인재

거리를 장악한 10대들

——— 1997년, 아이슬란드의 레이캬비크 시내에서 찍은 한 사진은 훗날 이 나라의 중요한 문제를 상징하게 된다. 이 사진은 사람들로 꽉 찬 도시의 어느 구역을 보여준다. 모인 사람들은 대부분 금발이고 갈색 머리가 간혹 섞여 있다. 여름을 맞은 아이슬란드는 해가 거의 하루 종일 떠 있기 때문에 밤이 그리 길지 않다. 때문에 새벽 3시에 찍은 사진인데도 사람 하나하나의 얼굴을 꽤 쉽게 식별할 수 있는데, 사진에 등장하는 대부분의 사람은 술에 취한 10대 청소년이다.

10대들이 거리 전체를 장악한 것이다.

1998년에 이루어진 한 조사에 의하면 당시 아이슬란드에 사는 15, 16세 청소년 중 42퍼센트가 최근 30일 사이에 술을 마신 적이 있었다. 거의 4

분의 1이 매일 담배를 피웠고, 17퍼센트는 이미 대마초를 피운 경험이 있었다. 2014년에 레이캬비크 시장이 된 의사 다귀르 이게트손(Dagur Eggertsson)은 이렇게 말했다. "골목에서 친구가 토할 수 있게 도와준 기억이 있다. 어떤 친구는 항구에 설치된 송유관 위에서 균형을 잡으려고 하다가 바다에 빠지기도 했다. 이런 일들이 일상적으로 벌어졌고 이는 성장 과정의 일부였다. 14살이 되어 여름 동안 일을 하고 첫 월급을 받은 아이들은 다 이런 일을 겪었다."

이는 10대 청소년들이 신나서 하는 일반적인 행동의 범위를 넘어선 일이다. 아이슬란드 10학년 학생들의 알코올 섭취와 관련된 사고나 상해 비율은 유럽 22개국 가운데 두 번째로 높았다. 13세 이하부터 술을 마신 비율이나 전년도에 10회 이상 술을 마신 비율 같은 다른 충격적인 항목에서도 상위권을 차지했다. 아이슬란드 청소년들에게는 이런 게 정상이었다. 이게 그들이 알고 있는 세계였다. 그러나 1990년대에 약물 남용 비율이 거의 매해 증가하자 이 나라의 지도자들도 점점 이를 우려하게 됐다.

그들은 문제 불감증에서 벗어났다. 10대들의 이런 행동을 더 이상 자연스럽거나 불가피한 것으로 치부하려 하지 않았다. 그들은 상류로 이동하기로 했다. 그렇다면 이제 무엇을 해야 할까?

업스트림 작업을 성공시키려는 이들은 7가지의 핵심적인 문제를 해결해야 한다. 2부에서는 각 챕터마다 이에 해당하는 문제 하나씩을 할애해 살펴볼 것이다. 각 문제를 해결하기 어려운 이유와 현명한 리더들이 장애물을 극복하기 위해 사용했던 전략도 모두 분석할 것이다. 첫 번째 문제는, 그 일에 적합한 인물들을 결속시키는 방법에 대한 것이다.

마약과 알코올을 퇴치하기 위한 새로운 비전

——————— 업스트림 활동을 수행하는 노력 대부분이 어떤 면에서는 봉사활동과도 유사하다는 사실을 상기하자. 의무가 아니라 본인이 선택하는 것이다.

이는 아이슬란드에서도 마찬가지였다. 많은 사람들과 정부 기관이 10대의 약물 남용으로 인한 결과에 대처해야 했다. 그러나 그건 그 누구의, 어느 기관의 일도 아니었다(적어도 초기에는). 그러다 이 문제에 관심 있는 사람들이 많아지면서 해결을 시도하게 됐다. 따라서 다른 많은 업스트림 활동과 마찬가지로, 이들이 처음 밟은 단계는 공통의 목표로 단결된 다면적인 사람과 조직을 모집하는 것이었다. 문제를 '포위'할 수 있도록 말이다.

1997년에 비슷한 생각을 공유한 사람들 몇 명(주로 학계 연구자와 정치인)이 모여 '마약 없는 아이슬란드'라는 약물 남용 반대 운동을 시작했다. 이들은 도울 생각이 있어 보이는 모든 이들에게 도움을 구했다. 연구자, 정책 입안자, 학교, 경찰, 부모, 청소년, 음악가, NGO, 정부 기관, 아이슬란드 각지의 지자체, 민간 기업, 교회, 의료센터, 스포츠 클럽, 운동선수, 언론 관계자, 주류 및 담배 전매청……. 이렇게 보면 마치 협력자들이 사방에 퍼져 있는 것 같지만, 아이슬란드인 대부분은 인구수 25만이 안 되는 수도 레이캬비크와 그 주변에 몰려 산다는 점을 명심해야 한다. 이 나라의 육지 면적은 미국 켄터키주 정도다(켄터키와 구별되는 주요 특징은 활화산, 거대한 빙하, 가수 비요크가 있다는 점 등이다). 아이슬란드에서는 여러 지역에서 일하는 수백 명의 사람들이 비교적 빠른 시간 안에 연결될 수 있다는 얘기다.

이들의 마음을 끌어당긴 것은 마약과 알코올을 퇴치하기 위한 새로운 비전이었다. 예전에 시도했던 방법들은 개인의 행동 변화에 초점을 맞춰 10대들 스스로가 술이나 마약을 삼가도록 유도했다. 하지만 이 캠페인을 이끄는 이들은 개인의 거부에만 초점을 맞춘 기존의 방법이 큰 그림을 놓쳤다고 생각했다. 애초에 그런 약들이 제공되지 않는다면 어떨까? 또 청소년들이 축구나 연극, 하이킹 같은 다른 활동에 푹 빠져서 술에 취하고 싶다는 생각이 아예 들지 않는다면? 요컨대 그들 세계에서 마약과 알코올 남용이 정상이 아니라 비정상적인 일로 느껴진다면? "우리는 아이들의 행동을 바꾸기 위해 먼저 지역사회부터 바꾸고 싶었다." 사회과학자이자 이 캠페인의 중추적인 리더인 잉가 도라 시그푸스도티르(Inga Dóra Sigfúsdóttir)의 말이다.

위험 요소는 줄이고 보호 요인은 늘리고

———————— 학술 연구가 10대의 약물 남용에 영향을 미치는 위험 요인을 보여줬다. 술을 마시거나 담배를 피우는 친구를 사귀는 건 명백하게 위험한 일이었다. 그런 친구들과 파티를 하거나 새벽 3시에 거리를 배회하는 등 명확히 계획되지 않은 시간이 많은 것도 위험 요인이었다. 약물 남용의 위험성을 감소시키는 보호 요인도 있었다. 그 요인들을 한마디로 요약해 말하자면 '10대들이 더 나은 시간을 보내는 방법'이라 할 수 있다. 대부분은 스포츠 또는 특별 활동에 참여하거나 부모와 더 많은 시간을 보내는 것이었다(흥미로운 점은 시간의 질보다 함께 보낸 시간의 양이 더 중요하다는 것이다. 이는 많은 아이슬란드 부모에게 전혀 반가운 소식이 아니었다고 시그푸스도티르는 말했다). 10대들이 재량껏 쓸 수 있는 시간은 한정적이다. 그렇기에 얌전하게 행동하는 시간이 길어질수록 불량한 행동을 할 시간이 줄어든다는 얘기다.

이 캠페인의 철학은 간단했다. 약물과 관련된 위험 요소는 줄이고 보호 요인은 늘려서 청소년을 둘러싼 문화를 바꾸자는 것이었다. 부모부터 정치인이나 스포츠 클럽 대표에 이르기까지, 관련자들은 이 캠페인에 도움을 줄 수 있는 각기 다른 요소들을 갖고 있었다.

지역사회와 부모들은 감독하는 사람 하나 없이 시간을 보내는 식으로 이루어졌던 10대 청소년들의 대중 축제 문화를 가족들이 다 함께 참석하는 방향으로 바꾸기 위해 노력했다. 또 청소년들을 모집해 텔레비전에서 방영할 금주 광고의 대본을 쓰고 촬영했다.

이런 노력은 대부분 다양한 이들의 협력에 의존했다. 예를 들어, 아이슬란드는 예전부터 아이들이 밖에 있을 수 있는 시간을 나이에 따라 정해두었다. 이런 '외출 가능 시간' 정책은 기본적으로 통금 시간을 에둘러 표현한 것이지만, 청소년들이 이 정책을 위반한다고 해서 법적인 처벌을 받지는 않았다. 그리고 이 정책은 자주 무시당했다. 예를 들어, 앞서 얘기한 사진에서 레이캬비크 거리를 돌아다니고 있는 아이들은 모두 규칙을 어긴 것이다.

이렇게 규칙을 아랑곳하지 않는 이들에게 맞서기 위해, 캠페인 본부는 청소년 자녀를 둔 모든 부모에게 레이캬비크 시장과 경찰서장 이름으로 편지를 보내 외출 가능 시간을 지켜달라고 부탁했다. 편지에는 청소년들이 바깥에 있어도 되는 구체적인 시간이 적힌 냉장고 자석이 동봉되어 있었다. 시그푸스도티르의 말에 따르면, 전에는 외출 가능 시간을 지키는 임무가 부모에게 일임되어 있었다. 때문에 그 규칙을 지키려는 몇 안 되는 부모는 아이에게 악당 취급을 받았다. 10대 아이들은 다른 집 부모는 통행금지 시간에 신경 쓰지 않는다고 항의했다. 그러나 냉장고 자석 덕분에 그 시간이 '공식적인' 느낌을 풍기게 되자 이를 지키는 집이 상당히 늘어났다. 일부 지역사회의 부모들은 밤에 조직적으로 순찰을 돌며 밖에 있는 청소년들을 찾아 집으로 돌아가게 했다.

이 캠페인의 창의적인 측면 중 하나는 중독을 전문적으로 연구하는 미국의 임상 심리학자 하비 밀크맨(Harvey Milkman)의 연구에서 비롯됐다. 밀크맨은 "사람들이 뇌의 화학작용이 바뀔 만큼 약물에 중독되는 건 아니라는 걸 깨달았다."고 말한다. 그들이 원하는 건 자연스러운 도취감일 뿐이었다. 따라서 도취감을 느끼고자 하는 청소년들의 본능과 싸워서는 안 됐다. 그보다는 그들이 더 안전하게 도취감을 느낄 방법을 제공해야 했다.

캠페인을 이끄는 이들은 아이들이 시간을 보낼 좋은 방법이 필요하다는 걸 알고 있었지만(이는 전형적인 보호 요인이다) 밀크맨의 통찰 덕분에 미묘한 차이가 생겼다. 10대들에게는 단순히 더 많은 활동이 필요한 게 아니라 게임, 공연, 운동, 전시처럼 자연스럽게 도취감을 느낄 수 있는 활동이 필요한 것이었다. 신체적 또는 정서적 위험을 감수해야 하는 활동들이다.

아이슬란드 아이들은 학교 수업이 끝나면 종종 스포츠 클럽에 간다. 축구, 골프, 체조 등 다양한 스포츠를 할 수 있는 시설이다. 스포츠 클럽에 코치진을 확보하는 데 투자하는 지역사회가 많아지면서, 학부모가 자원봉사로 축구 코치를 맡는 데서 벗어나 돈을 받는 전문가들이 고용됐다. 이렇게 스포츠 부문을 전문화한 것이 주효했다. 약물 남용을 조사하는 아이슬란드의 어느 연구팀이 비공식적인 스포츠 활동과 공식적인 스포츠 활동을 구별해서 살펴보니, 이 둘 사이에는 분명 차이가 있었다. 청소년들이 친구들과 길거리 농구를 한다면 농구를 하지 않는 다른 10대 청소년만큼(혹은 그 이상으로) 술을 많이 마실 것이다. 하지만 농구 리그에서 뛴다면 얘기가 달라진다. 아이들은 그 팀에 들어가기 위해 노력했을 것이다. 아이들은 그 팀의 일원이다. 그들의 사회 관계망은 건강한 활동을 중심으로 형성된다. 레이캬비크는(나중에는 다른 도시들도) 회비나 레슨비로 쓸 수 있는 수백 달러 상당의 상품권을 각 가정에 지급했다. 스포츠 클럽이나 다른 레크리에이션 활동 참여를 지원하기 위해서였다.

업스트림 개입을 위해서는 문제를 포위하라

———————— 이런 노력이 변화를 가져왔다. 아이슬란드는 매년 청소년들의 음주와 마약 습관을 측정하기 위한 '아이슬란드의 청소년'이라는 조사를 진행했다. 이 조사는 위 캠페인에서 파악한 위험 요소와 보호 요소(예를 들어 부모와 함께 보낸 시간)까지 함께 추적했다. 이 조사는 캠페인의 성과를 알아보는 일종의 점수판이었다. 결과가 나오면 그 결과를 검토한 뒤 뒤이어 진행할 계획을 세우기 위한 모임을 열었다. 만남은 언제나 중요하다. 의사는 처방을 내리고, 광부는 땅을 파고, 교사는 가르치고, 업스트림 활동을 하는 이들은 만난다. 캠페인을 시작하고 처음 5년 동안 운영위 모임만 101차례가 열렸다. 이 모임은 멍한 눈으로 졸면서 버티는 직장 내 회의와는 다르다. 제대로 진행되는 업스트림 회의는 활력이 넘친다. 의미 있는 일을 이루기 위한 공동의 노력에서 우러난 동지애 비슷한 것이 흐른다. 창조적이고 정직하면서 즉흥적인 분위기다.

이 운동은 초반 몇 년 동안에 이미 진전을 보였다. 청소년들이 공식적인 스포츠 활동에 참여하는 비율이 증가했고 부모와 함께 보내는 시간도 늘었다. 외출 가능 시간을 준수하는 비율도 마찬가지였다. 성공했다는 기분, 그 감정적인 보상 덕분에 사람들은 이 일을 계속했고 활동을 도우려는 이들도 새롭게 나타났다.

캠페인이 시작된 지 20년이 지난 2018년, 아이슬란드의 10대 문화는 완전히 달라졌다. 그 결과를 확실히 느끼기 위해 학생이 40명 가량 있는 고등학교 학급을 상상해보자. 1998년에는 그 학생들 가운데 17명이 최근 30일 사이에 술을 마셨다. 하지만 2018년에는 그 수가 3명으로 줄었다. 예전에는 40명 중 9명이 매일 담배를 피웠다. 하지만 2018년에는 단 2명만이 담배를 피웠다. 전에는 7명이 대마초를 피워봤지만 이제 1명으로 줄었다.

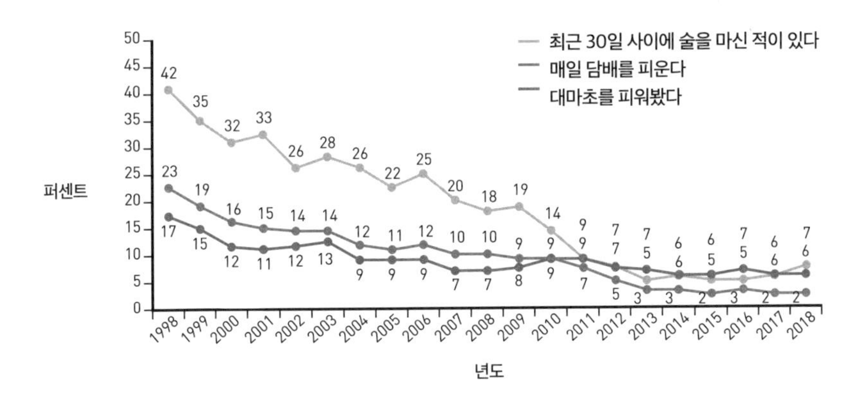

이 이야기에서 가장 놀라운 점은 그 성공이 너무나도 완벽해 이제 사람들 눈에 띄지 않게 됐다는 것이다. 오늘날의 10대 청소년 대부분은 그 일

을 잘 알지 못한다. 그들은 약물 남용 문제가 사라진 세상에서 자랐다.

전 세계가 아이슬란드의 캠페인 성공을 부러워했고 스페인, 칠레, 에스토니아, 루마니아의 여러 도시들이 재빨리 이 방법을 받아들였다. 시그푸스도티르는 "이 모델에서 가장 중요한 요소는 권한 부여"라고 말했다. "지역사회와 부모, 아이들이 목소리를 낼 수 있게 해줘야 한다. 시스템에 속한 모든 관계자에게 각자의 역할을 맡겼다. 그게 이 성공의 원동력이다."

적합한 인물들을 어떻게 단결시킬 것인가? 관계자들 모두가 각자의 역할을 맡았다는 시그푸스도티르의 통찰에서부터 시작해보자. 업스트림 작업이 사람들의 자발적인 노력에 달려 있다는 걸 생각하면 빅텐트를 유지하는 게 현명하다. 그러나 많을수록 더 좋다는 철학만으로는 충분치 않다. 핵심이 되는 이들은 좀 더 전략적으로 선정해야 한다. 예방적 개입 활동을 성공시키려면 분열된 구성 요소들을 새로운 형태로 통합시켜야 하는 경우가 많다. 업스트림 활동이 성공하려면 그 문제를 포위해야 한다. 이 말은 즉 문제의 핵심적인 측면을 모두 다룰 수 있는 이들을 모아야 한다는 뜻이다. 아이슬란드에서 캠페인을 이끄는 이들은 10대 청소년과 그들에게 중요한 영향을 미칠 수 있는 부모, 교사, 코치 등을 대부분 참여시켰다. 각자가 그 일에 기여할 수 있는 중요한 요소를 가지고 있었다. 이러한 업스트림 활동에 비해 다운스트림 활동은 요구하는 폭이 훨씬 더 좁다. 이 책 첫머리에서 소개한 익스피디아의 사례를 생각해보라. 고객의 전화에 대응하는 데는 콜센터 담당자 한 명이면 된다. 그러나 고객의 문의전화를 방지하기 위해서는 여러 팀 간의 통합적인 노력이 필요했다.

일단 문제를 포위하라. 그런 뒤 모든 사람의 노력을 조직화하라.

시스템의 틈새로 추락한 여자들

설득력 있는 목표는 중요하다. 다음에 살펴볼 이야기처럼, 그 일에 사람의 목숨이 달려 있을 만큼 스트레스가 심한 상황에서도 계속 도움의 손길을 멈추지 않게 하는 공동의 목표가 있어야 한다. 1997년, 막 대학을 졸업한 켈리 던(Kelly Dunne)은 보스턴에서 차를 타고 북쪽으로 약 1시간 거리에 있는 매사추세츠주 뉴버리포트(Newburyport)라는 운치 있는 마을에 도착했다. 도착한 지 얼마되지 않아 던은 법원에 접근금지 명령을 신청한 피해자들을 도울 사람을 모집한다는 전단지를 보고 봉사자로 지원했다. 던은 몇 가지 교육을 받은 다음 어느 월요일에 공식적인 첫 자원봉사를 위해 지방 법원에 출석했다. 별다른 일은 없으리라고 생각하며 심심하면 읽으려고 책도 가져갔다. 그러나 이미 여자 세 명이 던과 얘기를 나누기 위해 기다리고 있었다. 한 명은 주말 내내 집 지하실에 갇혀 있었다고 했다. 또 한 명은 팔에 멍이 든 채였다. 남편이 그녀를 때리는 동안 아이가 정신없이 움켜쥐며 생긴 자국이었다.

던은 정말 충격을 받았다고 회상했다. '젠장, 이 조용하고 작은 마을에서 주말 새에 이런 일이 일어나다니 믿을 수가 없군.'이라고 생각했다. 던은 가정학대 피해자들을 돕는 일에 점점 더 전념하게 됐고, 곧 자원봉사를 하던 진 가이거 위기센터(Jeanne Geiger Crisis Center)에서 정규직으로 일하게 됐다.

그렇게 일한 지 5년이 지난 어느 날, 던이 돕던 여성 중 한 명인 도로시

준타 코터(Dorothy Giunta-Cotter)가 별거 중이던 남편에게 살해당하는 사건이 발생했다. 이 사건은《뉴요커(New Yorker)》에도 실렸다. 준타 코터는 오랫동안 학대당한 피해자로, 딸들을 안전하게 지키면서 결혼 생활을 끝내려 했다. 그러나 남편은 현관에 있던 딸을 밀치고 들어가 침실 문을 부수고 도로시를 끌어냈다. 경찰이 도착하자 그는 도로시와 본인을 총으로 쐈다. 두 딸은 고아가 됐다.

그 살인사건으로 인해 던은 신념의 위기를 겪었다. 던은 도로시가 살해당했을 때 자기가 어떻게 반응했는지 얘기해줬다. "이 일을 그만두거나 우리가 하던 일에 대해 진지하게 다시 생각해볼 때였다. '이 시스템은 어떻게 구축되어 있는 걸까? 정말 사람들을 도울 수 있도록 구축되어 있는 걸까?' 하고 말이다. 그 사건은 우리 시스템에 존재하는 모든 공백을 드러냈다."

이 시스템은 신고를 받고 출동하는 경찰관, 상처를 치료하는 의료진, 피해자를 돕는 지원단체, 사건을 기소하는 지방 검사, 출소한 학대자를 감시하는 가석방 경찰관 등 전문화된 기능직들로 구분되어 있었다. 준타 코터 같은 여성들은 이 역할들 사이에 생긴 틈새로 추락한 것이다. 다양한 기능을 수행하는 그룹들 가운데 살인을 예방할 사명과 자금을 모두 가진 그룹은 없었다. 던은 살인을 막을 유일한 방법은 이 그룹들을 결속시키고 가장 위험한 상황에 놓인 여성들에게 초점을 맞추는 것이라고 봤다.*

---

* 《뉴요커》의 레이첼 루이스 스나이더(Rachel Louise Snyder)는 도로시 준타 코터 및 잔 가이거 위기센터와 관련된 이야기를 더 길게 들려준다. 스나이더의 감동적이고 통찰력 있는 기사 덕분에 이 센터에서 하는 일을 알게 됐다.

범죄현장 사진 속
깁스가 보여준 비밀

———————— 그런데 어떤 여성이 살해당할 위험성이 큰지를 어떻게 미리 알 수 있을까? 이런 의문을 품은 던은 간호사이자 존스 홉킨스 대학에서 가정폭력 연구를 진행하던 재클린 캠벨(Jacquelyn Campbell)을 알게 됐다. 경력 초반에 캠벨은 가정폭력이 사회 전반에 널리 퍼져 있다는 걸 깨달았다. 캠벨은 간호학 석사학위를 취득하는 과정에서 오하이오주 데이턴(Dayton) 지방 경찰청과 손잡고 여성이 남편이나 남자 친구, 전남편 등에게 살해된 사건을 모두 검토했다(여성이 살해당한 경우, 범인이 이들 중 하나일 확률은 50퍼센트에 육박한다).

캠벨이 검토한 수많은 파일에는 범죄현장 사진도 포함되어 있었는데, 그중 하나가 캠벨의 기억에 깊이 새겨졌다. 의자에 수갑으로 묶인 채 총에 맞아 죽은 여성의 사진이었다. 그녀의 남편이 관자놀이를 총으로 쐈다. 섬뜩한 광경이지만 캠벨의 관심을 끄는 세부사항이 있었다. 여자는 팔에 깁스를 하고 있었다. 사건 파일에는 피해자의 팔뚝에 있는 두 개의 평행한 뼈인 척골과 요골 중 척골이 부러진 채였다고 기록되어 있었다. 일반적으로 사고를 당하면 두 뼈가 모두 부러지거나 요골만 부러진다. 척골만 부러지는 건 이례적인 일이고 자신을 방어하다가 다친 것임을 암시한다. 그 여자는 뼈가 부러질 만큼 단단한 물건으로부터 자신을 보호하기 위해 팔을 들고 있었던 것이다.

하지만 캠벨을 놀라게 한 건 부상 그 자체가 아니었다. 캠벨이 검토한 모든 개별 사건 파일에는 육체적인 잔혹 행위의 흔적인 깁스가 포함되어 있었다. 깁스는 피해자가 의료 시스템에 노출됐지만 그 누구도 더 이상 피해를 받지 않도록 보호해주지 않았거나 못했다는 점을 보여줬다. 캠벨은 학대받은 여성들과 협력할 필요가 있다는 확신을 얻게 됐다.

캠벨은 가정폭력이 살인으로 이어진 사례를 모아 그 패턴을 연구하기 시작했다. 학대자가 총기에 접근할 수 있거나 알코올 중독자인 경우 같은 몇 가지 위험 요소는 충분히 예견이 가능했다. 하지만 예견이 힘든 요소들도 있었다. 학대하는 파트너가 직장을 잃는 것 같은 경우다. 이런 상황에서 피해자는 더 큰 위험에 빠진다. 캠벨은 이런 어려움을 이겨내고 데이터 패턴을 바탕으로 위험 평가 도구를 개발했는데, 이 도구는 남편이나 남자 친구가 일으킨 살인사건을 여러 차례 예측하며 검증됐다. 최신 버전의 이 위험 평가 도구는 학대받은 여성에게 지난 1년 동안 학대당한 대략적인 날짜를 달력에 표시하게 한다. 그런 뒤 학대자와 관련된 다음과 같은 20개의 '예/아니요' 질문에 답하게 한다.

▶ 현재 실업 중인가?

▶ 자녀들에게 해를 끼치겠다고 협박하는가?

▶ 당신의 일상 활동을 대부분 혹은 전부 통제하는가?
(당신이 누구와 친분을 맺을지, 언제 가족을 만날 수 있는지, 돈을 얼마나 쓸지, 언제 차를 사용할지 등)

몇 년 후, 가이거 센터의 최고위직이 된 켈리 던은 캠벨의 위험 평가 도구가 도로시의 살해를 막았을 수도 있는 경보 시스템이라는 사실을 깨달았다. 도로시가 설문지를 작성했다면 20점 만점에 18점을 받아 극도로 위험한 상태라는 게 드러났을 것이다. 캠벨의 도구는 이 문제에 맞서 싸우는 이들에게 기존에 없던 새로운 가능성을 줬다. 최악의 사태가 발생하기 전에 개입할 시간을 가질 수 있게 된 것이다. 이제 던은 그 시간을 어떻게 활용할 것인지 알아내야 했다.

가정폭력 해결을 위한 드림팀을 꾸리다

———— 던은 2005년에 가정폭력 고위험팀을 조직했다. 이 팀은 경찰관에서부터 가석방 담당자, 보호관찰관, 지역병원 직원, 피해자 지원단체, 지방 검사 사무실 직원, 심지어는 학대자에게 심리적 개입을 제공하는 단체까지 전부 학대 사건과 연관이 있는 사람들로 구성됐다. 캠벨이 그 문제를 포위한 것이다. 13~15명의 인원으로 구성된 이 팀은 한 달에 한 번씩 만나 캠벨의 위험도 평가에서 높은 점수를 받은 여성들을 도와줄 방법을 검토했다.

이 모임이 얼마나 대단하고 성사되기 힘든 것인지는 아무리 과장해도 지나치지 않다. 피해자 지원단체와 경찰관들 사이에는 노골적인 적대감이 흐르곤 한다. 많은 지역사회에서 그렇다. 그때까지 이 사람들이 주로 한 일은 서로에게 지휘봉을 넘기는 것이었다. 병원은 피해자를 지원단체에 맡기고, 지원단체는 폭력적인 학대자를 경찰에 신고하고, 경찰은 사건을 지방 검사에게 넘기는 식이었다. 하지만 다함께 힘을 모으기 위해 같은 테이블에 앉아본 적은 없었고, 대응이 아닌 예방 쪽으로 시선을 돌린 적도 없었다.

그 팀은 회의를 하며 고위험군 여성들을 도울 방법을 하나씩 검토했다. 첫 단계는 대부분 해당 여성을 위한 비상 계획을 세우는 것이었다. 탈출해야 한다면 어디로 가야 할까? 호텔비나 택시비는 누가 내지? 탈출했다는 사실을 누구에게 알려야 할까? 또 하나 빈번하게 논의한 내용은 차량 순찰의 필요성에 관한 것이었다. 경찰관이 지켜보고 있다는 신호를 학대자에게 보내기 위해, 근무 시간 중에 차를 몰고 집 근처를 돌아다니는 것이다.

차량 순찰은 피해자들에게도 신호를 보냈다. 에임즈버리에 사는 은퇴한 형사 바비 와일(Bobby Wile)은 어떤 여성의 집 근처에서 차량 순찰을 하던 중 뭔가를 알아차리고 차를 세운 어느 경찰관의 얘기를 들려줬다. "그는 차를 주차하고 현관문을 두드리며 그 여성에게 아무 일도 없느냐고 물었다. 그녀는 괜찮은데 왜 그러시는 거냐고, 무슨 일이냐고 답했다. 그러자 그 경찰은 이렇게 말했다. '다락방에 불이 켜져 있는데 지금까지 불이 켜져 있는 걸 본 적이 없어서요. 그냥 별 문제가 없는지 확인하려 한 겁니다.' 그녀는 매우 기뻐했다."

그 여성은 경찰관이 불이 켜져 있다는 걸 알아차릴 정도로 세심하게 주의를 기울이고 있다는 걸 알게 된 것이다. 여성은 경찰관을 안으로 들어오게 해서 쿠키를 대접했다.

또한 그들은 기존 시스템에 학대자가 악용할지도 모르는 결함이 있는지 확인하기 시작했다. 일례로 범죄자들이 석방 조건으로 GPS 팔찌를 착용하는 경우, 그들이 석방되는 날과 가석방 담당관을 처음 만나 GPS 팔찌를 받는 날 사이에는 며칠의 차이가 있었다. 와일 형사는 이렇게 말했다. "그렇다면 그 이틀 사이에 그들이 어디에 있을지 누가 알까? 하지만 이제는 규정이 달라졌다. 석방되자마자 보호 관찰관에게 데려가 곧장 팔찌를 채운다. 범인이 그 며칠간을 이용할 수 없도록."

다른 단체에서 일하며 역시 여성들을 돕는 더그 고데트(Doug Gaudette)는 이렇게 말했다. "20년쯤 전에, 경찰관이 가정폭력 피해자를 지원하는 이들과 같은 방에 앉아 함께 웃으며 커피를 마시고 담소를 나눌 거라는 얘기를 했다면 다들 망상이 심하다고 했을 것이다. 하지만 지금은 실제로 그런 일이 일어나고 있다."

2005년 이후로 이 팀이 접수한 고위험 사건은 172건이 넘는다. 피해자 가운데 90퍼센트는 그 이후 다시 폭행을 당했다는 신고를 하지 않았다. 던의 말에 따르면 팀이 구성되기 전 10년 동안 그 지역에서는 가정폭력 관련 사망자가 8명 발생했다. 하지만 던의 팀이 폭행을 당할 위험이 큰 여성을 보호한다는 사명을 띠고 지역사회에서 활동을 시작한 뒤 14년 동안, 가정폭력으로 인해 살해당한 여성은 한 명도 없었다. 단 한 명도.

조직의 성공과 데이터의 성공

——————— 이 팀의 성공을 통해 얻을 수 있는 교훈은 다음과 같다. 적절한 인물들의 힘을 모아 문제를 포위해야 하고, 현재 어떤 문제가 있는지를 그들에게 알려야 하며, 그 문제로 인해 사건이 발생하지 않도록 힘을 모아 예방하는 데 노력을 기울여야 한다는 것이다. 특히 마지막 요점을 좀 더 명확히 하자. 이 팀은 가정폭력과 관련된 정책상의 문제를 '논의' 하려고 조직된 단체가 아니었다. 이들은 특정한 여성이 살해당하는 걸 '막기 위해' 모인 단체였다.

1장에서 얘기한 시카고 공립학교 사례와의 유사점에 주목하며, FOT(신입생 온트랙) 활동을 이끌었던 페이지 폰더의 말을 떠올려보자. "이 일의 멋진 점은 선생님들 각각이 교육에 어떤 철학을 갖고 있든 마이클에 관한 대화를 할 때는 마이클에게만 신경 쓴다는 것이다. 모든 건 사람들이 실제로 관심을 갖는 진짜 문제로 귀결된다. '다음 주에 마이클을 어떻게 가르쳐야 할까?'라는 문제로."

뉴버리포트에서도 이와 똑같은 동기가 활동을 이끄는 힘이 됐다. 경찰, 지방 검사, 지원단체, 의료 종사자 등은 모두 업무의 우선순위가 다르다. 하지만 그들은 자신의 이웃이 남편에게 살해당하는 모습을 보고 싶지 않다는 공통된 바람을 갖고 있었다. 그리고 그런 공동의 목표가 협력을 위한 연료가 됐다.

두 이야기의 또 다른 공통점은 데이터의 탁월함이다. 이는 내가 연구 과정에서 반복해서 관찰한 점으로, 정말 놀라웠다. 데이터가 정보를 얻고 일의 진척을 측정하는 데 중요하다는 건 알고 있었지만, 그게 수많은 업스트림 활동의 중심이 될 거라고는 예상하지 못했다. 내 말은, 말 그대로 시카고의 교사도 뉴버리포트의 팀원들도 다 같이 테이블에 둘러앉아 데이터를 살펴봤다는 얘기다. 그들은 앞에 놓인 신선한 데이터를 보면서 다음에는 뭘 해야 할지 의논했다.

시카고에서는 마지막으로 학생을 만난 이후로 그 학생이 학교에 오고 있는지, 각 과목에서 어떤 성적을 올렸는지, 이번 주에는 어떻게 그를 도울 수 있을지 등을 논의했다. 뉴버리포트에서는 학대자가 어디에 있었는지, 무엇을 하고 있었는지, 이번 주에는 어떻게 피해자를 도울 수 있을지 등을 살펴봤다.

조 맥캐넌(Joe McCannon)은 이를 '학습 목적의 데이터'라고 부른다. 조 맥캐넌은 사회운동 영역에서 활동하는 전문가로, 비영리 단체나 정부 기관의 리더로 일하며 다양한 나라에서 진행되는 조직적 운동에 조언을 해왔다. 맥캐넌은 '학습 목적의 데이터'와 '검토 목적의 데이터'를 구분한다. 데이터가 검토에 사용될 때는 이런 식이다. "스미스, 지난 분기에 판매 목표를 달성하지 못했는데 어떻게 된 거지? 윌리엄스, 고객 만족도가 떨어지고 있는데 이러면 안 되지."

검토할 때 데이터를 사용하는 건 너무 흔한 일이라서 데이터를 이용하는 다른 모델이 있다는 걸 전혀 의식하지 못하는 경우도 많다. 맥캐넌은 리더들에게 조언할 때 무엇에 우선순위를 두고 데이터를 모으고 측정하려는 것인지 묻는다고 한다. "하지만 단 한 번도 '일선에 있는 이들에게 유용한 데이터 시스템을 구축하려 한다.'는 말을 들은 적이 없다. 하지만 그게 가장 기본적인 원칙이다. 데이터 시스템을 설계할 때는 이런 생각을 해야 한다. '교사들이 학급 환경 개선을 위해 이 데이터를 어떻게 사용할 수 있을까? 의사와 간호사는 이 데이터를 어떻게 활용해서 환자 간호를 개선할 수 있을까? 지역사회는 이 정보를 어떻게 사용할 수 있을까?' 하지만 시스템을 그런 식으로 설계하는 경우는 드물다."

맥캐넌은 명확하고 설득력 있는 목표와 자신들의 진척 상황을 측정할 수 있는 유용한 실시간 데이터를 제공한 뒤 실무자들이 알아서 하게 놔두면 최고의 성과가 나온다고 생각한다. 불필요한 전화가 수백만 통이나 걸려 오던 익스피디아의 상황이 하나의 모델을 제시한다. 그들은 수백만 명의 고객이 전화하지 않게 하라는 목표를 새롭게 구성한 팀에 제시했다. 그건 가치 있고 도전적인 목표다. 이 팀은 한 방에 모여 정기적으로 업데이트되는 데이터를 보면서 통화 수가 늘어났는지 줄어들었는지를 확인했다. 팀원들은 여러 가지 이론을 제시한 뒤 그걸 테스트하고 어떤 방법이 효과적인지를 지켜봤다.

이게 바로 데이터를 학습용으로 이용하는 법이다. 그들에게는 옆에 서서 "내일까지 통화량을 4퍼센트 줄여야 해!"라고 목표를 외쳐대는 상사가 필요 없다. 팀원들은 공동으로 책임을 지고 데이터를 통해 정직성을 유지하며 목표를 향해 전진한다. 일선에서 유용하게 사용할 데이터를 만드는 건 힘든 일일 수도 있다. 그러나 때로는 구체적인 데이터에 노력을 들이는 것만이 중요한 문제를 해결하는 유일한 방법이다.

록퍼드는 어떻게 1년 만에 노숙자 문제를 해결했을까?

—————— 2014년, 당시 일리노이주 록퍼드(Rockford)의 시장이었던 래리 모리시(Larry Morrissey)는 연방정부가 추진하는 '시장의 도전' 캠페인에 참여해보라는 얘기를 들었다. 이는 참전용사들의 노숙 생활을 종식하기 위해 미국 지역사회 전역에서 벌어지는 캠페인이었다. 모리시는 세 번째 시장 임기 중반에 접어든 상태였는데, 그는 9년 전 처음 시장으로 취임할 때부터 노숙자 문제를 고심해왔다.

노숙 문제는 당시 록퍼드가 겪고 있던 힘든 시간의 부산물이기도 했다. 2013년《월스트리트 저널(Wall Street Journal)》에 실린 한 기사는 시카고에서 북서쪽으로 약 145킬로미터 떨어진 이 도시를 매우 암울하게 묘사했다. "예전에는 에어브러시와 차고 문 전기개폐기를 만들며 번창했던 제조업 중심지 록퍼드가 이제는 미국의 손실 자산이 됐다. 도심지역에 위치한 주택담보대출을 받은 집 가운데 32퍼센트는 집의 가치가 대출금보다 낮다." 모리시는 고통스러웠다. 그가 사는 집의 가격도 대출금보다 더 낮았다.

침체기 이후로 사람들이 더 좋은 기회를 찾아 떠나면서 록퍼드의 인구도 줄어들었다(2018년 기준으로 약 15만 명 거주). 모리시는 "도시 전체가 (좋지 않은 방향으로) 상호 의존하는 상태였다."고 말했다. "우리는 평범함에 중독되어 있었다. 실패에 익숙해졌다. 우리는 중독에 얽매인 가정에서 볼 수 있는 인물들을 닮은 공동체였다. 서로를 손가락질하거나 비난하는 일도 잦았다." 모리시가 볼 때 노숙은 이런 패배주의의 상징이었다. 그건 록퍼드의 잘못된 부분들 한가운데에 있었다.

모리시는 노숙 문제 해결이 중요하다는 걸 알면서도 이 캠페인에 참여하라는 제의를 받았을 때 회의적이었다. "난 10년 동안 노숙자 문제를 고민해왔다. 첫 임기 때 이 문제를 완전히 해결하기 위해 10개년 계획을 세우기도 했지만 실행하지 못했다. 오히려 그때보다 상황이 더 나빠진 것 같기도 했다. 그러니 앞으로라고 뭐가 달라지겠는가?"

그는 마지못해 참여를 약속했고 2015년 초에 사회복지 분야의 담당자들과 함께 시카고에서 열리는 연수에 참석하기로 했다. 이 교육은 연방 주택도시개발부(federal Department of Housing and Urban Development, HUD)가 주최한 것이었다. 주택과 관련한 사람들로 붐비는 그곳에 시장은 모리시 한 명뿐이었다.

모리시와 그의 동료들은 큰 변화를 기대하지 않았다. 연방 기관에서 진행하는 워크샵은 뻔하다고 생각했기 때문이다. 그러나 모리시는 그곳에서 마침내 자기들이 실패한 원인을 깨달았다. 그 연수는 록퍼드의 노숙 문제 해결을 위한 전환점이 됐다. "머릿속에서 번쩍하고 불이 켜졌다. 드디어 빠진 요소가 뭔지 깨달았다."

그로부터 1년도 채 지나지 않은 2015년 12월 15일, 록퍼드는 참전용사들의 노숙 문제를 종식시킨 미국 최초의 도시가 됐다. 어떻게 9년 동안 헛수고만 하던 이 도시가 1년도 안 돼서 극적인 성공을 거둘 수 있었을까?

마인드셋의 변화가 가져온 위대한 승리

———————— 첫 번째 변화는 정신적인 부분의 변화였다. 록퍼드의 노숙 문제 해결을 이끈 리더 중 한 명인 사회복지 국장 제니퍼 재거(Jennifer Jaeger)는 자기가 실제로 그 일을 해낼 수 있다고 믿게 된 순간을 "요정의 존재를 믿게 된 순간"이라고 불렀다. "물론 어려운 일이다. 정신적으로 큰 변화가 필요하다. 지금까지처럼 단순히 문제를 처리하는 게 아니라 그 문제를 완전히 끝내버려야겠다고 생각해야 한다."

내가 재거를 만난 것은 2018년 가을 록퍼드 인적자원부 건물에서였는데, 창문이 없고 크고 칙칙한 재거의 사무실은 직소 퍼즐 조각 같은 특이한 모양을 하고 있었다. 그 퍼즐 조각의 끝부분에 물 절약용 샤워헤드가 든 작고 하얀 상자 수백 개가 높이 쌓여 있었다. 그건 저소득 주민들에게 배포하는 에너지 효율 키트의 일부인데, 보관할 장소가 없어서 거기 쌓아 둔 것이었다. 업스트림 활동에 필요한 인력을 모집하기 위한 채용 포스터를 하나 만든다면, 그 포스터에는 재거의 사무실과 산더미처럼 쌓인 샤워헤드의 모습, 그리고 '화려함을 좇기 위해 일한다면 다운스트림으로 돌아가라.'라는 구호를 넣어야 할 것이다.

HUD에서 연수를 받은 뒤 록퍼드팀은 참전용사 노숙 문제를 종식시키기 위해 중요한 변화를 시도했다. 각각 '전략의 변화', '협업 형태의 변화', '데이터의 변화'였다. 우선 그들은 주거 우선 정책을 받아들이며 전략의 변화를 꾀했다. 과거에는 주거지를 얻을 기회가 노숙자 앞에 두고 흔드는 당근 같은 역할을 했다. 약물중독 치료, 정신질환 치료, 직업훈련 등의 과정을 통해 노숙자가 스스로 문제를 고치게끔 유인한 뒤 자립할 능력이 생기면 주거지를 제공한 것이다.

주거 우선 정책은 그 순서를 반대로 뒤집는다. 이 정책은 노숙자들을 최대한 빨리 집에 살게 하는 것을 목표로 한다. 그것이 그들을 돕기 위한 마지막 단계가 아니라 첫 번째 단계다. 재거는 이렇게 말했다. "그들을 '노숙자'라고 생각하는 걸 멈추고 '집 없는 사람'이라고 생각하기 시작했다. 노숙자는 모두 집 없는 사람들이다. 노숙자가 가진 문제는 집 있는 사람들도 똑같이 가지고 있다. 차이점은 집 있는 사람은 그런 문제를 해결하기 위한 노력을 시작할 수 있다는 것이다."

주거 우선 정책을 받아들이면서 협업 형태에도 변화가 생겨 기관 간 연계가 이루어지게 됐다. 도시에는 노숙자를 위한 다양한 주택(지원 주택, 임시 주택, 쉼터 등) 및 그들과 상호 연계하는 다양한 기관이 있었다. 그런데 머물 수 있는 기준 및 기간 등이 제각각이었다. 어떤 호텔에 안내 데스크가 7개 있는데, 데스크마다 방을 예약할 수 있는 조건이 제각각이라고 상상해 보라. 재거의 동료인 앤지 워커(Angie Walker)는 그걸 '닥치는 대로 돌아가는 시스템'이라고 불렀다. "다들 자기가 원할 때 원하는 사람을 데려갔다. 하지만 이제는 달라졌다. 여기 있는 우리 사무실이 유일한 진입점이다. 살 곳이 필요한 노숙자는 무조건 이곳으로 와야 한다."

이 시스템의 장점은 누구에게 주거지를 제공하는 게 좋을지 우선순위를 정해 심사숙고할 수 있다는 것이다. '닥치는 대로 돌아가는 시스템'에서는 주거지를 선착순 혹은 제공하기 가장 편한 사람부터 배정했다. 기관들은 얼마나 많은 노숙자에게 거처를 마련해줬는지에 따라 보상을 받는 경우가 많으므로, 성가신 문제가 없는 이들을 선별해 주거지를 제공하고자 하는 유혹을 느끼곤 했다. 록퍼드의 규정은 가장 취약한 사람, 가장 절실하게 필요한 이들에게 거처를 제공해야 한다는 것이었다.

그리고 여기서 마지막으로 데이터의 변화가 등장한다. 록퍼드 주택팀은 해마다 노숙자들을 대상으로 '특정 시점'에 인구조사를 실시했다. HUD가 요구했기 때문이다. 조사 방법은 특정한 날에 그 지역에 있는 노숙자 쉼터를 모두 방문해서 그곳에 있는 사람들 수를 세는 것이었다. 쉼터에 머물지 않는 사람 수를 세려고 거리로 나가는 사람은 아무도 없었다.

업무를 인계받은 워커는 조사 방법을 바꿨다. 덕분에 인구조사는 1년에 한 번 실시되던 '특정 시점' 계산에서 '이름별 목록'이라 불리는 것으로 발전했다. 이름별 목록은 록퍼드에 사는 모든 노숙자에 대한 실시간 조사 결과를 구글 문서에 이름별로 나열한 것이다. 여기에는 그들의 이력과 건강 상태, 그리고 마지막으로 목격된 장소에 대한 메모가 포함되어 있다. 이름별 목록은 뉴버리포트의 팀이 한 것과 매우 흡사한 방식으로 활용됐다. 재향군인회, 소방서, 보건 및 정신건강 시스템 관계자, 사회복지 기관 대표들이 노숙자 문제를 논의하기 위해 한 달에 한두 번씩 만났다. 한자리에 모인 그들은 목록에 올라 있는 특정 인물들에 대해 얘기를 나눴다.

앤지 워커는 회의가 어떤 식으로 이루어지는지 들려줬다. "이런 식으로 말을 꺼낸다. '존 스미스는 서른두 살이에요. 가정폭력을 피해 달아났다고 해요. 마지막으로 들은 얘기로는 친구들과 함께 있다고 하는데, 혹시 존 스미스를 보신 분 없나요?' 그러면 소방서 대표가 자신들이 지난주에 그를 병원으로 데려갔으니 아직 거기 있을지도 모른다고 말할 것이고, 그러면 다른 누군가가 이틀 전에 다리 밑에서 존을 봤다고 할 수도 있다. 또 지역 노숙자 쉼터인 카펜터스 플레이스에서 일하는 직원이 최근에 그가 점심을 먹으러 왔다고 덧붙일 수도 있다. 이렇게 얘기를 나눈 뒤 다 함께 계획을 세운다. '좋아요, 존은 카펜터스 플레이스에 가장 자주 들르는 듯하니까 그가 요새 어디에 머물고 또 뭐가 필요한지 알아봐줄래요? 그가 준비만 되면 언제든지 거처를 제공해줄 수 있다는 말도 전해주세요.'"

과거에도 가끔씩은 이런 회의가 있기는 했지만, 이름별 목록을 사용하면서부터 회의 패턴이 완전히 바뀌었다. 모리시 시장에 따르면 예전에는 회의가 고충 전달을 위한 시간이었다. "다들 둘러앉아서 무엇이 문제인지에 대해서만 이야기하곤 했다." 하지만 제니퍼 재거의 말에 따르면 이제는 회의가 생동감 있게 느껴진다고 한다. "데이터 자체가 일종의 살아 있는 생명체 같은 느낌이다. 우리에게 말을 걸고 이야기를 들려준다. 데이터가 우리에게 '이걸 봐야 하고, 이걸 생각해야 한다.'고 알려준다."

베스 샌더(Beth Sandor)는 노숙 문제를 종식시키기 위해 지역사회를 돕는 전국적 활동인 '빌트 포 제로(Built for Zero)'의 책임자다. 샌더는 지역사회가 이런 식으로 데이터를 사용하기 시작하면서 큰 변화가 일어났다고 말했다. "데이터는 우리를 현학적인 통찰에서 멀어지게 한다. 사람들이 벌어지고 있다고 생각하는 일화(逸話)적인 다툼에서 벗어나 실제로 벌어지는 일에 관심을 쏟게 된다. 정적인 데이터를 가지고 동적인 문제를 해결할 수는 없다." 록퍼드는 빌트 포 제로 운동에 참여한 60개가 넘는 지역사회 중 하나다.

록퍼드는 위에서 설명한 과정을 이용해 2015년에만 156명의 참전용사에게 거처를 제공했다. 이른바 '기능적 제로(functional zero)'를 달성한 것이다.* 2017년에는 만성 노숙 인구가 사실상 0명이 됐고, 2019년 말까지 청년 노숙 인구에 대해서도 이런 대기록을 달성하고자 한다. 록퍼드가 얼마나 많이 바뀌었는지 보면 정말 놀랍기만 하다. 실제로 바뀐 건 거의 없는데 말이다. 노숙 문제를 해결하고자 하는 사람들, 그들이 쓸 수 있는 자원, 그리고 도시의 거시적인 조건은 바뀌지 않았다. 그들이 협력하는 방식과 협업을 이끄는 목표를 바꾼 것만으로도 그들의 노력은 더 극적인 효과를 발휘하게 됐다.

"매일매일이 힘들다."고 워커는 말했다. "사람들에게 주거지를 제공하는 건 힘든 일이다. 집주인을 상대하는 것도 힘들다. 의뢰를 맡긴 이들과도 싸우고 단체와도 싸운다. 끝이 없다. 그 이야기를 아는가? 언덕 위로 바위를 밀어 올리는 남자 이야기. 날마다 그런 느낌이다. 하지만 노숙 문제가 종식된다면 그럴 가치가 있다."

이제 워커와 재거는 새롭게 노숙자가 되는 사람들의 수를 줄이는 '유입' 문제를 연구하기 시작했다. 이건 우리가 예상할 수 있는 그 모든 이유 때

---

* '기능적 제로'란 거리의 노숙자 수가 그 도시의 '월간 주거 배치율'보다 낮은 것을 말한다. 해당 도시가 매달 노숙자 5명에게 거주지를 제공할 수 있다는 사실이 증명됐는데 그 도시에 노숙자가 4명뿐이라면, 그 도시는 '기능적 제로' 상태에 있는 것이다. '기능적 제로'는 빠져나갈 구멍을 마련해두기 위한 개념이 아니라, 안타깝게도 새롭게 노숙자가 되는 사람들이 있으므로 '진정한 제로'는 불가능하다는 사실을 인정하는 개념이다. 요지는, 새로운 노숙자가 발생하더라도 시스템이 작동해 그들에게 신속히 거처를 제공할 수 있다는 것이다.

문에 골치 아픈 문제다. 하지만 그들은 이미 지렛대로 삼아 일을 벌일 만한 지점을 하나 찾아냈다. 바로 퇴거 문제다. 록퍼드 일부 지역에서는 퇴거율이 24퍼센트에 이른다. 이 도시는 2019년 초에 퇴거가 임박한 상황에서 세입자와 집주인을 중개하는 시범사업을 시행했다. 어떤 경우에는 시가 집주인과 세입자를 위해 새로운 지불 방안을 협상하기도 하고, 때로는 세입자를 대신해 돈을 내주기도 한다. 한두 달 치 임대료를 내주는 게 노숙자가 된 사람들에게 새로운 집을 마련해주는 것보다 비용 대비 효율이 훨씬 높은 방법이다. 재거는 이 시범사업 덕에 살던 집에서 퇴거당해 노숙자가 되는 사람의 수가 30퍼센트 줄었다고 말했다.

그들은 더 먼 상류로 이동하고 있다. 노숙자를 위해 재빠르게 행동하기보다 애초에 그들이 노숙자가 되지 않도록 애쓰는 것이다. 이는 우리가 다음에 살펴볼 주제인 시스템 변화의 한 예다. 문제를 일으키는 기계를 재설계하는 방법을 배울 수는 없을까? 애초에 문제가 발생하지 않을 확률을 높이는 방법은 뭘까?

chapter 5

문제를 유발하는 구조를 재설계하라

: 시스템

스웨덴과 아프가니스탄이 같은 도시에 있다니

—————— 캐나다 몬트리올에서 자란 앤서니 이턴(Anthony Iton)은 외과 전문의가 되려는 꿈을 안고 1985년에 볼티모어로 이사했다. 존스 홉킨스 의과대학에 진학하기 위해서였다. 하지만 볼티모어에 도착한 그는 자기 인생을 바꾸게 될 광경, 즉 황폐한 이스트 볼티모어 구역을 목격했다. "누가 폭탄이라도 떨어뜨린 줄 알았다. 멍한 표정으로 계단에 앉아 있는 사람들을 보고 '대체 이게 뭐지?'라고 생각했다." 아프리카계 캐나다인인 이턴은 볼티모어 같은 환경에 사는 흑인들을 본 적이 없었다. 캐나다의 도시에는 그런 곳이 존재하지 않았다.

"흑인 상급생이 날 데리고 여기저기를 구경시켜주던 중이었는데, 내가 충격받은 표정을 지었더니 무슨 문제라도 있느냐고 물었다. 그래서 언제 여기서 전쟁이 벌어졌느냐고 했더니 그가 날 경멸하는 눈길로 쳐다보면서 '대체 뭘 기대한 거야? 여기가 도심이라고.'라고 말했다."

이턴은 도시 빈곤층 문제를 아무렇지 않게 여기는 미국인들의 태도를 이해할 수 없었다. "'제1세계 국가에서 어떻게 이런 일이 있을 수 있는 거지? 자신들이 모든 면에서 1위이고 지구상에서 가장 위대한 나라라고 자칭하는 이곳에서?'라는 생각이 들었다. 대체 이게 뭔지 도저히 이해가 되지 않았고, 큰 충격이었다."

여러 해가 지난 뒤인 2003년, 다시 이런 부당함을 느끼는 일이 생겼다. 의학학위를 받고 캘리포니아 대학교 버클리 캠퍼스에서 법학학위와 보건학 석사학위까지 받은 뒤였다. 앨러미다(Alameda) 카운티의 공중보건 국장으로 일하던 이턴은 이 지역 사람들의 기대수명에 관심을 갖게 됐다. 많은 공중보건 기관들이 기대수명에 관한 데이터를 발표했다. 그러나 그 데이터들은 지역과 관련한 데이터를 요약하는 식으로 발표되는, 즉 앨러미다 카운티에 사는 모든 사람들의 평균 여명을 한꺼번에 보여주는 경우가 많았다. 그러나 이턴과 그의 동료들은 좀 더 정확한 데이터인 구역별 기대수명에 관심이 있었다. 그가 영감을 얻은 곳은 이스트 볼티모어였다. "그곳에 있으면서, 이런 환경이 사람들의 건강에 영향을 미치지 않을 리 없다고 생각했다."

그의 전임자들 가운데 이런 분석을 해본 사람은 없었다. 하지만 이턴은 필요한 모든 데이터가 자기 손안에 있다는 걸 알았다. 카운티에서 발급하는 사망 진단서에는 인종, 사망 연령, 사망 원인, 거주지 등의 정보가 모두 포함되어 있었다. 이턴이 하는 업무 가운데 하나가 바로 이런 사망 진단서에 일일이 서명하는 것이었다(그는 "내가 서명할 때까지는 아무도 죽지 않는다."고 농담을 던졌다).

분석 결과는 충격적이었다. 2009년에 작가 수잰 보한(Suzanne Bohan)과 샌디 클레프먼(Sandy Kleffman)은 이턴의 동료인 맷 베이어스(Matt Beyers)의 도움을 받아, 이 분석 결과를 연대기순으로 기록한 '짧아진 수명(Shortened Lives)'이라는 시리즈 기사를 《이스트베이 타임스(East Bay Times)》에 연재했다. 콘트라 코스타(Contra Costa) 카운티의 우편번호 94597 지역(월넛 크릭)에 사는 사람들의 기대수명은 87.4세였다. 그런데 인근 앨러미다 카운티의 우편번호 94603 지역(오클랜드의 소브란테 파크)에서는 기대수명이 71.2세로 급감했다. 이턴의 팀은 겨우 35킬로미터 떨어져 있는 두 지역의 기대수명이 16년이나 차이 난다는 걸 깨달았다.

볼티모어, 미니애폴리스, 로스앤젤레스 등 데이터를 집계한 다른 도시에서도 이와 똑같은 패턴이 발견됐다. 클리블랜드의 셰이커 하이츠(Shaker Heights)라는 동네에서 볼드윈(Baldwin) 정수처리장까지는 약 6킬로미터 떨어져 있다. 걸으면 80분 정도 걸리는데, 그만큼 걷는 사이에 기대수명이 23년이나 줄어들었다. 이턴은 "이건 마치 스웨덴과 아프가니스탄이 같은 도시에 존재하는 것과 같은 일"이라고 말했다.

이턴이 흥미를 느낀 부분은 아무도 이런 차이가 생기는 원인을 설명하지 못한다는 것이었다. 대부분 의료 접근성이 주요 관건일 거라고 생각했다. 수명이 짧은 사람은 의료보험에 가입하지 않았거나 의료 서비스 선택권이 부족했으리라는 생각이다. 그러나 데이터 분석 결과 의료 접근성이 격차에 미치는 영향은 극히 미미했다. 그렇다면 도시의 가난한 지역에 사는 사람들은 에이즈나 살인 때문에 죽는 경우가 많았던 걸까? 아니면 유아 사망률이 더 높았을까? 불행히도 이 세 가지 이론은 모두 맞았지만, 이 역시 미미한 영향만 미쳤을 뿐이다. 심지어 건강에 좋지 못한 행동(높은 흡연율) 같은 더 중요한 요인들도 그 큰 격차를 제대로 설명하지 못했다.

스웨덴과 아프가니스탄 비유에서 알 수 있듯, 기대수명이 15~20년이나 차이 나는 건 심각한 일이다. 몇 가지 요인만으로는 이를 설명할 수 없다. 이런 불균형은 거대하고 체계적인 힘에 의해 만들어진다.

이턴은 특정한 한 가지 요소가 이런 기대수명 차이를 낳은 게 아니라는 사실을 깨달았다. 모든 요소가 같이 작용했다. 그는 한 라디오 인터뷰에서 "근본적으로 사람들이 병에 걸리고 아픈 건 자기에게 생기는 일을 통제하지 못한다는 기분 때문"이라고 말했다. "그들은 말 그대로 포위 공격을 받고 있다. 그들은 살 곳을 구하려고 고군분투하고, 좋은 교육을 받기 위해, 범죄를 피하기 위해, 직업을 갖기 위해, 몸에 좋은 음식을 구하기 위해, 때로는 마실 물을 찾기 위해 애쓴다. 그러니 기본적으로 이 나라의 저소득층은 수많은 공을 가지고 저글링을 하듯이 아슬아슬하게 살아가고 있는 것이다."

이렇게 끊임없이 저글링을 하다 보면 스트레스를 받을 수밖에 없다. 그는 TED 강연에서 이런 지역사회가 바로 "만성적인 스트레스를 키우는 인큐베이터"라고 말했다. "저소득자는 고소득자와 생리적으로 다르다. 그렇게 태어났기 때문이 아니라 우리가 그들을 그렇게 만들었기 때문이다." 만성 스트레스는 다양한 건강상의 문제, 특히 심혈관 질환, 당뇨병, 염증과 확실한 연관관계가 있다.

이것이 바로 기존의 건강관리 시스템이 지역 간의 격차를 좁히지 못하는 이유였다. 진짜 문제는 치료 부족이 아니었던 것이다. 모든 시스템은 특정한 결과를 얻도록 설계되어 있다는 점을 기억하자. 이 지역사회는 사람들이 때 이른 죽음을 맞도록 설계된 시스템이었다.

이는 이턴에게 상당히 힘든 깨달음이었다. 그가 의사로서, 그리고 공중보건 공무원으로서 받은 교육들은 그 문제를 해결하기에는 불충분한 도구였다.

절망적일 만큼 망가진 시스템을 어떻게 새로 만들 수 있을까?

"아니, 근데 물이란 게 뭐야?"

———————— 1962년, 야구팀 샌프란시스코 자이언츠는 시즌 후반에 LA 다저스와 중요한 3연전을 치를 준비를 하고 있었다. 최고의 도루 주자인 모리 윌스(Maury Wills)가 이끄는 다저스는 자이언츠에 5.5 경기 앞서 있었다. 3연전이 시작되기 전, 자이언츠의 감독은 팀의 구장 관리 수석인 매티 슈와브(Matty Schwab)를 만나 발 빠른 윌스를 방해하기 위해 할 수 있는 일이 뭐 없겠느냐고 슬쩍 물었다. 칼럼니스트 노엘 하인드(Noel Hynd)가 《스포츠 일러스트레이티드(Sports Illustrated)》에 쓴 기사에는 매티의 아들 제리 슈와브(Jerry Schwab)의 증언이 실려 있다.

"3연전이 시작되는 첫날, 아버지와 나는 날이 밝기 전에 구장으로 갔다.

우리는 구장에 함정을 설치했다."

슈와브 부자는 손전등 불빛에 의지해 윌스가 1루로 달려갈 때 밟게 될 부분의 겉흙을 파내고 그 안을 모래, 물, 이끼 같은 것으로 채웠다. 그런 뒤 평범한 내야용 흙을 2.5센티미터 두께로 덮어 자신들의 교묘한 속임수를 가렸다. 결국 다른 곳과 시각적으로 구분이 되지 않는 1.5미터 × 4.5미터 크기의 진창이 생겼다.

하지만 다저스는 속지 않았다. 타격 연습을 시작한 선수들과 코치는 곧 모래가 젖은 것을 발견했다. 심판 또한 이를 알아차린 뒤 그것들을 제거하라고 지시했다. 슈와브와 경기장 관리 직원들이 손수레를 끌고 나와 그것들을 퍼낸 다음, 다시 뭔가를 바퀴 손수레에 가득 싣고 돌아와 채워 넣었다. 그래도 그곳은 여전히 수렁이었다. 새로운 흙을 섞어 넣는 바람에 오히려 더 질척해지기만 했다. 하지만 어찌 된 셈인지 심판들은 만족했다.

시합 전에 매티 슈와브는 아들에게 내야에 물을 뿌리라고도 말했다. 그것도 아주 넉넉히. 덕분에 경기가 시작될 무렵에는 1루와 2루 사이에 진창이 생겼다(로스앤젤레스의 한 스포츠 칼럼니스트가 짜증을 내면서 "2루 밑에서 전복 2개가 발견됐다."고 쓸 지경이었다). 그해 시즌 MVP를 차지할 가능성이 높았던 모리 윌스는 도루를 하지 못했고 그의 팀 동료들도 마찬가지였다. 결국 그 경기는 자이언츠가 11 대 2로 이겼다. 이에 만족한 슈와브 부자는 계속해서 더 많은 습지를 만들었다. 덕분에 자이언츠는 다저스를 대패시키고 계속 승승장구해 내셔널리그 우승을 차지했다.

이 이야기에는 감탄스러울 만큼 짓궂은 데가 있다. 물론 이게 부정행위라는 건 명확한 사실이다. 하지만 넉살 좋은 부정행위다. 아버지와 아들로 구성된 경기장 관리팀이 MVP를 상대로 장난을 쳤다고 생각하면 재미있다. 약자들이 자기네 홈팀에 유리한 방향으로 상황을 움직임으로써 1승을 거둔 것이다.

자, 이제 이 이야기의 어두운 버전을 상상해보자. 스포츠 세계 밖이고, 이곳에서 약자는 지고 또 진다. 왜냐하면 게임 자체가 그들에게 불리하기 때문이다. 그들이 쥔 배트는 더 무겁고, 글러브는 더 작고, 펜스는 한참 뒤로 물러나 있고, 어느 방향으로 뛰든 수렁 속을 달려야 한다. 이턴이 발견한 것도 본질적으로 이와 비슷하다. 어떤 지역은 지나치게 불리할 정도로 운동장이 기울어져 있으므로 도저히 이길 방법이 없다.

물론 언제나 예외는 있다. 기대수명이 낮은 지역에도 건강한 사람들이 있고, 높은 지역에도 아픈 사람이 있다. 엄청난 노력과 지원이 있으면 개인은 나쁜 주변 환경을 초월할 수 있다. 매년 우리는 온갖 역경을 다 겪고도 하버드에 입학한 학생에 관한 기사를 읽는다. 그런 소식을 들으면 다들 크게 기뻐한다. 하지만 꼭 그래야만 할까?

이턴은 "그런 기사를 읽을 때마다 짜증이 난다."고 말했다. "물론 빈민 지역에도 똑똑한 유색인종 아이들이 있다. 사실은 수백만 명이나. 하지만 우리는 축하받을 자격이 있는 한 아이는 축하하면서 정작 꼭 필요한 진짜 질문은 던지지 않는다. '왜 이런 사례가 그토록 드문 것일까?'"

시스템은 확률을 결정하는 기계다. 가장 훌륭하게 설계된 시스템 하에서는(기대수명이 가장 높은 지역처럼) 성공할 확률이 압도적으로 높고 유리하다. 마치 구슬이 빨간색 칸에 멈춰도 이기고 검은색 칸에 멈춰도 이기는 룰렛 게임을 하는 것과 비슷하다. 하지만 결함이 심한 시스템 아래에서도 여전히 룰렛 게임은 진행되고, 이때도 선택과 우연이라는 요소는 작용한다. 그 시스템에서 이길 수 있는 유일한 방법은 '0'과 '00'이라고 적힌 두 개의 녹색 칸 중 하나에 공이 들어가는 것뿐이다.

빈민 지역에서 하버드에 입학한 아이를 칭찬하는 것은 사실 그 애가 맞선 역경에 감탄하는 행위다. 하지만 우리는 그 애를 축하하면서도 우리가 그 애를 그런 환경에 집어넣었다는 사실은 인정하지 않는다. '우리는 네가 성공하려면 에베레스트에 올라야 한다고 강요했고, 넌 해냈어! 축하해!'라고 하는 것과 같다. 코네티컷주 그리니치 같은 부자 동네에 사는 헤지펀드 사업가의 자녀가 하버드 대학에 입학한 이야기를 읽으면서 눈시울을 붉히는 사람은 아무도 없다.

업스트림 작업은 문제가 발생할 확률을 줄이는 행위다. 그러므로 그 작업을 통해 결국 시스템을 변화시켜야 한다. 시스템은 확률의 원천이기 때문이다. 시스템을 바꾼다는 것은 곧 우리를 지배하는 규칙이나 우리에게 영향을 미치는 문화를 바꾼다는 것이다.

작가 데이비드 포스터 월리스(David Foster Wallace)가 이런 얘기를 한 적이 있다.

어린 물고기 두 마리가 헤엄을 치다가 우연히 반대 방향으로 헤엄치는 나이 든 물고기를 만났다. 나이 든 물고기는 고개를 끄덕여 인사하며 "안녕, 얘들아. 물은 괜찮니?"라고 물었다. 어린 물고기들은 잠시 더 헤엄을 쳐갔다. 그러던 중 한 마리가 다른 친구를 쳐다보면서 물었다. "아니, 근데 물이란 게 대체 뭐야?"

알든 모르든
결국은 시스템

———————— 시스템은 물이다. 때로는 진짜 물일 때도 있다. 미국에서는 사람들의 치아에 충치가 생기지 않도록 하려고 수십 년간 상수도에 불소를 극소량 첨가하고 있다. 우리 눈에는 보이지 않지만 (물속에 불소가 들어 있다는 생각을 마지막으로 한 게 언제인가?) 그 영향력은 엄청나다. 미국 국민 가운데 2억 명 이상이 불소가 섞인 물을 사용했고, 이 프로그램은 매우 큰 성공을 거둬 미국 질병통제예방센터에서 20세기의 가장 훌륭한 공중보건 업적 10가지 중 하나로 꼽을 정도였다. 한 연구는 물에 불소를 첨가하는 비용 1달러당 치과 비용 20달러가 절약됐다고 추산하기도 했다(이는 물론 치과 방문 횟수가 줄면서 같이 줄어든 불안감은 계산하지 않은 수치다).

잘 설계된 시스템은 최상의 업스트림 개입이다. 자동차에 대한 예를 보자. 1967년 미국에서는 운전자들이 약 16만 킬로미터를 주행할 때마다 5명 사망했다. 50년 뒤에는 안전벨트와 에어백, 제동기술의 발전, 음주 운전자 감소와 개선된 도로 상태 덕분에 사망자가 16만 킬로미터 당 1명 정도로 줄었다. 이는 시스템 개선의 효과지만 누군가가 중앙에서 이를 계획한 것은 아니다. 시스템 설계자도 없었다. 시스템을 개조해 수백만 명의 안전을 지킨 건 자동차 안전 전문가와 운송 엔지니어, 음주운전 예방 캠페인 자원봉사자 같은 사람들이다. 그들이 새로운 물의 형태를 만든 것이다.

그리고 그들은 지금도 새로운 형태를 만들어가고 있다. 그러나 이런 성공에도 불구하고, 미국에서는 여전히 자동차 사고 때문에 매년 3만 7천 명이 넘는 사람들이 목숨을 잃는다. 언젠가는 자율주행 자동차 덕분에 그런 사망자가 거의 사라지는 날이 올지도 모른다. 그러나 그때까지는 실수를 저지를 인간 운전자들을 돕기 위해 오늘도 수많은 시스템 변경이 이루어지고 있다. 미국 교통부는 사고가 발생하기 쉬운 급커브에 고마찰 표면처리 공법(High friction Surface Treatment, HSFT)을 적용하기 시작했는데, 이는 기존 도로의 표면에 매우 거친 입자를 덮어씌우는 방법이다. 이 방법을 널리 활용한 켄터키주에서는 자동차 충돌사고가 80퍼센트 가까이 줄었다. 이 장치가 없었다면 겪었을 충돌사고를 피한 운전자들은, 자기가 도로를 공사한 건설 노동자들 덕에 목숨을 구했다는 사실을 절대 모를 것이다. 기본 틀이 바뀌자, 결과도 달라졌다.

사업에도 똑같은 논리를 적용할 수 있다. 때로는 환경을 약간만 바꿔도 문제가 해결된다. 어떤 패스트푸드 매장에서는 손님들이 음식을 받아온 플라스틱 쟁반을 쓰레기통에 버리는 일이 벌어지곤 했다. 그러자 매장은 쟁반이 들어가지 않는 작은 원형 구멍이 있는 쓰레기통을 설치했다. 이로써 문제는 완벽하게 해결됐다.

네덜란드의 자전거 회사인 반무프(VanMoof)는 운송과정에서 파손되는 자전거가 많다는 불만을 접수했다. 이 회사의 크리에이티브 디렉터인 벡스 라드(Bex Rad)는《미디엄(Medium)》에 이렇게 썼다. “금속을 우그러뜨리는 기계를 통과한 것 같은 몰골로 도착하는 자전거가 너무 많았다. 그로 인해 회사는 큰 손해를 봤고 고객들은 매우 짜증을 냈다.” 해결책은? 그들은 평면 스크린 TV와 모양이 비슷한 상자를 만들어 거기에 평면 스크린 TV를 연상시키는 이미지를 인쇄했다. 이 회사의 공동 설립자인 타코 카르

리르(Taco Carlier)는 이렇게 말했다. "팀원들과 함께 고민해보니 상자 안에 귀중한 물건들이 들어 있는 것 같으면 택배기사들이 상자를 더 조심스럽게 다룰 것 같았다." 그 결과 물품이 파손되는 일은 70~80퍼센트까지 줄었다.

사회복지 분야의 안타까운 비극

———————— 우리가 가정이나 직장에서 보지 못하는 '물'은 무엇일까? 재미있는 점은 아이들이 물을 잘 본다는 것이다. 그들은 우리가 알지 못하는 걸 알아차린다. 내 친구는 어린 딸아이가 트럼프 카드 앞에 몸을 구부리고 앉아 카드 앞뒤로 집게 손가락을 움직이거나 쿡쿡 찌르는 모습을 봤다고 한다. 그는 왜 그러는 건지 혼란스러워하다가 문득 자기가 스마트폰을 들여다보는 모습을 아이가 흉내내고 있다는 걸 깨달았다. 그는 자신이 스마트폰에 너무 많은 시간을 쏟고 있다는 걸 알게 됐다. 인터넷에 올라온 글 중에는 고속도로를 달리던 중 뒷좌석에 앉아 있던 두 살 반 된 아이가 "오늘은 멍청이들 없어요, 아빠?"라고 물어봤다는 얘기도 있다. 아이들은 진짜 우리의 모습을 본다.

물론 아이들이 모든 걸 다 보는 건 아니다. 아이들 입장에서는 우리가 바로 시스템 설계자다. 우리가 곧 사법제도이자 주택공급 담당 부서이고 사회복지부이자 (적어도 한동안은) 교육제도이기도 하다. 양육은 업스트림 사고가 자연스럽게 진행되는 보기 드문 예외다. 아이들은 열지 못하게 만든 병, 뭔가를 원할 때는 "주세요."라고 말하라는 잔소리, 책, 규칙과 교훈, 번쩍이는 화면 없이도 뭔가에 관심을 느끼게 하려는 헛된 시도 등 우리가 부모로서 하는 일들은 대부분 우리 아이들의 미래의 행복과 건강을 위한 것이다. 이런 것들은 모두 업스트림 활동이다.

하지만 만약 이와 같은 관심을 절반 정도라도 이웃 아이들과 그들의 미래로 확장시킨다면 세상은 어떤 모습이 될까?

세상 어떤 아이도 성공을 위해 룰렛에 단 두 개밖에 없는 녹색 칸에 들어가게 되길 바라는 삶을 살아서는 안 된다. 공정하고 정의로운 사회는 마찬가지로 공정하고 정의로운 시스템을 기초로 한다. 이는 명백하다. 그러나 때로는 이를 위해 노력하는 사람들조차 그 사실을 잊어버린다. 사회복지 분야에서 진행되는 수많은 사업의 비극은, 그들이 자신들의 업무를 초래한 결함 있는 제도를 암묵적으로 받아들인다는 것이다. 예전에 저소득층의 경제적 안정성을 높이는 걸 목표로 하는 재단과 함께 일한 적이 있다. 재단이 지원하는 프로그램 중 하나는 저소득층에게 재무 코칭을 제공하는 것이었다. 그러나 그들은 재정적인 노하우가 부족해서 가난한 게 아니다. 돈이 없으니 가난한 것이다. 그들은 불충분한 기회를 제공한 시스템의 산물이었다. 만약 그들이 겨우 10킬로미터 떨어진 곳에 사는 이웃들처럼 더 좋은 시스템 안에서 태어났다면, 예산을 짜는 기술이 형편없어도 살아남는 데 충분한 수입을 얻었을 것이다. 여러분이 이 재단의 현금 흐름을 살펴보면 충격적인 사실을 깨닫게 될 것이다. 재단 포트폴리오를 관리하는 대가로 매년 1~2퍼센트씩 돈을 받아가는 투자 매니저들, 억대의 임금을 받는 최고 경영진, 보조금 관리자, 코칭이 진행되는 시설을 관리하는 사람들, 코치 본인들, 진행하는 일이 효과가 있는지 평가하는 학계 내 평가자 등 이 생태계에 속한 사람들은 저소득층만 제외하고 모두 돈을 받았다. 저소득층은 코칭만 받았다.

시스템 변화라는 측면에서 생각해볼 때, 어떤 면에서 그 프로그램은 그 프로그램이 생기게 된 원인인 불평등을 고착시켰다. 좋은 교육을 받은 이들에게는 멋진 취업 기회를 제공하고 본래 도우려던 이들에게는 아무런 이득도 돌아가지 않게 함으로써 말이다. 나는 종종 재단을 없애고 소득이 가장 낮은 동네를 돌아다니면서 현금을 나눠주는 게 더 간단하고 효과적인 방법이 아닐까 하는 생각을 한다. 그건 물론 시스템을 변화시키는 행위는 아니지만 적어도 저소득층의 경제적 안정에는 확실한 영향을 미칠 것이다.

도너스추스는 없어져야 할까?

도너스추스(DonorsChoose)는 교사들이 필요한 물품이나 컴퓨터, 책, 여러 가지 교구를 마련하기 위해 크라우드 펀딩을 할 수 있는 웹사이트다. 한 교사가 설립해 건실하게 운영되고 있는 조직으로, 50만 명 이상의 교사들이 이 사이트를 통해 부족한 물품을 구입할 8억 7천5백만 달러가량의 비용을 조달했다.* 만들어진 지 채 20년도 안 되어 벌어진 일이다. 이 사이트가 앞으로도 계속 빠르게 성장해 20년 뒤에는 지금보다 훨씬 많은 도움을 준다고 상상해보자. 즉 모든 교실에 필요한 재원의 상당 부분을 차지하는 것이다. 만약 그렇다고 할 때, 이 단체가 있으므로 학교는 교사에게 수업에 필요한 물품을 사기 위한 자금을 지원하지 않아도 된다는 결론에서 벗어나려면 어떻게 해야 할까? 이미 혹사당하고 있는 교사들을 따로 훈련시켜서 모금 활동을 그들의 직무로 추가하려는 움직임은 어떻게 금지해야 할까? 개인 기부자가 학급에서 어떤 자원을 사용할지 결정하거나 자기 멋대로 자금 사용을 허가 또는 금지하는 행위는 어떻게 막아야 할까? 다른 나라에는 도너스추스와 비슷한 사이트가 없다. 이는 아마도 학생들에게 필요한 비용을 전부 학교가 대기 때문인 듯하다.

도너스추스는 불공정한 시스템을 발생시킬지도 모른다는 두려움 때문에 스스로 문을 닫아야 할까? 이와 같은 논리를 다른 곳에 적용해보자. 무료 급식소는 사회 안전망이 부적절한 상태를 유지하는 데 도움을 준다는 이유로 비난받아야 할까? 개혁은 절대 일어나지 않을지도 모른다. 그런데 그런 개혁을 기다리는 동안 당장 어려운 가정에 음식을 제공하지 않거나 학생들에게 학용품을 제공하지 않는 건 공평하지 못한 일이다.

도너스추스는 망가지고 자금 부족에 시달리는 교육 시스템을 지탱하는

---

* 나는 도너스추스의 교사 프로젝트에 계속 기부해왔다. 이 단체에서 개최한 행사에서 기조연설도 했고, 지난번 책에는 학생들이 직접 작성한 감사 편지를 기부자에게 보내는 이 단체의 특별한 관행을 극찬하는 내용을 쓰기도 했다. 나는 이 단체를 좋아한다. 장기적으로 봤을 때 혹시 그들이 시스템에 좋지 못한 영향을 미치게 될까 걱정되긴 하지만 그래도 이들을 응원한다.

목발이다. 이런 목발은 필수적이다. 그와 동시에 일시적으로만 사용되어야 한다. 도너스추스 직원들은 도너스추스가 존재하지 않는 세상에서 살기를 열망해야 한다. 무료 급식소의 자원봉사자들 역시 무료 급식소가 필요 없는 세상을 간절히 원해야 한다. 그런 미래를 바라기만 해서는 안 되고 계속 추구해야 한다. 도너스추스 웹사이트는 약 400만 명의 후원자, 50만 명의 교사, 3,600만 명의 학생이 그들의 궤도 안에 존재한다고 보고한다. 이들을 모두 정치세력으로 동원한다면 어떨까? 이들은 모두 기존 시스템 안에 있다. 그러니니 그 시스템을 바꾸는 데 도움이 되어줄 수는 없을까?

도너스추스의 설립자인 찰스 베스트(Charles Best)에게 이 문제에 대해 물어봤다. 그는 사이트에 올라오는 프로젝트 요청 가운데 절반가량은 기존 시스템이 자금을 지원해주리라고 기대할 수 있는 수준을 뛰어넘는다고 지적했다. 대법원에서 판결 내리는 모습을 보기 위한 현장 학습, 삶의 순환을 경험하기 위한 나비 누에고치 기르기, 장애 학생을 위한 치료용 승마 등등. 하지만 책, 소모품, 장비 같은 기본적인 요구사항에 대해서는 "우리가 손을 뗄 수 있게 되기를 바란다."고 말했다. 부디 그 소망이 이루어지기를 기원한다.

개인적인 차원에서 문제를 해결하지 말 것

——————— 사회적 영역에 속하는 모든 조직의 사명에는 상류로 가겠다는 다짐도 포함돼 있어야 한다. 상처에 붕대를 감아주기만 해서는 안 된다. 처음부터 다치지 않게 예방하고, 부당함을 없애려 노력하며, 그럼에도 상처 입은 사람들을 도와야 한다. 록퍼드가 고질적인 참전용사 노숙 문제를 해결한 첫 번째 도시로 막 새로운 역사를 쓰는 동시에 더 상류로 밀고 올라가기 시작한 것도 그래서다. 그들은 이렇게 물은 것이다. 사는 곳에서 쫓겨나는 일을 막으면 노숙자가 발생하는 걸 막을 수 있을까?'

시스템 변화는 조직 외부뿐만 아니라 조직 내에서도 중요하다. 더 다양한 인력을 고용하려고 애쓰는 여러 조직의 노력을 생각해보자. 가장 먼저 알아야 할 점은, 비교적 비슷한 구성원들로 채워진 대형 조직이 있다면 그 구성은 우연히 발생한 게 아니라는 사실이다. '모든 시스템은 특정한 결과를 얻도록 완벽하게 설계되어 있다.'는 말을 기억하자.

이런 고용 시스템이 의식적인 차별을 위해 설계됐다는 얘기가 아니다. 요즘 시대에 다양성을 반대하는 리더는 많지 않다. 그러나 좋은 의도만으로는 나쁜 시스템을 극복할 수 없다(시카고 공립학교에서 졸업률이 높아지는 것에 반대한 교사나 관리자는 없었다. 오히려 정반대다. 그런데도 그들은 오랫동안 자기도 모르는 새에 학생 절반을 낙제시키는 시스템을 유지했다).

우리가 풀어야 할 수수께끼는 이것이다. '조직은 더 다양한 직원을 고용하고 싶어 한다. 그런데 왜 실패하는가?' 이에 대한 답은 복잡하다. 생각보다 얕은 연못에 그물을 던져서 직원들을 채용하고 있을 수도 있고, 정작 직무 수행에는 큰 도움이 되지 않는 특정한 자격증을 중요시하며 지원자를 제한하고 있을 수도 있다. 아니면 자각하지 못한 편견 때문에 후보들을 걸러내고 있을 수도 있다.

이 문제들에 대한 해결책은 개인적인 차원의 것이어서는 안 된다. 시스템적인 것이어야 한다. 조직 내부의 변화를 원하는 사람은 잘못 설계된 시스템의 모든 부분을 재고해야 한다. 똑같은 10개 대학에서만 직원을 모집하면 안 될 것이다. 어쩌면 이력서에 적힌 이름과 성별을 가려야 할지도 모른다. 혹은 면접관에게 면접을 잘 진행하는 방법을 가르쳐서 대화가 잡담으로 변질되지 않게 해야 할지도 모른다(잡담을 하다 보면 호감 가는 지원자, 즉 자기와 비슷한 지원자를 선호하게 된다).

시스템 변화는 용기의 불꽃에서 시작된다. 한 무리의 사람들이 공동의 대의를 중심으로 뭉쳐서 변화를 요구할 것이다. 그러나 그 불꽃이 영원히 지속될 수는 없다. 최종 단계는 시스템 내에서 변화를 일으켜 용기를 낼 필요를 없애고 그걸 불필요하게 만드는 것이다. 성공은 개인의 열정이나 영웅심에서 오지 않는다. 기본적으로 옳은 일이 일어날 때 찾아온다.

권력을 만들라!
변화를 시작하라!

——— 성공은 승산을 만들 때 찾아온다. 앤서니 이턴은 그

의 팀이 여러 지역을 분석해서 밝혀낸 부당함(건강 문제와 관련해서는 유전 정보보다 우편번호가 더 중요하다는 놀라운 발견)을 해결하기 위해 할 수 있는 일들을 저울질했다. 그리고 그때 바로 이런 점을 고려해 행동했다.

지역별 차이를 폭로하는 신문 기사 시리즈가 공개된 해인 2009년, 이턴은 그 불평등을 해소할 기회를 얻었다. 이턴은 캘리포니아주에서 가장 규모가 큰 민간 건강 재단인 캘리포니아 기금(California Endowment)에 합류해 '건강한 지역사회 만들기(Building Healthy Community, BHC)'라는 야심찬 프로그램을 만들고 이끌어나가는 데 도움을 줬다. BHC는 2010년에 시작해 캘리포니아에서 가장 상황이 열악한 14개 지역의 건강 불평등을 해결하기 위해 10년 동안 10억 달러를 투자하는 프로그램이었다.

이턴과 그의 팀은 어떻게 이 지역사회의 우려스러운 상황을 바꾸고자 했을까? 당뇨나 천식 같은 만성질환에 중점을 두고 시작했을까? 공원처럼 눈에 보이는 건강의 상징을 만드는 일부터 했을까? 식료품점을 유치하는 일부터?

아니, 그들은 힘을 발휘하는 것에서부터 시작하고자 했다. 이 지역 시민들에게 어떻게 자신을 위해 싸우고 환경을 재정비할 것인지를 알려주고자 한 것이다.

이턴은 이렇게 말했다. "이 일의 바탕이 되는 아이디어는 우리가 우리 자신보다 더 큰 무엇인가의 일부분이라는 것이다. 우리는 무력하지 않다. 우리에게는 엄청난 개인적 힘과 집단적 힘이 있다. 우리는 민주적인 결정 과정에 의미 있게 참여함으로써 자신의 힘을 표현할 수 있다. 그런 힘은 건강에 유익하다."

모두가 건강한 프레즈노를 만들기 위한 작업 과정을 공유해준 BHC에 감사의 마음을 전한다.

BHC의 변화 이론은 이런 것이었다. 자신의 이익을 위해 싸울 수 있도록 사람들에게 힘을 실어준다면, 그들은 정책적 승리를 얻어 시스템을 바꿀 수 있게 될 것이다. 그러면 주변 환경도 조금씩 바뀔 테고, 다시 승산이 생기리라는 것이다. 프레즈노(Fresno)는 BHC가 자금을 지원한 14개 지역사회 중 하나다. 이곳에서 진행된 초기 사업 중 일부는 프레즈노 남부에 공원이 부족하다는 데 초점을 맞췄다. 2015년에 BHC는 도시버스에 위와 같은 광고를 게재하고자 했다.

시의 책임자는 이 광고가 너무 정치적이라며 싣기를 거부했고 이로 인해 언론과 대중의 관심이 쏠리기 시작했다. 그들이 노린 상황이었다. 기자회견장에서 프레즈노의 BHC 활동가인 샌드라 셀레던(Sandra Celedon)은 커다랗게 확대한 광고판 앞에서 포즈를 취하며 이렇게 말했다. "프레즈노는 제 뒤에 있는 광고판, 사랑스러운 어린아이의 사진이 들어 있는 이 근사한 광고판이 너무 논란이 많고 정치적이라서 여러분 모두에게 보여줄 수 없다고 결정했습니다."

이들의 노력은 서서히 결실을 맺기 시작했다. 2015년에 시의회는 새로운 '공원 종합계획'을 마련하기로 합의했다. 자원을 보다 공평하게 배분하기 위한 첫 단계였다. 2016년에 BHC는 새로운 스케이트보드 공원이 조성될 수 있도록 도왔고, 프레즈노 교육구는 수업이 끝나고 나면 16개 학교의 운동장을 시민들에게 개방하기로 합의했다. 2018년에는 프레즈노 시의회가 7만 평 규모의 거대한 땅을 축구공원으로 전환하기 위한 정책을 승인했다.

BHC가 프레즈노에서 이룬 또 하나의 변화는 '변화하는 기후 공동체(Transformative Climate Communities, TCC)라는 전국적인 프로그램을 통해 진행됐다. 캘리포니아주의 온실가스 감축 프로그램에 따라 기업들은 오염 물질 배출권을 구입해야 하는데, 그 돈은 TCC 보조금을 통해 오염의 영향을 가장 많이 받는 지역사회에 재분배된다. 주 정부는 프레즈노 몫으로 7천만 달러를 할당했다. 그런데 그 돈을 어떻게 쓸 것이냐를 두고 논란이 벌어졌다. 캘리포니아주 의원 출신이자 캘리포니아 기금의 커뮤니케이션 책임자인 세라 레예스(Sarah Reyes)의 말에 따르면 "시 당국은 그 돈 전부를 고속철도에 투자하길 바랐다. 하지만 프레즈노 지역사회는 그 돈은 가장 오염이 심하고 낙후된 공동체에 쓰게 되어 있으므로 그 돈을 다 가져갈 수는 없다고 주장했다."

BHC는 다른 방안을 제안하기 위해 여러 차례 공청회를 열었다. 결국 오랜 정치적 투쟁 끝에 그 돈의 절반 이상은 프레즈노 남서부 지역과 차이나타운에 재분배하게 됐다. 또한 프레즈노 시티 대학 위성캠퍼스에 1,650만 달러, MLK 마그넷 코어 파크(MLK Magnet Core Park)에 540만 달러 등이 돌아갔다.

권력이 커지면 정책 싸움에서 승리할 수 있고, 이는 더 나은 환경으로 이어진다. 프레즈노의 시스템이 변한 것이다.

2019년 4월, 나는 금지된 광고 포스터 앞에서 기자회견을 연 활동가 샌드라 셀레던과 하루를 보냈다. 셀레던은 지역사회를 변화시키기 위해 싸우고 있는 다양한 이들을 소개해줬다. 한 변호사는 달링(Darling)이라는 회사가 소유한, 공립학교에서 1.5킬로미터도 떨어지지 않은 곳에 있던 유해한 정제 공장의 이전을 성사시켰다. 어떤 10대 청소년들은 저소득층 공동체의 중요한 교통수단인 시내버스의 노선 변경을 돕기 위해 자료를 모으고 있었다. 악덕 집주인이 운영하는, 해충과 곰팡이가 들끓는 건물에 대한 관리규약 집행을 추진한 법률가도 있었다. 집주인들은 합법적 이민자든 불법적 이민자든, 자기 건물에 세 들어 사는 이들이 당국에 항의하지 않으리라는 걸 알고 제대로 건물 관리를 하지 않은 것이다.

또 케임브리지 고등학교의 학생인 키션 화이트(Kieshaun White)도 만났다. 화이트는 자기 지역에 있는 모든 학교에 공기 질 모니터를 설치했다. 그는 각 장소의 공기 질을 실시간으로 보여주는 앱을 개발하는 중이었다. 화이트는 《프레즈노 비(Fresno Bee)》의 기자에게 "나는 우리 지역 사람들에게 그들이 사는 동네의 공기 질이 어떤지, 그리고 그렇게 나쁜 공기 속에서 살면 장기적으로 건강이 어떤 영향을 받는지를 알리고 있다."고 말했다. 화이트는 천식을 앓고 있다. 공기 질이 나쁜 프레즈노 남서부 지역에서 흔히 발생하는 건강 문제다.

결승선에 도착하는 사람이 내가 아닐지라도

————————— BHC는 프레즈노 같은 곳에서도 정책 승리와 환경 개선이 가능하다는 걸 보여준다. BHC는 2010년부터 2018년까지 14개 지역사회의 네트워크를 통해 321건의 정책 승리와 451개의 시스템 변경을 이뤘다. 힘이 통한 것이다.

이턴은 이렇게 말했다. "법은 그저 권력으로부터 나오는 일련의 규칙일 뿐이다. 규칙을 바꾸려면 투입되는 힘을 바꿔 결과가 달라지게 해야 한다."

앞에서 제시한 방안들만 있으면 건강을 증진시킬 수 있을까? 우리는 아직 그에 대한 답을 모른다. 그러나 기대수명의 격차를 줄이는 것이 궁극적인 목표임을 잊지 말자. 이 망가진 시스템이 만들어지는 데 수십 년(실제로는 수 세기)이 걸렸다. 그걸 고치는 데도 수십 년은 걸릴 것이다. 대부분의 기관은 수십 년씩 기다릴 인내심이 없다. 재단들은 겨우 몇 년 정도 보조금을 지급한다. 비영리 단체에서는 평균적으로 매해 직원의 5분의 1 정도가 퇴직한다고 한다.

하지만 활동가인 샌드라 셀레던 같은 사람들은 기나긴 게임을 벌이고 있다. 셀레던은 말한다. "메디케어(Medicare. 미국 정부가 시행하는 사회보장제도로, 65세 이상 혹은 소정의 자격을 갖춘 사람들에게 의료보험을 제공한다 – 옮긴이) 제도가 생기기까지 50년이 걸렸다. 결승선에 도착할 그 누군가가 출발할 때의 그 사람은 아닐 것이다. 우리 대부분은 이 일의 결과를 보지 못할 것이다." 셀레던은 이런 변화의 혜택을 누리는 것은 자신의 자녀, 아니면 손자 세대일 것이라는 사실을 알고 있다.

우리가 어떤 규모로 일하든 조직이나 지역사회의 시스템이 변하는 데는 시간이 걸린다. 하지만 그런 변화는 사람들의 삶의 기회를 향상시키는 가장 큰 가능성이자 희망이다. 셀레던 같은 수백 명의 리더가 조기 사망을 초래하는 시스템을 뿌리 뽑고, 기회와 건강을 되찾을 확률을 획기적으로 높이는 새로운 시스템을 그 자리에 심는 걸 돕고 있다.

문제 해결에 필요한 지렛대를 찾아라

:개입 지점 탐색

성공에 필요한 지렛대를 찾아라!

아는 게 많았던 것으로 유명한 고대 그리스의 아르키메데스는 "충분히 긴 지렛대와 그걸 올려놓을 받침대만 있으면 세상을 움직일 수 있다."고 말했다. 변화를 추구하는 모든 이에게 용기를 주는 말이다.

그러나 이 말을 다시 읽어보면, 지렛대와 받침대에 대한 요구가 무척 부담스러운 것이라는 사실을 알 수 있다. 그러니까 그는 실제론 이렇게 말한 셈이다. '세상을 쉽게 움직일 수 있는 시스템을 만들어주면, 내가 세상을 움직여 보이겠다.' 이런 말을 명언이랍시고 커피 잔에 새길 사람은 아무도 없을 것이다.*

복잡한 시스템 속에서 문제를 방지하는 적절한 지렛대와 받침대를 찾는 건 매우 어려운 일이다. 이전 장에서 우리는 시스템이 엄청난 힘과 영속성을 지니고 있다는 걸 확인했다. 업스트림 활동이 시스템을 변화시키는 것을 목표로 삼아야 하는 이유다. 그런데 그 힘과 영속성은 시스템을 바꾸는 것을 어렵게 하는 요소이기도 하다. 그렇다면 시스템을 바꾸기 위해서는 과연 어디서부터 시작해야 할까? 아주 오랫동안 해야 할지도 모르는 일을 시작할 때 과연 어떤 일부터 할 것인가? 여러분은 지렛대로 삼을 지점을 찾으려 할 것이다. 이 장에는 그걸 찾는 과정이 담겨 있다.

폭력에 대한 새로운 방정식

시카고에서 한창 범죄가 급증하던 시기인 2008년, 시카고 대학교에서 범죄와 총기 폭력을 연구하던 경제학자 젠스 루드윅(Jens Ludwig), 공공정책을 연구하던 해럴드 폴락(Harold Pollack), 공중보건 전문가 로세나 앤더(Roseanna Ander)는 공동으로 시카고 대학 범죄 연구소를 설립했다. 그들의 목표는 범죄를 줄이고자 하는 정책 입안자들이 의지할 수 있는 증거 기반을 구축해 학문 연구와 공공정책 사이의 격차를 줄이는 것이었다. 간단히 말해 그들은 변화를 극대화하기 위한 지렛대로 삼을

* 내가 아르키메데스에게 부당하게 굴고 있다는 건 잘 안다. 사실 이건 물리학 분야에 적용되는 매우 훌륭한 인용구다. 나는 그저 괜한 말로 희망을 주고 돈을 버는 이들에 대해 말하고 싶었을 뿐이다.

지점을 찾고 있었다.

루드윅은 범죄와의 전쟁에서 시카고가 진전을 이루지 못하자 좌절했다. 누구나 이 문제에 대한 답을 갖고 있었다. 학교도 답을 갖고 있었고, 지역 비영리 단체나 정책 입안자들도 각자 답을 갖고 있었다. 문제는 누구의 답이 옳은지, 혹은 그중 옳은 답이 있기는 한지 아무도 모른다는 것이었다. 무엇이 폭력을 막는 데 효과가 있는지에 대한 증거가 거의 없었다.

루드윅의 말에 따르면, 당시 시의 지도자나 학계 인사들과 말을 나눠보면 그들은 갱단의 활동에 집중하는 경향이 있었다고 한다. 사람들은 범죄 드라마 〈더 와이어(The Wire)〉에 나오는 것처럼 서로 앙숙인 갱단이 상대편 리더에게 총격을 가하는 장면을 상상했다. 그런 시각으로 보면 폭력은 의도적이거나 전략적인 것, 돈과 권력을 위해 싸우는 갱단의 부산물인 것처럼 보였다. 범죄 연구소를 설립한 세 사람은 그런 통념이 옳은지 확인하고자 했다(업스트림 활동을 위해서는 증거를 대신하기에 턱없이 부족한 통념을 경계해야 한다).

폴락과 루드윅, 앤더는 연이어 발생한 살인사건 200건에 대한 검시관 보고서를 조사했다. 이 사건들의 피해자는 전부 젊은 남자였다. 파일을 살펴보는 동안 갱단의 전략적인 공격 사례도 많이 발견됐지만, 그들이 예상하지 못한 패턴이 더 흔했다.

대표적인 사례는 이런 것이었다. 어느 날 오후, 두 무리의 10대들이 그 무리 중 하나에 속한 아이가 자전거를 훔쳤는지를 놓고 논쟁을 벌이고 있었다. 논쟁이 점점 가열되는 와중에 자전거를 훔쳤다며 비난받던 아이가 등을 돌리고 걸어가기 시작했다. 그런 태도가 자신을 무시하는 것이라고 여긴 다른 아이가 총을 꺼내 걸어가던 아이의 등을 쐈다. 이런 사건도 있었다. 남자들 몇 명이 농구를 하다가 판정 때문에 다퉜다. 그중 한 명이 달아났다가 무기를 들고 돌아왔고, 결국 누군가가 죽었다.

이 사건들은 갱단과 관련이 없었다. 전략적으로 저질러진 것도 아니었다. 한마디로, 불필요한 죽음이었다. 상황은 너무나도 평범했다. 세상 어디서나 10대 소년들이 있는 곳에서는 자전거나 농구 경기 같은 사소한 문제를 두고 싸움이 벌어지곤 한다. 하지만 시카고에서는 그 소년들이 총에 접근할 수 있었고, 실제로 총을 사용했다.

공공정책을 연구하는 교수인 폴락은 이렇게 말했다. "이런 보고서를 읽다 보면 겨우 이런 일 때문에 누군가가 죽었다니 믿을 수 없다는 생각이 자주 든다." 폴락은 이 연구를 통해 폭력적인 죽음을 초래하는 원인에 대한 새로운 심성 모형을 제시했다. "여기는 대학 연구소니 방정식이 있어야 한다. 내가 만든 기본 방정식은 젊은 남자 두어 명에 충동성을 더하고, 여기에 술과 총까지 더하면 죽는 사람이 생긴다는 것이다."

따라서 충동성을 완화하거나 알코올 섭취를 줄이거나 총기 접근을 제한하는 것 등이 모두 잠재적인 개입 지점이었다.

다음에 등장하는 질문은 '그런 목표 중 하나를 그럴듯하게 달성할 방법을 찾을 수 있는가?'였다. 이 질문에 답하기 위해 범죄 연구소는 '혁신 도전'이라는 것을 시작했다. 이는 여러 단체를 대상으로 청소년 폭력 감소를 위한 최고의 방법을 제안해달라고 요청하는 프로그램이었다. 이 프로그램에 유스 가이던스(Youth Guidance)라는 비영리 단체가 표면적으로는 폭력과 아무 관련이 없어 보이는 특이한 프로그램의 제안서를 제출했다. '남자가 될 것(Becoming a Man, BAM)'이라는 프로그램이었다.

남자가 될 것

──────── BAM은 카리스마 넘치는 창시자 앤서니 라미레스 디 비토리오(Anthony Ramirez-Di Vittorio)를 빼놓고는 말할 수 없다. 흔히 '토니 D'라고 불리는 그는 시카고 남서부 지역에서 자랐다. 그는《포브스(Forbes)》와의 인터뷰에서 자신이 "위험한 환경에서 자란 착한 아이였다."고 말했다. "우리 어머니는 이혼한 후 혼자 자식들을 키웠다. 생계 보조금을 받아 사는 형편에 아이는 다섯 명이나 됐다. 나는 집 안에서, 이웃들에게서 폭력적인 모습을 많이 봤다. 형은 코카인에 취해 창문을 발로 차댔고, 어머니는 형에게 소리를 질렀다. 형은 결국 체포됐다. 나를 구한 건 사람들을 존중하면서 친절하게 대하라는 훌륭한 가치관에 따라 키워주신 어머니였다."

가족들 가운데 첫 대학 진학자가 된 토니 D는 심리학에 애정을 느껴 이 과목으로 학사학위를 받고 나중에 석사학위까지 취득했다. 그러나 그의 가장 중요한 배움은 개인적인 만남을 통해 얻었다. 토니 D는 스물세 살 때 인생 최초의 남성 멘토인 무술 지도자를 만났다. 그는 토니에게 새로운 도전 과제를 안겨주면서 긍정의 힘을 보여줬다. "나는 나 스스로를 벤치프레스 125킬로그램을 들고, 대마초를 연이어 세 개피씩 피우고, 밤을 꼴딱 새울 수 있는 강한 남자라고 생각했다. 하지만 그는 그런 나에게 밀어붙이고 집중하고 전력을 다하는 방법을 가르쳐줬다."

평생 느끼던 마음속의 허전함을 채워준 남성 롤 모델이 생긴 것은 삶의 의미와 정체성을 찾아 나서는 계기가 됐다. 그는 거대한 의문과 맞서 싸우는 걸 두려워하지 않게 됐다. '남자가 된다는 건 무얼 의미할까? 어린 시절의 상처를 어떻게 극복해나가야 할까? 정직하게 산다는 건 무슨 뜻일까?'

이런 자기 발견의 시기를 거친 토니 D에게는 뚜렷한 목적의식이 생겼다. 그는 자기가 도움을 받았던 것처럼 청년들을 돕고 싶었다. 시카고의 가장 열악한 곳에서 아버지 없이 살아가는 이들이 겪는 악순환을 타파하고자 했다. 토니 D는 유스 가이던스에 채용되어 시카고의 고등학생들을 위한 직업 상담사로 일하게 됐다.

토니 D는 원래 아이들의 이력서 작성과 취업에 필요한 기술 개발을 돕기로 되어 있었지만, 곧 단순한 진로 지도를 넘어선 영역까지 손을 대게 됐다. 그는 자기와 함께 소그룹 세션에 참여하자고 청소년들을 초대하기 시작했다. 그가 사용한 미끼는? 이 모임에 참석하면 일주일에 한 번 수업을 빼먹을 수 있었다.

세션 초반에는 아이들이 함께 웃으며 편안한 기분을 느낄 수 있도록 어색함을 누그러뜨리는 활동을 진행했다. 그중에는 '피스트(The Fist)'라는 활동도 있었다. 토니 D는 우선 학생들이 둘씩 짝을 짓게 하고 그중 한 명에게 공을 줬다. 그런 뒤 다른 한 명에게 30초 안에 파트너가 가진 공을 가져와야 한다고 말했다. 그러면 서로 공을 차지하려는 학생들 사이에서 대소동이 벌어졌다. 30초 뒤에는 파트너들이 역할을 바꿨고, 연이어 2차 대

소동이 시작됐다.

활동이 다 끝나면 토니 D는 아무도 자기 파트너에게 공을 달라고 부탁할 생각을 하지 않았다는 사실을 지적했다. 처음에 아이들은 "그랬다가는 절대 주지 않았을 걸요?", "절 멍청이라고 생각했을 거예요!"라며 비웃었다. 하지만 토니 D는 그들에게 다시 만약 파트너가 정중한 태도로 공을 달라고 부탁했다면 어떻게 했을 것 같느냐고 물었다. 그러자 대부분은 그냥 공에 불과하니 줬을 거라고 답했다.

토니 D는 각 세션 초반에 '체크인'이라는 관행을 도입했다. 청소년들은 둥그렇게 둘러선 다음(학생 수는 일반적으로 8~10명 정도였다), 각자 그날 하루를 신체적, 감정적, 지적, 영적으로 어떻게 보냈는지 간단히 얘기했다. 처음에는 다들 꺼리면서 회의적인 태도를 보였지만 토니 D가 '화났다', '슬펐다', '기뻤다' 같은 하나의 단어로 간단히 답해도 된다고 설득하자 서서히 마음을 열기 시작했다. 자기 문제를 털어놓고 본인의 고통이나 분노를 얘기해도 안전하다고 여긴 것이다. 학기 말이 되자 '체크인'은 아이들이 가장 좋아하는 활동 중 하나가 됐다. 학교에 있는 동안 단 한 번, 긴장을 풀고 자기의 본모습을 그대로 내보일 수 있는 시간이었기 때문이다. 한 아이는 BAM의 성과를 측정하는 연구진에게 이렇게 말하기도 했다. "그냥 서로 이야기를 나눌 수 있다는 게 좋아요. 기분이 차분해져요."

분노 조절은 이 세션에서 계속 반복되는 주제로 자리 잡았다. 토니 D는 아이들에게 분노에 휩싸여서 '야만인'처럼 행동할 수도 있고, 분노를 잘 조절해서 '전사'가 될 수도 있다고 가르쳤다. 분노는 파괴적인 힘이 될 수도 있고 건설적인 힘이 될 수도 있는데, 어느 쪽이 될지는 우리가 직접 선택하는 것이라고 강조했다.

이런 도덕적인 가르침은 아이들 마음속에 깊숙이 스며든 것 같았다. 한 청소년은 연구진에게 자기가 BAM 훈련을 어떻게 활용했는지 털어놨다. "어떤 선생님이 제출 기한이 하루 이틀 정도 늦었다며 제 숙제를 받아주지 않으려 한 적이 있어요. 하지만 저는 흥분하지 않고 선생님 책상 옆에 서서 조용히 그 일을 받아들였어요."

그 아이는 혹시 성적을 올리기 위해 자기가 할 수 있는 다른 일은 없느냐고 물으며 교사와 대화를 계속했다. 결국 교사는 늦은 데 따른 벌점을 주기로 하고 숙제를 받아줬다. 학생은 "만약 그 자리에서 화를 냈다면 점수가 더 낮아지거나 퇴학을 당했을 것"이라고 말했다.

토니 D는 여러 해에 걸쳐 BAM을 다듬었다. 이 프로그램은 지지 집단의 고백적 측면과 남성의 터프한 사랑, 인지행동치료(사고패턴을 변화시킴으로써 행동까지 바꾸는 방법을 배우게 하는 기술)를 결합한 매력적인 혼합물로 진화했다.

여기서 무엇보다 중요한 건 재미있어야 한다는 것이다. 또 멋있어야 했다. 어떤 10대 소년이 자발적으로 심리치료나 '지지 집단'에 참가하겠는가? 이런 요구들 사이에서 균형을 유지한다는 건 줄타기 곡예나 마찬가지지만 그래도 효과가 있는 것 같았다. BAM에 참여하고자 하는 아이가 부족했던 적은 없었다.

토니 D와 유스 가이던스에서 일하는 그의 동료들은 BAM을 설명하는 제안서를 범죄 연구소에 보냈다. 범죄 연구소에 있는 이들은 이 프로그램에 대해 읽고 자신들이 검시관 보고서에서 발견한 내용과 이 프로그램 사이에 어떤 연관성이 있다는 걸 깨달았다. 인지행동치료와 분노 조절에 중점을 둔 BAM이 충동성을 줄이는 개입 지점이 될 수 있을까? (젊은이 두어 명 + 충동성 + 술 + 총으로 구성된 해럴드 폴락의 폭력 방정식을 떠올려보자.) 이 프로그램이 청소년들의 분노를 가라앉히거나 방해해서 농구 시합을 둘러싼 다툼이 살인으로 끝나지 않을 수 있다면 어떨까?

2009년 5월, 유스 가이던스는 범죄 연구소의 '혁신 도전'에서 1등을 차지하고 업무 규모를 18개 학교로 확대할 수 있는 기금을 받았다. '무작위 대조군 연구를 통해 작업 과정을 연구하는 것이 재정 지원을 받기 위한 조건이었다.* 그들이 연구할 핵심 의문은 BAM이 체포, 특히 폭력 행위로 인한 체포를 줄일 수 있는가였다.

유스 가이던스는 위험을 감수하며 이 연구에 동의했다. 일반적으로 사회과학 분야에서는 무작위 대조군 연구를 통해 크고 중요한 결과를 발견할 확률이 상당히 낮다. 인간의 삶은 압도적으로 복잡하게 상호연결된 시스템이다. 하지만 연구를 통해서는 겨우 한두 가지 변수에만 개입할 수 있기에 이는 당연한 일이다. 더 나쁜 것은 만약 연구를 통해 BAM이 효과가 없다는 결과가 나온다면 유스 가이던스로 들어오던 지원금이 말라붙을지

---

* 무작위 대조군 연구는 제약회사들이 신약 승인을 받을 때 반드시 진행해야 하는 기본적인 연구 방식이다. 무작위 대조군 연구를 할 때는 모집단(이 경우에는 고등학생 수백 명)을 모아 개입 집단(BAM에 참여하는 이들)이나 대조군(참여하지 않는 이들)에 무작위로 배정하는 일부터 시작한다. 그런 뒤 결과를 관찰해 두 집단 사이에 유의미한 차이가 있다면 개입이 그 차이를 발생시켰다고 합리적으로 말할 수 있다. 대조군이 없으면 인과관계를 정확히 밝히기가 힘들다.

도 모른다는 점이었다. 효과가 없는 것으로 증명됐는데 지원을 해줄 기부자는 없을 것이다(반면 개인적인 피드백을 바탕으로 검증되지 않은 개입에 돈을 주는 사람들은 많다). 사회 분야에서는 이런 역학관계가 타조 전략을 받아들이게끔 하는 동기를 만들어낸다. 머리를 모래 속에 처박고 진실을 알려고 하지 않는 것이다.

여기서 한 가지 더, 그 결정을 더더욱 위험하게 만든 것은 프로그램을 대규모로 시험하기 전에 프로그램의 적용 대상을 확대해야 했다는 사실이다. 그때까지 BAM은 토니 D의 쇼였다. 전에는 몇몇 학교만을 대상으로 이 프로그램을 운영했지만 이 연구에는 18개 학교가 필요했다. 만약 치료와 재미, 자제력, 엄한 사랑을 골고루 조화시키는 필수적인 작업을 해낼 수 있는 사람이 토니 D뿐이라면 어떻게 해야 할까?

몇 달 동안 팀은 다른 진행자 13명을 고용했고 토니 D는 자기가 만든 강의록을 다른 사람을 훈련시키기 위한 커리큘럼으로 바꾸려고 노력했다. 하지만 학기가 시작될 때까지 커리큘럼을 완성하지 못했기 때문에 프로그램 진행자들은 수시로 토니 D에게 설명을 들어야 했다("다음 주 수업 때는 이러이러한 것들을 해야 합니다.").

2009년, 유스 가이던스의 상담사들은 프로그램에 참여한 학교의 10학년을 대상으로 매주 한 시간씩 총 27회의 BAM 프로그램을 진행했다. 개인적인 피드백은 긍정적이었다. 학생들은 프로그램을 찾아와 열심히 활동했고, 이를 통해 도움을 받는 것처럼 보였다. 놀랍게도 규모를 대폭 늘린 것에 비해 큰 문제는 없었다. 주 단위로 보면, 그 일에 참여한 스태프들도 대체로 긍정적인 인상을 받았다. 그러나 BAM이 과연 체포를 줄일 수 있을지는 알 수 없었다. 그들은 그 데이터에 접근할 수 없었고, 눈에 보이는 유일한 증거는 부정적인 것이었다. 학생 한 명이 체포됐다는 소식이 들려왔기 때문이다.

프로그램이 끝나고 범죄 연구소는 9개월 동안 자료를 분석했다. 고통스러운 기다림이 이어졌다.* 마침내 2011년 봄, 범죄 연구소의 해럴드 폴락이 유스 가이던스 팀을 모아놓고 결과를 알렸다.

BAM에 참여한 학생들이 경찰에 체포됐을 확률은 대조군보다 28퍼센트 감소했다. 강력 범죄로 인한 체포는 절반 가까이 줄었다(45퍼센트 감소). 그 방에 모인 사람들 모두 입이 딱 벌어졌다. 폴락은 내 생애 최고의 순간 중 하나였다고 말했다. "그들은 어떤 결과가 나올지 전혀 몰랐다. 평소 함께하던 아이들에게 비극이 벌어지는 모습을 수없이 봤기 때문이다. 아이들은 총에 맞고, 실패를 겪고, 체포되기도 했다. 하지만 그들은 자신들이 그 자리에 없었더라면 어떤 일이 벌어졌을지는 몰랐던 것이다."

범죄 연구소는 BAM 프로그램이 위험한 상황에 놓인 10대 소년이 흥분하지 않고 찬찬히 생각하게끔 유도하는 데 성공했다고 결론 내렸다. 농구 경기 도중 발생한 판정을 둘러싼 다툼이 총격전으로 커지지 않고 평범한 다툼으로 끝나게 된 것이다. 범죄 연구소는 폴락이 만든 범죄 방정식 중

---

* 일리노이주 경찰이 관련 청소년들의 전과 기록 열람을 허락하지 않았다면 이 연구는 진행될 수 없었다. 데이터베이스 접속 같은 평범하고 일상적인 일 때문에 업스트림 활동이 진행되기도 하고 그렇지 못하기도 하는 걸 보면 놀라울 따름이다.

'충동성' 부분에서 변화를 가능케하는 포인트를 발견했다.*

문제에 몰두하는 다양한 방법들

——————— 업스트림 활동이 이루어지는 모든 영역은 자기만의 고유한 방정식을 갖고 있다. 따라서 모든 업스트림 활동에는 지렛대로 삼아 개입할 만한 고유한 지점이 있을 것이다. 범죄 연구소에서 이런 개입 지점을 찾기 위해 사용한 전략은 꽤 일반적이었다. 그건 바로 문제에 몰두한 것이다. 200건이 넘는 검시관 보고서를 검토하면서 이 작업이 시작됐다는 점을 기억하라. 그들은 폭력에 대한 상식적인 설명에 만족하지 않고 문제의 근본으로 돌아갔다.

캘리포니아 북부에 있는 퍼머넌트 메디컬 그룹(Permanente Medical Group)도 비슷한 전략을 사용했다. 2008년, 이 회사의 의료 품질 및 안전 책임자인 앨런 휘피(Alan Whippy)는 환자 사망의 주요 원인인 예방 가능한 실수와 감염을 줄이라고 그룹 내 병원들의 고위층을 압박했다. 휘피는 최

* 두 번째 연구에서는 긍정적인 효과가 재현됐고, 전보다 훨씬 많은 인원을 대상으로 진행한 세 번째 연구에서는 뒤죽박죽인 결과가 나왔다. 이런 현상은 자주 일어난다. 초기에는 성공적이었던 프로그램일지라도 그 규모를 키우는 건 쉬운 일이 아니다. 이는 사회 분야에서 중요한 문제지만 본 장에서 다루는 내용과는 별 관계가 없다. 하지만 관심 있는 독자들을 위해 그 주제에 대한 부록을 추가했다.

근에 사망한 환자 50명을 대상으로 상세한 사례 연구를 진행하라는 과제를 각 병원에 내줬다. 놀랍게도 사망자 가운데 약 3분의 1은 패혈증 때문에 목숨을 잃었는데, 당시에는 이 문제가 그들의 레이더에 거의 잡히지 않았다. 2011년까지 병원들은 패혈증 환자의 사망률을 60퍼센트로 줄였다. 그들은 문제에 가까이 접근함으로써 불필요한 죽음을 막는 개입 지점을 찾았다. 어떤 문제에 대한 사후 검사가 해결의 실마리가 될 수도 있다.

목숨을 좌우하는 문제가 아니더라도 특정 사안에 공을 들이다 보면 가까이 접근할 다른 전략이 생긴다. 공항이나 학교 같은 공공건물을 설계하는 국제적인 설계 회사 코건(Corgan)에서 일하는 건축가 두 명은 노인들이 건물을 이용할 때 겪는 문제를 알아내려고 애썼다. 그 문제에 가까이 다가가려면 어떻게 해야 할까? 노인들이 겪는 경험에 대한 인터뷰를 하는 건 어떨까? 그들과 함께 걷다 보면 문제점들을 더 새롭게 느낄 수 있지 않을까? 사고 보고서를 참고해 사고나 낙상이 발생한 장소와 자세한 정보를 알아내는 방법도 있을 것이다. 하지만 건축가 마이크 스타이너(Mike Steiner)와 서맨사 플로레스(Samantha Flores)는 여기서 한 걸음 더 나아갔다. 그들은 나이가 들면 어떤 기분인지 느낄 수 있도록 고안된 시뮬레이션 복장을 직접 입어봤다.

스타이너는 라디오 프로그램 〈히어 앤 나우(Here & Now)〉 진행자에게 이 복장에 대해 이렇게 설명했다. "나이가 들면 몸에 어떤 일이 일어나는지 느낄 수 있도록 이동 능력을 감소시키는 끈이 주렁주렁 달려 있고 무거운 추도 잔뜩 들어 있다. 노인들처럼 팔꿈치 관절을 많이 움직일 수 없게 제한하는 팔꿈치 버팀대도 있다. 나이가 들수록 손가락 움직임이 둔해지므로, 손의 감각이 무뎌진 느낌을 주려고 장갑도 낀다."

손발에 추를 달면 팔다리가 무거워진다. 고글을 통해 시력 저하를, 헤드폰을 이용해 청력 저하를 시뮬레이션한다. 덧신을 신어 발의 감각 또한 둔하게 만드는데, 그러면 지면이 어디 있는지 감지하기 어려워진다.

스타이너와 플로레스는 이 옷을 입고 댈러스/포트워스 국제공항(Dallas/Fort Worth International Airport)을 돌아다녔다(출장을 위해 이곳에 가본 적이 있다면 알겠지만, 사람이 저절로 폭삭 늙는 듯한 기분이 드는 곳이다). 플로레스는 라디오 방송에서 이렇게 말했다. "가장 먼저 깨달은 건 다른 장소까지 가는 데 시간이 오래 걸리므로 중간에 쉬거나 의자에 앉는 게 매우 중요하다는 것이다. 벤치를 늘려야 했고, 노인들이 잡고 의지할 것도 더 필요했다. 일반적으로 공항의 중앙 홀은 동시에 많은 사람이 이동할 수 있도록 확 트인 공간으로 설계한다. 하지만 그렇게 되면 몸의 균형을 잃거나 잠시 쉬고 싶을 때 의지할 곳이 없다."

그들은 경사로가 그들을 감각을 혼란스럽게 만들 수 있다는 것도 알아차렸다. 바닥이 기울어진다는 걸 알리는 디자인적 단서가 필요했다. 또 에스컬레이터가 상승하거나 하강하기 전에 나오는 평평한 계단이 2개밖에 없으면 타기가 힘들었다. 그래서 코건은 이제 공항의 공용 공간에는 평평한 계단이 3개인 에스컬레이터를 추천한다.

이 지렛대가 정말 맞는 지렛대일까?

———————— 문제에 접근해 가능성 있어 보이는 지렛대와 받침대를 발견했을 때 그게 자기가 찾던 것임을 어떻게 알 수 있을까? 성공 가능한 개입 지점을 찾는 첫 번째 단계는, 자기가 해결하고자 하는 문제의 위험 요소와 보호 요소가 무엇인지 고려하는 것이다. 아이슬란드 지도자들이 그랬던 것처럼 말이다. 10대 청소년 알코올 남용 문제의 경우, 공식적으로 운영되는 스포츠 활동에 참여하는 게 보호 요소였다. 이 활동은 10대들의 시간을 많이 차지했고 자연스러운 도취감을 느낄 수 있게 해줬다. 위험 요소는 부모의 무관심이었다. 부모가 집에 없으면 아이도 바깥을 돌아다닐 가능성이 컸다. 모든 문제에는 위험을 증가시키거나 줄이는 요소들이 여러 가지 있으며, 그런 요소들 각각이 잠재적인 개입 지점이다.

위험 요소와 보호 요소에 초점을 맞추는 대신 특정한 소집단을 지렛대로 삼을 수도 있다. 성공한 업스트림 개입은 대부분 소규모 집단을 대상으로 진행하는 매우 값비싼 프로그램이다. 언뜻 보기에 이는 바람직하지 않은 것처럼 보일 수도 있다. 왜 소수의 사람들을 위해 그렇게 많은 돈을 써야 하는 걸까? 시스템에 과도한 부담을 주는 것은 그 매우 적은 수의 사람들인 경우가 많기 때문이다. 대부분의 영역에서 그렇다. 시카고 대학 범죄연구소는 그 도시에서 총기를 이용한 강력범죄 혐의로 체포되거나 그런 범죄의 희생자가 될 수 있는 위험도가 가장 높은 사람 5천 명을 예측하는 모델을 개발했다. 5천 명은 시카고 전체 인구의 약 0.2퍼센트다. 1년 뒤, 범죄 연구소는 이 도시에서 살해당한 이들을 조사했다. 그들 중 17퍼센트가 미리 예측했던 5천 명에 속해 있었다.*

가장 큰 위험에 처한 사람들은 항상 소수다. 범죄 연구소의 다른 연구에 따르면 총상 한 번으로 발생하는 사회적 비용은 150만 달러가량이라고 한다. 이 수치들이 시사하는 바는 사회가 이 집단의 암울한 전망을 바꾸기 위해 엄청난 비용을 들이는 게 나쁜 선택이 아니라는 것이다. 이런 시각을 바탕으로 범죄 연구소는 유죄판결을 받은 강력 범죄자 가운데 재범 가능성이 있는 이들을 직장에 취직시키고 인지행동치료를 받게 해 새로 출발할 기회를 주는 프로그램을 시험하고 있다. 이 프로그램을 운영하는 비용은 1인당 연 2만 2천~2만 3천 달러 정도다.

의료 분야에서는 응급 진료를 많이 이용하는 소수의 환자가 있는데, 때로는 한 사람이 연 100회 이상 응급실을 방문하기도 한다. 이들은 대부분 매우 복잡한 개인사와 병력을 지녔다. 당뇨와 천식, 만성 통증을 앓고 있고 주거지가 불안정하며 병적으로 비만인 남자를 한 예로 삼을 수 있을 것이다. 이런 사람을 치료하는 데에는 비용이 엄청나게 많이 든다. 따라서 보건 시스템은 그에게 주거와 가정 의료, 간병인을 지원하는 등 이들을 위한 맞춤화된 건강 계획을 마련해야 한다. 지속적으로 큰 문제를 일으키는 집단을 정확하게 공략할 수만 있다면, 그들을 돕기 위해 미리 상당한 돈을

---

* 왜 가해자에게만 집중하지 않고 피해자와 가해자 모두에게 집중하는 걸까? 그들은 같은 사람인 경향이 있기 때문이다. 폭력 범죄를 저지르는 사람 대부분은 결국 폭력 범죄에 희생당한다.

들이는 일은 바람직하다.*

개입 지점을 찾을 때는 비용과 편익을 꼭 고려해야 한다. 사람은 누구나 자기가 쓴 돈에 대해 더 큰 효용 가치를 얻고 싶어 한다. 하지만 나는 다들 중요하게 여기는 '가성비'와 그보다 해로운 다른 개념, 즉 예방적 노력을 통해 돈을 절약해야 한다는 생각 사이에 분명하게 선을 긋고 싶다. 업스트림 개입에 관한 논의는 항상 수익률에 대한 문제로 돌아가는 것처럼 보인다. 오늘 1달러를 투자하면 장기적으로 더 많은 수익을 올릴 수 있을까? 노숙자에게 거처를 제공하면 사회복지 필요성이 줄어드는 형태로 보상을 받을 수 있을까? 천식을 앓는 아이들을 위해 에어컨을 제공하면 응급실 방문이 줄어드는 효과가 생길까?

물론 이것들이 관련 없는 질문인 것은 아니다. 하지만 꼭 필요한 질문도 아니다. 의료 분야에서 이런 시각은 유독 예방적 조치에만 적용된다. 매일 베이컨만 먹는 용감무쌍한 식습관을 가진 사람이 심혈관 우회 수술을 받아야 한다고 해보자. 그가 수술을 받을 자격이 있는지 혹은 그 수술이 장기적으로 시스템을 유지하는 데 드는 비용을 절약하는지 묻는 사람은 아무도 없다. 수술이 필요하다면 그냥 진행할 것이다. 하지만 아이들이 배를 곯지 않게 할 방법을 논의하면 갑자기 그 일을 통해 이익을 얻어야 한다는

---

* 이 스펙트럼의 반대쪽에서도 비교 가능한 현상이 발생한다는 사실, 즉 막대하게 편중된 수익을 올려주는 고객이 존재한다는 사실에도 주목하자. 예를 들어, 라스베이거스에서는 많은 돈을 베팅해 큰돈을 잃는 사람들이 매우 귀중한 고객이다. 때문에 카지노는 그들에게 아낌없는 관심과 놀라운 혜택을 안겨준다. 수백만 달러씩 펑펑 쓰고 가는 걸 좋아하는 손님보다 더 소중한 게 어디 있겠는가?

얘기가 나온다. 말도 안 되는 일이다. 노숙자에게 거처를 제공하거나 질병 예방 활동을 하거나 굶주린 이들에게 음식을 주는 이유는 재정적인 이익 때문이 아니다. 도덕적 이익 때문이다. 다운스트림 활동에는 절대 묻지 않는 질문으로 업스트림 활동을 방해해서는 안 된다.

교실 밖으로 나간 의대생들

——————— 의료계에서는 주택, 공공안전, 대기 질 등 국민 건강에 영향을 미치는 환경 조건(이런 것을 '건강 결정의 사회적 요인'이라 한다)에 대한 논의가 널리 진행되고 있다. 이 주제와 관련된 세션이 없는 컨퍼런스를 찾기가 힘들 정도다. 이는 좋은 소식이다. 건강에 대한 관심이 상류 쪽으로 움직이는 걸 반영하기 때문이다. '건강 결정의 사회적 요인(social determinants of health)'이라는 용어 자체가 유일한 문제점이다. 이 용어는 마치 그 주제로 관심이 쏠리는 걸 막기 위해 고안된 것 같다. 과시적이면서 단조롭다. 마치 데이트를 '동경 가득한 대인관계 교류'라고 부르는 것과 마찬가지다.

요새는 건강관리 분야에서 문제 불감증이 사라지는 걸 느낄 수 있어서 꽤 흥미롭다. 뉴저지주 해켄색 메리디안 헬스(Hackensack Meridian Health)에서 일하는 1차 진료의 카멜라 로체티(Carmela Rocchetti)는 다음과 같이 말한다. "의사들은 예전부터 임상적 개입과 상담에 집중하도록 훈련받았다. 누군가가 진료실에 오면 그를 치료하기 위해 노력하는 것이다. 나는 처방전을 쓸 것이고, 그러면 그의 건강은 좋아질 것이다. 하지만 그건 건강을 둘러싼 방정식의 극히 일부분에 불과하다. 건강을 개선하려면 그 사람의 냉장고를 열어봐야 하고 잠은 잘 자는지도 물어봐야 한다. 그가 느끼는 만성적인 스트레스를 이해하고 해결해야 한다."

근래 들어 이런 관점은 빠르게 퍼지고 있다. 건강에 영향을 미치는 업스트림 요인의 중요성이 점점 인정받기 때문이다. 그러나 업스트림 행동을 가로막는 장벽도 있다. 몸에 좋은 음식을 먹지 못하는 환자를 위해 의사가 할 수 있는 일은 무엇인가? 심한 스트레스를 받는 환자에게 할 수 있는 일은? (현행 의료 시스템 하에서는 의사가 환자를 진료해야 수입을 얻을 수 있기에 환자를 줄이려고 노력할 경우 수입이 감소한다는 사실은 신경 쓰지 말자.) 현행 시스템에서는 진료를 많이 하면 할수록 좋고, 스트레스를 받거나 외로운 환자에게 말을 거느라 15분 정도 시간을 더 할애하는 것은 진료 활동으로 간주되지 않는다(이와 관련해 10장에서는 예방 자금 조달을 용이하게 하는 새로운 지불 모델을 몇 가지 살펴볼 예정이다).

건강관리 분야의 리더들이 이 딜레마에 대해 논의하는 걸 수없이 읽고 들었는데, 여러분도 그들의 갈등을 느낄 수 있을 것이다. 한쪽에는 업스트림으로 이동하려는 뚜렷한 열정이 존재한다. 대다수는 아니더라도 상당수의 리더들은 그게 옳은 일이라고 진정으로 믿고 있다. 반면 업스트림적인 요구를 받아들이는 걸 내켜 하지 않는 이들도 있는데, 이들도 이해할 만하다. 그런 요소들 가운데 상당수가 의료 시스템의 범위 밖에 있기 때문이다. 그 결과 이 분야의 리더들은 의료 시스템 내에서 작지만 상징적인 의미가 있는 개입 지점을 찾았다. 예를 들어, 1차 진료의들은 환자에게 자주 배를 곯는지 물어보고 만약 그렇다고 하면 푸드뱅크 같은 지역사회 파트너들과 연결시켜준다. 의료 시스템 밖으로 손을 뻗어 도움을 줄 수 있는 외부의 다른 참가자들과 함께 노력해 환자에게 이익이 돌아가게 한 것이다.

하지만 만약 의료 시스템 내에서 변화가 일어난다면 어떨까? 의사들이 부자연스럽다고 느끼는(의사들이 받는 교육과 보상은 대개 그들로 하여금 다운스트림 방식을 취하게 하므로) 업스트림 활동을 자연스러운 것으로 만든다면? 뉴저지주 세턴 홀 대학에 새로 생긴 해켄색 메리디안 의과대학은 바로 그런 비전을 추구하면서 의사들의 교육 방식을 재정립하고 있다. 건강결정의 사회적 요인이 이 학교 교육과정의 핵심이다.

학생들은 학기 초에 인근 지역사회에 사는 개인이나 가족과 짝을 이룬다. 첫 1년 동안, 학생들은 한 달에 한두 번씩 그들이 사는 집에 가서 생활과 건강 상태를 조사한다. 물론 아직 의대 1학년생일 뿐이므로 그들을 직접 치료할 수는 없지만, 그들이 자신의 건강과 관련한 목표를 달성할 수 있도록 도와야 한다("내 아들은 자폐증 환자인데, 아들에게 필요한 것들을 제공하기 위한 도움이 필요해요.", "난 휠체어 생활을 하는데 집에 늘 혼자 있어서 우울해요. 사회적인 배출구가 필요해요.").

위에서 언급한 로체티는 '인간적 차원(human dimension)'이라고 부르는 이 프로그램의 책임자이기도 하다. 로체티는 "얘기를 하거나 강의를 해서 가르칠 수도 있지만, 학생들은 실제로 사람을 만나 교감을 느끼기 전까지는 이게 얼마나 중요한 일인지 제대로 이해하지 못한다."고 말했다.

의대 1학년생으로 처음 이 수업을 듣는 아미라 맥커첸과 그녀의 동급생은 양로원에 사는 91세의 남성과 연결됐다. 처음 노인을 만나러 갈 때 맥커첸은 잔뜩 긴장했다. 원래 목소리가 작은 편이라 노인이 들을 수 있게 말하다 보면 꼭 소리를 지르는 듯한 기분이었다. 학생들은 노인에게 자신들이 도울 만한 목표가 있는지 물어봤다. 노인은 자신이 아흔한 살이고 목표 같은 건 없다고 말했다. 하지만 그 후 노인은 두 가지 목표를 생각해냈다. 컴퓨터 사용법을 배우는 것, 나빠진 기억력과 싸우는 것이었다. 다음에 다시 노인을 만나러 온 맥커첸과 친구는 요양원에 있는 컴퓨터로 기억력 향상 게임을 하는 방법을 알려줬다.

또 다른 학생들 한 쌍은 당뇨병을 앓는 한 남자를 만났다. 이는 그의 혈당 수치가 안 좋다는 뜻인데, 보통은 정기적인 모니터링과 몸에 좋은 음식 섭취, 적절한 인슐린 투여를 통해 관리할 수 있다. 학생들은 아는 게 많고 적극적인 것처럼 보이는 그가 왜 어려움을 겪는지 알 수 없었다. 그런데 어느 날, 그들이 남자의 집에 갔을 때 이웃 사람이 찾아와 문을 두드리며 말했다. "지금 가게에 갈 건데, 쇼핑 목록 적어놨어?" 그 모습을 본 학생들은 남자가 혼자서 장을 보러 갈 수 없다는 걸 깨달았다. 그는 식료품 구입을 이웃에게 의존하고 있었다. 그래서 자신의 건강관리에 도움이 되는 음식(대개 부패하기 쉬운 음식)을 먹기가 힘들었던 것이다.

의대생들이 맡은 또 하나의 일은 특정한 사람들뿐만 아니라 지역사회 전체와 교류하는 것이었다. 그들은 지역 비영리 단체의 대표를 만나기도 하고 공청회에 참석하기도 한다. 봉사 활동도 한다. 로체티는 처음 이 과목을 기획할 때, 사람들이 이렇게 말했다고 전했다. "대체 뭘 만드는 거야? 여기가 대체 사회복지대학이야, 의과대학이야?"

문제에 다가갈 진정한 방법을 찾아서

――――― 첫 수업은 2018년 여름에 시작됐다. 처음에는 학생들도 열성적이었다. 어쩌면 지나치게 열성적이었던 것일지도 모른다. 학기가 시작되고 처음 몇 주 동안 학생들은 지역사회의 문제를 해결하기 위한 다양한 계획안을 들고 로체티의 방으로 찾아오곤 했다. 그러다가 학기가 반쯤 지나자 시험과 시험 공부라는 현실이 그들의 이상주의를 방해하기 시작했다. 이들은 모두 우등생이었고, 실력주의 스타들이었다. 그들은 시험을 잘 보고 훌륭한 보고서를 제출하는 방법을 알고 있었다. 하지만 외로운 노인을 돕는 임무에서는 어떻게 해야 최고점을 얻을 수 있을까?

한때는 일부 학생들이 거의 반란을 일으킬 뻔하기도 했다. 학생 몇 명이 교육위원회 회의에 참석하는 임무를 맡았다. 그런데 뜻밖에도 회의의 초반 45분이 비공개로 진행되는 바람에 학생들은 그저 기다려야 했다. 이후 공개적으로 진행된 회의에서는 교사와 이사회 사이의 계약 분쟁에 대한 얘기만 나왔다. 분노한 학생들은 로체티에게 이메일을 보내 왜 자신들을 그곳으로 보내 시간을 낭비하게 했느냐고 항의했다. 학생들은 그런 일을 하려고 의대에 온 게 아니었다.

그런데 이상한 얘기지만, 그들이 이메일을 보낸 그 일만 빼면 그들이 의대에 온 이유가 바로 그 때문이었다. 로체티 생각에 의사의 소명은 사람들을 건강하게 하는 것이다. 그러려면 의학의 기술적인 측면뿐 아니라 사회적인 측면도 알아야 한다. 우리 삶의 모든 복잡한 부분과 우리가 살아가는 시스템의 복잡성을 배우고 이해해야 한다. 예약한 시간에 병원에 가는 것처럼 아주 간단한 일도 수많은 요인 때문에 어긋날 수 있다는 걸 깨달아야 한다. 시내버스가 늦게 오거나, 악천후 때문에 버스정류장까지 걸어갈 수 없거나, 병원 밖에 차를 세우고 주차비를 낼 돈이 없거나, 안내문을 인터넷으로 받았는데 확인할 수 있는 컴퓨터가 없거나, 그날 아침에 너무 우울해서 번거로운 일은 아무것도 하고 싶지 않거나 하는 수많은 이유로 말이다. 만약 손쉬운 흑백판단에 빠지고 싶은 유혹이 든다면('힘들겠지만 그래도 본인 건강에 신경을 쓴다면 제시간에 병원에 왔어야지! 와서 인슐린을 맞고 처방전을 다시 받았어야 해.'), 중요한 논의는 전혀 진행되지 않던 2시간짜리 학교 이사회 회의를 회상하거나 당뇨병이 있는 남자 대신 식료품을 사다주던 이웃 사람을 떠올리면서 심호흡을 해야 한다('그래, 세상에 쉬운 일은 없지. 모든 게 다 복잡하고 그걸 해결할 즉효약 같은 건 없어. 하지만 내가 팔짱을 풀고 손을 내미는 방법을 배운다면, 세상의 고통을 무시하지 않고 덜어주는 사람이 될 수도 있을 거야.').

의대 1학년 과정의 첫 번째 수업이 끝나는 2019년 늦봄이 되자 학생들의 열의도 회복됐다. 그들은 자신에게 배정된 가족과 지역사회에서 보낸 시간을 소중하게 여긴다고 만장일치로 보고했다. 의대 마지막 2년 동안에도 이들은 지역사회 및 그곳 사람들과 계속 어울릴 것이고, 졸업을 하면 다른 의사들과는 전혀 다른 관점을 갖게 될 것이다. 그중 상당수는 계속 뉴저지에 살면서 메리디언 헬스에서 일하게 될 것이다. 로체티는 그들이 내부에서부터 시스템을 변화시킬 것이라고 믿는다. "우리 학생들은 성장해서 장차 문화를 바꾸는 힘이 될 것이다."

이 학교는 미래의 의사들을 질병과 절망의 근원 가까이에 다가가게 하면 건강을 향상시키기 위한 지렛대를 빨리 파악할 수 있을 거라고 장담한다. 뉴욕주립대 법대 교수이자 작가 겸 '사법 평등을 위한 변호사 모임(Equal Justice Initiative)'의 창시자인 브라이언 스티븐슨(Bryan Stevenson)은 이를 가리켜 '근접성의 힘'이라고 부른다.

스티븐슨은 2018년에 '포춘 CEO 이니셔티브 콘퍼런스(Fortune's CEO Initiative Conference)'에서 "더 건강한 공동체, 더 건강한 사회, 더 건강한 국가, 결국 더 건강한 경제를 만들기 위해서는 가난한 사람들과 취약계층에 가까이 다가갈 방법을 찾아야 한다."고 연설했다. "스스로를 고립시키면, 그러니까 취약하고 소외된 사람들로부터 자신을 방어하고 단절시키면 이런 문제들이 지속되는 원인이 될 것이라는 확실한 믿음이 있다. 그들과 가까운 곳에 있어야 세상을 변화시키는 방법을 배울 수 있다는 걸 납득하게 됐다."

물론 가까이 있다고 해서 발전이 보장되는 건 아니다. 그건 시작이지 끝이 아니다. 업스트림적인 변화는 머뭇머뭇 앞으로 나아가며 무엇이 효과적이고 무엇이 그렇지 않은지 알아내는 과정인 경우가 많다. 그러니 이런 맥락에서 보면 패배도 사실은 승리라고 할 수 있다. 세상을 움직일 수 있는 지렛대를 찾아다니면서 뭔가를 배울 때마다 지도의 빠진 조각을 하나씩 채워나가게 되기 때문이다.

위험을 예측하는 시스템을 만들어라

: 경보 시스템 구축

2년 만에 이탈률을 절반 가까이 줄인 링크드인

롤리 석세나(Roli Saxena)는 2010년 말 링크드인(LinkedIn)에 입사했다. 링크드인의 주력 상품은 각 기업들의 채용 담당자가 마음에 드는 입사 후보를 찾도록 돕는 서비스로, 구독 방식으로 제공됐다. 석세나는 이 상품을 관리하는 '고객 성공 그룹(customer success group)'을 운영하게 됐다('고객 성공'은 '고객 서비스'의 업스트림 버전 같은 것으로, 이들의 임무는 고객이 구입한 서비스에 만족하도록 하는 것이다). 이 상품은 믿을 수 없을 정도로 잘 팔렸지만 '해지율'이 높았다. 해지율이란 구독을 갱신하지 않는 고객의 비율로, 넷플릭스(Netflix)부터 《피플(People)》에 이르기까지 모든 구독 사업의 건전성을 측정하는 중요한 진단 기준이다. 석세나가 입사했을 당시의 해지율은 약 30퍼센트였다. 이는 1년 사이에 고객 10명 중 3명이 서비스 이용을 중단했다는 뜻이다.

이 회사가 해지율을 관리하는 전통적인 방식은 갱신 시점 즈음에 직원들로 하여금 고객, 특히 상품을 해지할 위험이 있다고 우려되는 고객과 긴밀히 접촉하도록 하는 것이었다. 이들은 고객 계정을 '지키는' 데 역점을 뒀다. 그런데 영업 책임자이자 석세나의 상사인 댄 샤페로(Dan Shapero)에 따르면, 그들은 어느 날 다음과 같은 새로운 질문을 스스로에게 던졌다. '누가 상품을 해지할 것인지를 얼마나 빨리 예측할 수 있을까?' 그들의 생각은 이것이었다. '위험을 미리 감지할 수 있다면 그만큼 문제에 빨리 개입해 더 나은 결과를 얻을 수도 있을 것이다.'

데이터와 씨름한 결과, 구독 상품을 구매하고 30일이 지나면 상품을 해지할지 하지 않을지를 꽤 정확하게 예측할 수 있었다. 어떻게 그리 빨리 예측할 수 있는 걸까? 석세나는 제품 사용과 해지 사이에 강력한 상관관계가 있다는 걸 발견했다. 채용 담당자들이 링크드인 구독 서비스를 많이 이용할 때는 구독을 갱신하는 경향이 있었다. 당연한 일이다.(《피플》 구독을 해지할 가능성이 가장 큰 사람은 그걸 읽지 않는 이들일 것이다). 새롭게 밝혀진 사실도 있었다. 고객이 제품을 일찍부터 사용하도록 만드는 게 중요하다는 것이었다. 석세나는 첫 30일 안에 상품을 이용한 고객은 링크드인을 계속 사용할 가능성이 4배나 높다는 걸 알아냈다.

샤페로는 이렇게 말했다. "어안이 벙벙했다. 우리는 고객을 지키기 위해 사용하던 모든 자원을 고객이 상품에 익숙해지도록 돕는 데 투입하기로 했다." 이들은 고객에게 전화를 걸어 제품 사용법을 안내하는 '적응 전문가'라는 새로운 역할을 만들었다. 그들은 흔하디 흔하고 지루한 소프트웨어 기능 교육을 하는 게 아니다. 적응 전문가는 실제로 고객들의 업무 몇 가지를 대신 처리해준다.

이들의 일반적인 통화는 다음과 같이 진행된다. "애틀랜타에서 소프트웨어 엔지니어를 고용하려는 것으로 알고 있는데요. 제가 실례를 무릅쓰고 원하시는 인재를 찾는 데 도움이 될 만한 검색 조건을 구성해봤습니다. 검색 조건을 적절하게 변경하는 법을 안내해드릴게요. 괜찮은 후보를 찾아낸 뒤에는 저희가 제공하는 이메일 서비스를 이용해 연락하시면 됩니다. 답장을 받을 가능성이 큰 이메일 초안을 미리 작성해뒀습니다."

결과는? 2년간 회사의 수익은 폭발적으로 증가하고 해지율은 절반 가까이 줄었다. 이런 성공의 중요한 요인 가운데 하나가 고객 적응 작업이었다. 해지율을 낮추는 일에는 연간 수천만 달러의 가치가 있었다.

몇 분 혹은 몇 초,
생명을 구하고 돈을 절약케 하는
조기경보의 힘

—————— 문제를 예측할 수 있을 때 우리는 문제를 해결하기 위한 더 많은 행동의 여지를 갖게 된다. 문제를 조기에 알리는 시스템을 어떻게 만들 것인가가 업스트림 활동과 관련된 핵심 질문인 이유는 그래서다. 우리가 하는 일에 딱 맞춰 설계된 화재 감지기가 있다고 상상해보자. 링크드인의 경우, 경보기를 작동시킨 연기는 구독을 시작한 이후 첫

한 달 동안 고객이 아무런 활동도 하지 않는 것이었다. 시카고 공립학교의 경우는 학생들이 1학년 때 옆길로 새는 것이었다.

조기경보 자체가 본질적인 이점을 갖고 있지는 않다. 경보의 가치는 문제의 심각성에 따라 달라진다. 침대 머리맡에 달아둔 전구의 수명이 곧 다 될 거라는 신호는 필요하지 않을 것이다. 반면 등대 꼭대기에 달린 전구의 수명을 알리는 경보 신호는 굉장히 중요하다. 또한 경보의 가치는 그것을 통해 충분한 대응 시간을 벌 수 있는지에 따라서도 달라진다. 자동차 타이어가 펑크 나기 30초 전에 경고를 받는다면 생명을 구할 수 있다. 하지만 0.5초 전에 경고를 받으면 아무 소용도 없다.

우리는 링크드인처럼 과거 데이터에서 추출한 패턴을 이용해 무언가를 예측할 수도 있다. 뉴욕시와 그 주변 지역에서 운영되는 병원 및 의료 시설 네트워크인 노스웰 헬스(Northwell Health)도 이런 방법을 이용했다. 노스웰 헬스의 응급의료 서비스는 사람의 생사가 걸린 문제를 다룬다. 그들은 사람들이 911에 전화를 하면 구급차가 최대한 빨리 목적지에 도착하기를 바랐다. 그래서 과거 데이터를 이용해 언제 어디서 전화가 걸려올지를 예측하는 정교한 모델을 만들었다.

"우리는 수정구슬이 아니라 과거 기록을 바탕으로 응급상황을 예측한다." 노스웰 응급의료센터 조너선 와시코(Jonathan Washko) 부소장의 말이다.

응급상황은 예측 가능한 패턴을 따른다는 사실이 밝혀졌다. 시간상의 패턴(밤보다 낮에 전화가 많이 온다)과 지리적인 패턴(젊은이들보다 노년층이 많이 사는 지역에서 전화가 많이 온다)이 있었다. 미국 독립기념일과 한 해의 마지막 날에는 통화량이 증가하는(술에 취해 바보짓을 하는 사람들 때문에) 반면,

크리스마스와 추수감사절에는 통화량이 감소한다(가족끼리의 애정? 혹은 그냥 좀 더 차분히 술을 마시기 때문에?). 금요일과 토요일 밤은 바쁘고, 일요일은 한가한 편이다. 독감이 유행하는 계절에는 정신이 하나도 없다.

좀 더 미묘한 차이도 존재했다. 신기하게도 요양원 식사 시간에 긴급출동 전화가 급격히 늘어났다. 음식이 너무나 형편없어서? 그게 아니라 그 시간에 간병인이 환자 상태를 확인하고 안 좋은 일이 일어났다는 걸 알게 되기 때문이다. 이와 같은 이유로 요양원 직원들이 근무 교대를 할 때도 신고가 급증했다. 이 패턴은 날씨에 따라서도 달라졌다. 와시코는 폭설이 내릴 때 심근경색 환자가 증가한다는 걸 알고 있다. 사람들이 눈을 너무 힘차게 퍼내다가 그런 일이 생기는 것이다.

노스웰 헬스는 어떻게 이런 예측 모델을 이용했을까? 이들은 시내 곳곳에 구급차를 전진 배치했다. 요양원과 가까운 곳에 있는 맥도날드 주차장에 구급차가 세워져 있고 그 안에 구급대원들이 앉아 있는 모습을 상상해보라. 아직 911에 전화를 건 사람은 없지만 누군가가 전화할 가능성이 있다. 만약 그런 상황이 발생한다면 구급대원들은 순식간에 현장에 도착할 것이다.

이는 표준적인 방식과는 매우 다르다. 미국인들 대부분은 소방서가 응급의료 서비스를 운영하는 지역사회에 살고 있다. 구급차는 지역 소방서에 주차되어 있고, 911 신고가 들어오면 구급대원들이 출동해서 사람들을 돕는다. 대응적 시스템인 셈이다. 그런데 그러면 이상한 결과가 생긴다. 심장마비가 일어나면 말 그대로 소방서에서 얼마나 가까이 사느냐에 따라 목숨이 좌우되는 것이다(부동산 중개업자가 셀링포인트로 삼을 수도 있겠다. 1층에 큰 방, 그리고 소방서에서 차로 3분 거리!).

이와 달리, 노스웰과 일부 대도시의 응급의료 시스템은 모든 이들에게 신속하게 도달할 수 있도록 구급차를 도시 전역에 전략적으로 확산 배치했다. 뉴욕 시오셋(Syosset)에 있는 노스웰 응급의료 지휘센터에는 NASA의 임무통제센터와 비슷한 방이 있다. 벽을 뒤덮은 대형 스크린 모니터에는 이들이 맡은 지역의 지도가 나온다. 모든 구급차의 실시간 위치가 지도상에 표시되고, 각 구급차가 10분 안에 도달할 수 있는 지역이 반짝이는 빛으로 표시되어 있다. 신고가 들어오면 현장 가장 가까이에 있는 구급차가 배치된다. 그러면 출동한 구급차가 남긴 구멍을 메우기 위해 근처에 있는 다른 모든 구급차들이 위치를 바꾼다.

이 믿을 수 없을 정도로 정교한 시스템이 차이를 만든다. 미국의 평균적인 구급차 출동 시간은 8분이다. 이에 비해 노스웰은 약 6분 30초다. 이 빠른 속도 덕분에 노스웰은 심정지 환자의 몇 퍼센트가 효과적인 치료를 통해 순환 기능을 회복했는지를 알아보는 자발 순환 회복률(return of spontaneous circulation, ROSC)이라는 기준에서 우수한 결과를 얻었다. 환자들은 자기가 받은 치료에 감사하며, 94퍼센트는 다른 사람들에게도 노스웰을 추천할 것이라고 말했다.

노스웰은 조기경보 시스템을 성공적으로 구성한 모범 사례다. 우리가 미처 깨닫지 못한 문제를 데이터가 경고한다. 식사 시간에는 요양원과 더 가까운 곳에 구급차를 배치해야 한다는 등의 문제 말이다. 그런 예측을 통해 문제를 예방하기 위해 행동할 수 있는 시간을 벌게 된다. 노스웰 구급대원들이 심장마비를 막을 수는 없지만, 그들 중 몇몇이 사망하지 않도록 막을 수는 있다.

노스웰의 사례에서는 몇 분의 시간이 중요했다. 그런가 하면 단 몇 초의 시간이 귀중한 경우도 있다. 2012년에 비상대비 전문가인 알렉스 그리어(Alex Greer) 교수가 쓴 논문에 따르면, 일본은 전국 각지에 설치된 3,200여 개의 지진계와 지진계에서 정보를 수집하는 관측센터를 비롯해 세계 최고 수준의 지진 조기탐지 시스템을 보유하고 있다. 관측센터는 지진이 발생했다는 첫 번째 경고 신호인 P파를 감지한다. 이는 인간이 감지하는 게 거의 불가능한 파동이다.

이 시스템은 2011년에 다음과 같은 성과를 올렸다. 그리어가 쓴 바에 따르면 "2011년에 동일본 대지진의 P파가 현지 시각으로 오후 2시 46분 45초에 측정됐다. 가장 가까운 내륙센서가 지진파를 해석해 겨우 3초 만에(현지 시각 오후 2시 46분 48초) 주요 기업, 철도 운영사, 공장, 병원, 학교, 원자력 발전소, 그리고 국민들의 휴대전화로 경보를 보냈다."

3초만에 이 모든 게 이루어진 것이다. 경보가 발령되고 약 30초 뒤, 센다이에서 땅이 흔들리기 시작했고, 그때부터 다시 60초 뒤에는 도쿄도 흔들리기 시작했다. 그리어는 "그리 긴 시간처럼 보이지 않겠지만 기업들이 생산 라인을 폐쇄하고, 의사가 의료 절차를 중단하고, 학교가 아이들을 책상 밑으로 대피시키고, 운전자들이 도로 옆에 차를 세우고, 예비 발전기를 켜고, 기차를 멈추기에 충분한 시간이었다."고 말했다.

우리 일상에 스며든 경보 시스템

—————— 이와 유사한 조기 탐지 시스템은 사업에서 우위를 차지하기 위한 근원이기도 하다. IBM의 한 TV 광고를 보자. 한 정비사가 사무실 건물 로비에 있는 경비원에게 다가간다.

정비사 : 안녕하세요.

경비원 : 통행증을 보여주시겠습니까?

정비사 : 엘리베이터 고치러 왔는데요.

경비원 : 엘리베이터에는 아무 문제도 없어요.

정비사 : 맞아요.

경비원 : 그런데도 고친다고요?

정비사 : 그래요.

경비원 : 누가 보냈습니까?

정비사 : 새로운 담당자죠.

경비원 : 새로운 담당자가 누구죠?

정비사 : 왓슨(Watson. IBM의 인공지능 컴퓨터 시스템 – 옮긴이)이요.

(정비사가 테이블에 놓여 있는 검은색 컴퓨터를 보자 경비원의 시선이 그를 따라간다.)

왓슨(맹한 목소리로) : 센서와 유지 관리 데이터를 분석한 결과 3번 엘리베이터가 이틀 안에 오작동할 것으로 보입니다.

정비사 : 자, 어때요?

경비원 : 그래도 통행증이 있어야 합니다.

이제 이 이야기는 판타지가 아니다(하지만 퀴즈쇼 〈제퍼디!(Jeopardy!)〉에서 우승한 컴퓨터였던 왓슨이 사무실 건물에 놓인 채로 아무한테나 예측을 말해주는 검은 상자가 되다니, 그 바뀐 모습이 놀라울 정도다). 요즘 유명 엘리베이터 회사들은 대부분 '스마트' 엘리베이터를 공급하는데, 이런 엘리베이터는 여러 가지 진단 데이터(조명, 소음, 속도, 온도 등)를 클라우드로 전송해 문제의 징후를 탐지한다.

IBM의 왓슨 사물인터넷 기술 전문가인 존 매클라우드(John Macleod)는 《컴퓨터월드(Computerworld)》와의 인터뷰에서 "클라우드 연결이 제공하는 가장 중요한 기능 중 하나는 문제가 일어나기 전에 미리 감지할 수 있는 능력"이라고 말했다. "엘리베이터 문이 닫히는 데 걸리는 시간을 재보면 보통 5초 정도지만 그 시간이 5.1초, 5.2초로 점점 늘어날 수 있다. 엘리베이터를 타고 내릴 때는 아무도 그 사실을 알아차리지 못한다. 하지만 문 닫히는 시간이 점점 달라진다는 건 어딘가가 끈적해지고 있으니 윤활이 필요하다는 뜻일지도 모른다. 이런 사실을 미리 알아차리면 문이 완전히 고장 나 안에 사람이 갇힐 때까지 기다리지 않고 문제를 해결할 수 있다."

사물인터넷이 부상하면서 이런 사전 경고는 점점 보편화될 것이다. 심장이 불규칙하게 뛰는 것을 감지하는 스마트 워치, 송유관 누설을 경고하는 감지기(희한하게도 이걸 '스마트 피그'라고 부른다), 버스 기사가 졸음운전을 하면 경보를 울리는 비디오카메라 등 우리가 사는 세상이 온갖 센서로 채워질 것이다. 기술은 분명 조기 발견을 돕는다. 하지만 기계가 아닌 사람이 최고의 센서인 경우도 종종 있다.

미국심장협회는 매년 1,600만 명에게 심폐소생술 훈련을 시킨다. 이는 곧 심장과 관련된 응급상황을 감지하는 1,600만 개의 인간 센서를 전 세계에 배치하는 것과 마찬가지다. 더 좋은 점은, 심폐소생술 훈련을 받은 사람은 문제만 감지하는 게 아니라 해결을 위한 행동도 할 수 있다는 것이다. 그들은 구명 도구를 갖춘 구급차가 도착할 때까지 환자를 살려둘 수 있다.

'수상한 것을 발견하면 신고하라(If You See Something, Say Something).'라는 대테러 캠페인 구호는 문제의 조기 발견을 위해 인간에게 의지하는 또 다른 예다. 이 구호는 9.11 테러가 발생한 다음 날 앨런 케이(Allen Kay)라는 광고인이 만든 것이다. 케이는 《뉴욕타임스》와의 인터뷰에서 다음과 같이 말했다. "'가벼운 입, 가라앉는 배(Loose Lips, Sink Ships)'라는 말이 계속 머릿속에 맴돌았다(제2차 세계대전 중 미국에서 쓰이던 슬로건으로, 적에게 도움이 되는 정보를 함부로 떠들고 다니지 않도록 주의시키는 용도로 사용됐다 – 옮긴이). 그런데 이 경우는 그와 정반대기 때문에 아이러니하다는 생각이 들었다. 우리는 사람들이 말하기를 바란다. 그런 메시지를 전달할 수 있는 구호를 생각해내고 싶었다." 이 구호로 인해 우리는 테러 행위를 미리 알아내고 경고하기 위해 배치된 센서가 된 것이다.

한국에서 갑상선암이 급증한 이유

——————— 문제를 예측하려면 환경을 관찰할 눈과 귀가 필요하다. 하지만 알아낸 사실에 신중할 필요가 있다. 때로는 우리가 탐지해서 알아낸 것과 실제가 다를 수도 있다.

2000년대에 들어 한국에서는 갑상선암 진단을 받은 사람의 수가 급격히 증가했다. 2011년에는 갑상선암 발병률이 1993년보다 15배 늘어났다. 이는 공중보건 측면에서 볼 때 정말 무시무시한 문제다. 암은 감염병이 아니므로 이렇게 빨리 퍼져서는 안 된다. 뭔가 이상한 일이 벌어지고 있었다.

그나마 한 가지 긍정적인 점은 한국의 의료 시스템이 이 병을 놀랍도록 훌륭하게 관리하고 있다는 것이었다. 한국의 갑상선암 발병 5년 뒤 생존율은 99.7퍼센트로 세계 최고 수준이다. 이 수치는 매우 인상적이어서 한국은 실제로 의료 관광을 장려하고 있다. 즉 전 세계의 갑상선암 환자들에게 최고의 환자 생존율을 기록한 한국으로 치료를 받으러 오라고 홍보하는 것이다.

갑상선암 유행과 관련된 두 가지 미스터리는 다음과 같다. 첫째, 왜 갑상선암이 폭발적으로 늘어난 것일까? 둘째, 한국은 어떻게 이 암과의 싸움에서 그토록 성공을 거둘 수 있었을까?

의사 겸 암 연구원인 길버트 웰치(Gilbert Welch)는 한국의 상황을 근본적으로 다른 시각에서 바라본다. 웰치는 『병원에 덜 갈수록 건강해진다(Less Medicine, More Health)』라는 놀라운 책에서 이렇게 썼다. "의대에 다닐 때,

'암'이라는 딱지가 붙은 건 전부 가차 없이 진행된다고 배웠다. 일단 암 때문에 세포에 DNA 교란이 발생하면 암이 몸 전체로 퍼지는 건 시간문제고, 암이 환자를 죽이는 것도 시간문제라고."

하지만 최근 몇 년 사이에 암에 대한 의사들의 생각이 바뀌었다. 암이 환자를 죽이는 건 시간문제라고 생각하는 사람은 이제 없다. 웰치는 의학적 사고가 발전해온 방식을 설명하기 위해 암을 거북이, 토끼, 새 등을 가두는 농장 울타리에 비유한다. 울타리는 조기 발견과 치료 시스템을 나타낸다. 의료 시스템의 목표는 동물들이 울타리에서 벗어나지 못하게(암이 치명적으로 변하지 못하게) 막는 것이다.

거북이들은 엄청나게 느리므로 울타리가 무의미하다. 어떻게 해도 절대 탈출하지 못할 것이다. 거북이는 진행이 느리고 치명적이지 않은 암을 나타내는데, 이런 암도 많다. 반면 새들은 마음대로 날아서 울타리를 벗어난다. 울타리로는 새를 막을 수가 없다. 이건 가장 공격적인 형태의 암이다. 이런 암은 발견해도 막을 수 없다. 치명적이다. 공중보건의 관점에서 볼 때 중요한 동물은 토끼뿐이다. 토끼는 잠재적으로 치명적인 암을 나타낸다. 토끼는 언제든 울타리 밖으로 튀어 나갈 수 있다. 하지만 재빨리 대응한다면 달아나기 전에 막을 수 있다.

웰치는 한국에서 갑상선암이 유행하는 것을 보고는 그게 사실 별로 위협적이지 않은 거북이형 암이라는 걸 알았다. 과거 갑상선암에 대한 집단 검진이 시작되기 전에는 증상이 있는 환자들만 검사를 받았을 것이다. 즉 뭔가 이상한 점이 있어서 직접 병원에 찾아간 사람만 검사를 받았다는 얘기다(여성이 가슴에 멍울이 잡히면 유방암 검사를 받고, 남성이 소변에 피가 섞여 나오면 전립선암 검사를 받는 것처럼). 그런 사례는 비교적 드물었지만 일단 암이 발견되면 그것은 토끼일 가능성이 컸다. 그런데 더 많은 이들이 검진을 받게 되자 엄청나게 많은 이들의 갑상선에 조용하고 작은 거북이가 살고 있다는 사실이 밝혀진 것이다. 그 결과 실제 건강에는 아무런 변화가 없음에도 불구하고 갑상선암 발병률은 치솟았고, 환자들은 외과적인 치료(대부분 갑상선을 제거하는 수술)를 받았다. 그리고 5년이 지난 뒤에도 그중 99.7퍼센트는 생존해 있다.

하지만 그들은 마법 같은 의학 덕분에 살아 있는 게 아니다. 애초에 아무 문제도 없었기 때문에 살아 있는 것이다. 한국 환자들은 아마 의사가 자기 생명을 구했다고 생각할 테고 의사들도 그렇게 생각하겠지만, 실제로는 그중 상당수가 수술 부작용으로 인한 피해를 입고도 아무런 보상도 받지 못했다.

이 일화가 우리에게 주는 교훈은 무엇일까? 어떤 조기경보 시스템은 기적을 일으켜 엘리베이터가 고장 나거나 고객이 이탈하는 걸 막을 수 있다. 하지만 어떤 경우에는 한국의 갑상선암 유행처럼 해를 끼치기도 한다. 조기경보 시스템을 이용할 때는 부정확한 정보가 널리 퍼지는 것을 주의해야 한다.

화재 경보기가 울리는 소리를 듣고 "또 저러네."라며 어이없어한 적이 있는가? 그런 걸 경보 피로라고 한다. 이는 심각한 문제다. 2013년, 한 연구진이 한 달 동안 461명의 환자를 치료하는 집중치료실 5곳을 연구했다. 연구진은 그 한 달 사이에 침대 옆 모니터에서 경보가 250만 번 이상 울렸다는 사실을 알게 됐다. 심박동수, 호흡기 상태, 혈압 수준 등의 변화를 알리는 자동 경보로, 대부분은 간호사와 임상의가 관찰할 수 있도록 화면에 깜박이는 문자 메시지였다. 병원에서는 임상적으로 중요하다고 간주되는 경보만 소리가 울리도록 제한해두고 있었는데, 그것도 40만 번이나 울렸다. 계산해보면 매일 침대 하나당 187번의 경보가 울린 셈이었다. 이처럼 모든 일이 경보의 원인이 된다면 경보가 울려도 아무도 놀라지 않는 게 당연하다.

때로는 잘못된 판단이 더 낫다

——— 조기경보 시스템을 설계할 때는 다음의 질문들을 염두에 두어야 한다. 경보가 효과적인 행동을 취하기에 충분한 시간을 제공하는가? (그렇지 않다면 경보가 무슨 소용이 있겠는가?) 예상되는 거짓 양성 비율은 얼마나 되는가? 거짓 양성 비율이 어느 정도나 되어야 만족할지의 여부는 거짓 양성을 처리할 때 드는 비용과 진짜 문제를 놓치게 될 가능성에 달려 있다.

어떤 문제를 놓쳤을 때 끔찍한 결과가 발생한다면 거짓 양성 비율이 매우 높더라도 참을 수 있다. '샌디 훅 프로미스(Sandy Hook Promise)'도 이런 생각에 바탕을 둔 기관이다. 2012년, 한 젊은이가 샌디 훅 초등학교 아이들 20명과 직원 6명을 총으로 쏴 죽이는 사건이 벌어졌다. 이 사건으로 사랑하는 이들을 잃은 설립자들은 미국인들이 학교 총격 사건에 무감각하고 체념하는 태도를 보이는 데 진력이 났다. 그들은 행동을 원했다.

이 단체의 공동 설립자 중 한 명인 니콜 호클리(Nicole Hockley)는 학교들이 총격의 위협에 방어적으로 웅크려 대응하는 것은 잘못됐다고 생각했다. "다들 학교와 그 주변에만 관심을 쏟았다. 그런데 학교에 공격적인 총격범이 나타난다면? 아이들에게 숨는 법을 어떻게 가르쳐야 할까? 도망가라고 가르쳐야 하나? 어떤 경우에는 반격하라고 가르치기도 하는데, 난 터무니없는 얘기라고 생각한다. 왜 우리는 돌이킬 수 없는 지점에 초점을 맞추는 걸까? 과거를 돌아보며 어떻게 하면 그 지경에 이르기 전에 도울 수 있을지를 고민하는 편이 훨씬 효과적일 텐데 말이다."

호클리는 학교가 아니라 총격범이 발생하지 않도록 하는 것에 관심을 쏟았다. 이는 분명 업스트림 활동(재난이 발생하기 전에 개입하므로)에 속하며, 총기를 둘러싸고 벌어지는 정쟁을 생각하면 정치적으로도 현명한 결정일지 모른다. 호클리는 가디언과의 인터뷰에서 이렇게 말했다. "지금까지 수십 년간 총기 금지 정책을 시행하려고 시도했다. 이제 다른 걸 해봐야 한다. 왜 자꾸 벽에 몸을 부딪치는 똑같은 행동을 하면서 결과는 다르기를 기대하는가?"

하지만 학교 내 총기 사건과 관련해 쓰면서 총기 규제에 관해 다루지 않는다면 나의 과실일 것이다. 데이비드 프럼(David Frum)은 《애틀랜틱(Atlantic)》에 이렇게 썼다. "대량학살을 위한 무기를 모으는 게 합법일 뿐만 아니라 쉽고 편리하기까지 한 선진국이 세상에 딱 한 곳 있다. 그 나라는 또 분개한 개인이 자행하는 대량학살 때문에 꾸준히 고통받는 유일한 나라이기도 하다." 프럼은 조지 W. 부시(George W. Bush) 전 대통령의 연설문 작성자였다. 진보주의자가 아니다. 프럼은 미국 전체의 문제 불감증에 대해 얘기한 것뿐이다.

호클리와 공동 설립자들은 이 나라가 불감증에서 벗어나게 하는 건 불가능하다고 판단하고 생명을 구할 다른 방법을 찾았다. 그들은 다른 학교에서 벌어진 총기 난사 사건을 조사한 뒤 거의 모든 경우에 사람들이 놓친 조기경보가 있단 걸 알게 됐다. 총기 난사 사건의 대부분은 최소 6개월 전부터 계획됐다. 일반적으로 총격범 10명 중 8명은 1명 이상의 사람에게 자신의 계획을 알렸다. 실제로 소셜 미디어에 위협적인 글을 올리는 이들도 많았다. 적절한 누군가가 그들에게 주의를 기울이거나 그 위협을 심각하게 받아들였다면 그들의 행동을 막을 수 있었다.

〈에반〉 그리고 '세이프 투 세이 섬씽' 프로그램

———————— 샌디 훅 프로미스는 학생들에게 경고 신호(총기에 대한 강한 흥미, 사소한 이유로 나타나는 공격적인 행동, 사회적 고립으로 인해 생기는 극단적인 감정, 총기에 쉽게 접근할 수 있다고 자랑하는 행위 등)를 알려주기 위한 교육 프로그램을 시작했다. 여기에는 물론 폭력을 휘두르겠다는 명백한 위협도 포함되어 있다. 이 또한 과거의 총격 사건에서는 자주 간과했던 요소다. 학생들은 다른 학생이 이런 식으로 행동하는 모습을 보면 신뢰할 수 있는 어른에게 말해야 한다고 배우기 시작했다.

경고 신호에 유의하라는 메시지를 널리 퍼뜨리기 위해 샌디 훅 프로미스는 2016년에 〈에반(Evan)〉이라는 동영상을 공개했다. 이 영상에서 에반이라는 귀여운 고등학생은 정체를 모르겠는 어느 소녀와 서로 시시덕거리는 쪽지를 주고받기 시작한다. 그들은 학교 도서관 책상 위에 서로 메시지를 남긴다. 에반이 자기에게 메시지를 보낸 사람이 누구인지 알아내려고 애쓰는 동안 경쾌한 음악이 흐른다. 동영상의 마지막 부분에서는 둘이 체육관에서 만나는 멋진 순간이 찾아오고, 소녀는 자기 정체를 밝힌다. 그런데 우리가 감미로운 장면을 즐기고 있는 바로 그 순간, 갑자기 체육관 문이 세차게 열리며 한 소년이 총을 들고 들어온 뒤 장전한다. 아이들이 비명을 지르고 영상은 검게 변한다.

이 장면은 충격적이지만 그다음에 나오는 장면만큼 충격적이지는 않다. 영상은 처음부터 다시 재생되고 사실 총격범이 거의 모든 장면에 있었다는 게 드러난다. 다른 학생에게 가운뎃손가락을 들어 보이고, 사물함 앞에서 괴롭힘을 당하고, 점심시간에 혼자 앉아 있고, 인터넷에서 총기 영상을 검색하고, 소셜 미디어에 총을 들고 있는 자기 사진을 올린다. 바로 눈앞에 경고 신호가 있었는데도 우리는 그걸 보지 못한 것이다. 우리의 관심은 다른 데 쏠려 있었다. 이 동영상은 엄청난 관심을 불러일으켰고, 천만 회가 넘는 조회수를 기록했다(지난 10년 동안 이보다 더 효과적인 공익광고가 있었는지 모르겠다).

샌디 훅의 '신호를 알아차리자(Know the Signs)' 프로그램은 총기 난사 가능성을 줄일 방법을 찾던 일선의 학교 지도자들 사이에서 좋은 평가를 받고 수백 개 학교로 전파됐다('인간 센서'를 배치한 또 하나의 사례라는 점에 주목하자). 샌디 훅 프로미스 팀은 활동 초반에, 관심의 초점을 괴롭힘과 자해(특히 자살 충동을 느끼거나 칼로 스스로를 상처 입하는 경우)에 취약한 학생들에게로까지 넓혀야 한다는 걸 깨달았다. 이런 행동을 드러내는 신호 가운데 일부는 학교 총기 난사범들이 보이는 신호(사회적 위축, 폭력에 관한 관심 등)와 유사하다. 그리고 이런 사건은 학교 총기 난사 사건보다 훨씬 더 흔하다. '신호를 알아차리자' 교육을 받은 뒤로는 학생들이 자살에 대해 심각하게 얘기하는 반 친구가 있다는 사실을 선생님에게 알리는 게 일상적인 일이 됐다.

그러나 자신의 걱정거리를 어른에게 털어놓는 걸 모든 학생이 편하게 여기는 건 아니었다. 믿을 만한 사람이 없다고 느끼기도 했고 고자질쟁이로 비쳐질까 봐 두려워하기도 했다. 특히 그 내용이 총기난사와 관련된 것이라면 지목당한 이에게 보복당하지는 않을까 무서워하기도 했다. 그래서 샌디 훅 프로미스는 2018년부터 학생들이 전화나 앱을 통해 익명으로 고민을 전할 수 있는 익명 신고 시스템을 운영하기 시작했다. 샌디 훅 프로미스의 현장 운영 담당 상무(Vice President)인 폴라 핀보(Paula Fynboh)는 이렇게 말했다. "대부분의 위협은 9월에서 6월 사이, 평일 오전 8시부터 오후 3시 사이가 아닌 다른 때에 일어난다. 이 시스템은 아이들이 밀고자로 낙인 찍힐 위험 없이 위협적인 존재를 신고하는 손쉬운 방법을 제공한다."

2019년, 펜실베이니아주에 있는 공립학교들은 신고 시스템을 도입하고 17만 8천 명 이상의 학생들을 교육시켰다. 효과는 즉각적이었다. 첫 주에만 615건의 제보 전화가 왔다. 그 결과 자살과 관련된 46건, 아버지(혹은 의붓아버지)의 성폭행 사건 2건, 자해와 관련된 수십 건의 제보에 개입할 수 있었고, 3건에 대해서는 마약 단속 또한 이루어졌다.

또 다른 제보에는 경찰까지 나섰다. 2019년 1월 24일 새벽 2시 30분, 경찰은 제보 전화를 통해 사건을 의뢰받았다. 익명의 신고자는 14세 학생이 스냅챗(Snapchat)에서 헤이즐턴 중학교에 총격을 가할 거라는 위협을 했다고 신고했다. 조사 결과 제보가 신빙성이 있다는 사실이 밝혀지자, 경찰은 새벽 4시 30분에 이 학생의 집에 찾아가 어머니와 삼촌을 만났다(학생의 성별은 공개되지 않았다).

경찰들은 그 집에 권총이 있다는 걸 알게 됐다. 어른들은 아이가 절대 접근할 수 없는 안전한 장소에 잘 보관되어 있다고 장담했지만 총은 전혀 안전한 곳에 보관되어 있지 않았다. 총은 총알이 전부 장전된 채로 침실용 탁자 위에 놓여 있었다.

이게 바로 조기 발견의 힘이다. 펜실베이니아에서 '세이프투세이 섬싱(Safe2Say Something)'이라고 새롭게 이름 붙여진 이 프로그램은 실제 피해가 발생하기 전에 사건을 저지를 수 있는 수단과 의도를 가진 잠재적 총격범을 찾아냈다. 샌디 훅 프로미스 덕에 많은 학교들이 잠재적인 총기 난사 위협에서 벗어날 수 있었다.

이런 사건이 발생한 뒤에는 관련자 대다수가 그건 '거짓 양성'이라고 강력하게 주장할 것이다. 아이는 정말 그러려던 건 아니었다고 할 것이고, 부모들은 골치 아픈 애지만 폭력적이지는 않다며 그 말에 동의할 것이다. 학교 관리자들은 언론의 포화를 피하는 쪽을 선호할 것이다.

공정하게 말하자면, 그들 모두 진실을 말하고 있는 걸지도 모른다. 이 프로그램 자체가 과잉 반응을 하거나 악의적인 장난에 이용당하기 쉽게 설계되어 있다. 진짜 위협을 피하기 위해서는 수많은 거짓 양성을 밝혀내야 한다. 엎친 데 덮친 격으로, 행여 문제를 방지하는 데 성공했다 하더라도 자기가 성공했다는 사실을 알 수 없다. 이 또한 희귀한 문제를 막는 일의 저주다. 헤이즐턴의 그 아이가 학살을 저질렀을 거라고 어떻게 단정적으로 증명할 수 있겠는가?

하지만 학교 총기 사건의 경우, 학부모들은 수많은 거짓 양성 때문에 실수를 저지르는 편이 경고 신호를 놓치는 것보다 낫다는 데에 확실히 동의할 것이다. 신호를 놓쳤을 때의 대가가 너무 크기 때문이다.

***

호클리는 TEDx 강연에서 "샌디 훅 초등학교의 비극을 돌이켜보면, 그 사건이 그런 식으로 벌어지기까지는 완벽하게 연결된 일련의 사건이 있었다. 나는 그걸 안다."고 말했다. 아들 벤을 잃은 그녀의 친구 데이비드 휠러(David Wheeler)는 그렇게 연결된 사건들을 도미노에 비유했다. 참사가 벌어지려면 도미노가 전부 쓰러져야만 한다. 호클리는 다른 대담에서 이렇게 말했다. "다음 도미노가 쓰러지는 걸 막기 위해 뭔가를 할 수 있었을 그 순간에 우리는 도미노를 보지 못했다. 그 사이에 있는 공간만 봤다."

호클리는 샌디 훅에서 아이를 잃었다. 총기 난사 사건이 벌어진 걸 알게 된 호클리는 서둘러 사람들이 모여 있는 학교 근처 소방서로 갔다. 그녀는 그곳에서 큰아들 제이크를 발견했을 때 물밀듯이 밀려오던 안도감과 "아이의 팔이 내 목에 감기던 느낌, 그리고 6살인 막내 딜런을 찾기 위해 다시 움직여야 했을 때의 꺼림칙한 기분"을 지금도 기억한다.

몇 시간 뒤, 경찰은 딜런이 교실에서 살해당했다는 소식을 전했다. 총을 여러 발 맞은 채였다. 아이는 자신을 보호하려다가 숨진 특수교육 보조원의 품에서 발견됐다. 딜런은 1학년이었다.

호클리는 다른 부모가 이런 순간을 겪는 걸 필사적으로 막고자 한다. 다른 학교에 존재하는 도미노 사슬 사이의 공간으로 돌진해 도미노가 연쇄적으로 쓰러지는 걸 막는 것. 바로 그것이 딜런의 목표다.

chapter 8

데이터를 의심하라

: 허깨비 승리 방지

허깨비 승리를 조심하라

'무엇을 성공으로 간주하는가?'라는 질문 때문에 수많은 업스트림 활동이 방해받는다. 다운스트림 활동의 성공은 놀라울 정도로 구체적일 수 있다. 이는 다운스트림 활동에는 복구 과정이 수반되기 때문이다. 다운스트림 활동은 이전 상태를 회복시킨다(발목이 아픈데 나을 수 있을까요? 노트북이 고장 났는데 고칠 수 있어요? 결혼 생활에 어려움을 겪고 있는데 예전으로 돌아가도록 도와주실 수 있나요?). 이런 상황에서는 무엇이 성공으로 여겨지는지 고민할 필요가 별로 없다. 노트북이 다시 작동하기 시작한다면, 그게 곧 성공이다.

그러나 업스트림 활동에서는 성공이 자명하지만은 않다. 성공을 직접적으로 느낄 수 없는 경우가 많으므로, 성공과 관련이 있을 거라고 추정되는 빠르고 간단한 측정법에 의존할 수밖에 없다. 우리가 성공을 측정하는 방식과 세상에서 보고자 하는 실제 결과(성공)가 분리되어 있는 것이다. 그렇기에 우리는 실패를 감추고 표면만 성공으로 두르는 '허깨비 승리(ghost victory)'의 위험에 빠질 수 있다.

이 장에서는 세 종류의 허깨비 승리를 자세히 살펴볼 것이다. 이것들을 살펴보기 위해, 다시 승자가 되겠다고 결심하고 오랜 시간 고생하고 있는 야구팀을 상상해보자. 그 여정을 완료하기까지는 몇 년씩 걸릴 수도 있기에 감독은 그보다 좀 가까운 성공의 척도로 강한 타격, 특히 홈런을 많이 치는 걸 강조하기로 했다. 첫 번째 유형의 허깨비 승리는 리그에 속한 모든 팀의 홈런 개수가 늘어났는데, 그 성공을 자신의 노력 덕이라고 잘못 생각하는 경우다. 평가 결과 그들은 성공한 것처럼 보이고 구단은 홈런을 더 많이 친 걸 자축하겠지만 사실 이는 리그 내 투수들의 능력이 감소했기 때문이다. 두 번째는 단기적인 조치는 성공했지만 그 성공이 장기적인 목표와 일치하지 않는 경우다. 구단의 홈런 개수는 두 배로 늘었지만 이긴 경기 수는 거의 늘지 않은 상황이 이에 해당한다. 세 번째는 단기적인 목표가 기존의 업무를 방해하는 경우다. 홈런을 쳐야 한다는 압박감 때문에 몇몇 선수들이 스테로이드를 복용하기 시작했다가 걸리는 것처럼 말이다.

첫 번째 허깨비 승리
: 외부적 요인이 목표를 달성케 할 때

———————— 첫 번째 유형의 허깨비 승리는 '밀물은 모든 배를 뜨게 한다(A rising tide lifts all boats)'는 옛 속담을 반영한다. 한창 사업이 잘되고 있다면 그것이 밀물 때문인 것은 무시한 채 성공했다고 선언하고픈 유혹을 느낄 것이다. 1990년대에 미국 전역에서 범죄가 급격히 감소할 때도 그런 일이 벌어졌다. 어느 도시에서나 경찰서장이 기적을 행한 것처럼 보였다. 모든 곳에서 범죄율이 감소했기 때문이다. 그들이 추구한 다양한 치안 철학이 전부 옳은 것처럼 보였다. 6장에 등장했던 시카고 범죄 연구소의 젠스 루드윅은 "90년대에 경찰서장으로 재직했던 이들은 지금 모두 수익성 좋은 컨설팅 회사를 운영하고 있다."고 말했다. "하지만 코카인이 유행하던 80년대 후반에 일했던 경찰서장 중에는 잘나가는 컨설팅 회사를 운영하는 사람이 거의 없다."

물론 그런 허깨비 승리를 거둔 이들이 남을 기만했다는 얘기는 아니다. 그들 눈에는, 그리고 그들이 돕던 사람들의 눈에는 그 성공이 진짜처럼 보였다. 실제로 미국의 거의 모든 도시에서 범죄가 감소하고 있었기 때문이다. 하지만 개별적인 인과관계는 잘못됐을 가능성이 크다.

두 번째 허깨비 승리
: 단기적 조치는 성공했지만 본래 목표는 이루지 못했을 때

———————— 모든 형태의 허깨비 승리는 거의 모든 사람을 속일 수 있다. 심지어(혹은 특히) 그 성공을 거둔 사람까지도. 아주 자세히 조사해봐야만 갈라진 틈(겉으로 드러나는 성공과 진짜 성공이 유리된 징후)을 발견할 수 있다.

보스턴 공공사업부의 수석 엔지니어인 케이티 초(Katie Choe)가 맡은 업무 중에는 인도(人道) 보수를 위해 시의 자금을 어떻게 쓸 것인지 결정하는 일도 있었다. 그녀는 2014년에 작성을 의뢰한 두 장의 지도에서 불안의 징후를 발견했다. 첫 번째 지도는 이 도시에 깔린 인도의 현황을 보여준다. 이 지도를 만드는 것은 대단히 힘든 일이었다. 이 어마어마한 일을 위해 팀원 전체가 보스턴의 추운 겨울날에 총 2,600킬로미터에 가까운 인도를 전부 걸어 다니며 각 부분의 상태를 평가했다. 상태가 좋지 않은 부분은 빨간색으로 표시했고, 그 도시의 인도 중 30퍼센트는 상태가 좋지 않다는 평가가 나왔다.

두 번째 지도는 311번으로 걸려 오는 민원전화, 특히 인도 수리를 요청하는 전화가 어디서 걸려 왔는지 보여주는 지도였다. 그들은 311 전화를 이용해 인도 정비요원들을 지휘해왔다. 시민이 전화를 걸어 인도에 균열이 있다고 신고하면, 시는 그 불만을 대기 명단에 추가하고 자원이 허락하는 대로 정비 요원들을 보냈다.

두 개의 지도를 나란히 놓고 살펴보던 초는 뭔가가 크게 잘못됐다는 확신이 들었다. 보스턴에서 소득이 가장 낮은 지역의 인도는 상태가 형편없다. 그런데 수리비가 쓰일 곳을 정하는 311 전화는 불균형하게도 전부 부유한 지역에서 걸려 왔다. 때문에 저소득 지역의 인도는 거의 수리되지 않았다.

다시 말해 보스턴은 삐걱거리는 소리를 내는 바퀴에 기름을 칠하는 전략을 쓰고 있었는데, 가장 시끄럽게 삐걱거리는 바퀴가 바로 부자들이었던 것이다.

초의 팀은 자기들도 모르는 사이에 보스턴의 저소득층을 차별해왔다. 하지만 그런 불평등은 지금까지 자신들이 업무를 평가해온 방식 아래에 말끔히 감춰져 있었다. 그들은 여태껏 세 가지 방법으로 자신들의 일을 평가했다. 첫째, 그들은 지출을 살폈다. 시 정부는 행정상의 편의를 위해 보스턴을 3개 구역으로 나눴고, 구역마다 약 150만 달러의 인도 수리 예산을 할당했다. 둘째, 그들은 수리한 보도의 면적을 살폈다. 이를 통해 보수팀의 생산성을 가늠할 수 있었다. 그리고 세 번째이자 마지막 방법이 311 민원 전화 처리 건수였다.

이 간단한 세 가지 평가 방법은 아주 합리적인 것처럼 보인다. 이것들은 각각 '공평성', '생산성', '주민을 위한 서비스'라는 가치를 반영한다는 점을 생각해보면 어떻게 몇 년 동안 그들이 아무 문제도 느끼지 못한 채 일했는지를 쉽게 알 수 있다. 그들은 정해진 방법을 따르기만 하면서 절대로 의문은 제기하지 않았다. 초가 이 방법이 얼마나 그릇된 것인지를 깨달을 수 있었던 이유는 두 개의 지도와 그 지도가 유발한 자기 탐구 덕분이다.

우선 도시를 세 구역으로 나누고 각 지역에 균등하게 투자하는 건 공평성을 보장하지 못한다. 각 지역에 배분된 돈은 결국 311로 전화를 걸어 불평하는 사람들을 기준으로 사용됐기 때문이다. 세 구역 모두에서 부유한 이들이 사는 곳에 불균형하게 돈이 쓰였다. 보스턴의 인도 수리 작업 중 약 45퍼센트가 상태가 양호하다고 평가된 곳에서 진행됐다.

여러분은 저소득층은 왜 전화를 걸지 않았느냐고 물을지도 모른다. 그들도 311에 전화를 걸 동등한 권리를 갖고 있었다. 이에 대한 가장 간단한 대답은, 저소득층은 지금까지의 인생 경험을 통해 그 도시가 자신들에게 투자하는 데 관심이 없다고 여기게 됐다는 것이다. 그들이 사는 곳을 둘러보기만 해도 알 수 있다. 저소득 지역인 그로브 홀(Grove Hall)에 사는 프랭크 피나(Frank Pina)라는 주민은 《보스턴 글로브(Boston Globe)》의 기자에게 자기 집 앞 인도에 난 거미줄 같은 균열을 보여줬다. 그 균열은 생긴 지 벌써 몇 년이나 지난 것이었다. 왜 수리를 요청하지 않느냐고 묻자, 그는 이렇게 답했다. "어차피 아무것도 안 해줄 텐데요, 뭐."

부자들은 자신의 요구를 들어줄 것이라고 믿으면서 전화를 했고, 실제로 민원은 처리됐다. 가난한 이들은 자기 요구가 무시당할 것이라고 생각해 전화를 하지 않았고, 결국 그대로 방치됐다. 보스턴은 두 가지의 자기충족적 예언을 만들어낸 것이다.

문제는 작업의 우선순위를 정하는 방식 때문에 더 복잡해졌다. 여러분이 인도 정비요원인데, 본인이 처리할 수 있는 것보다 더 많은 수리 요청을 받는다고 상상해보자. 여러분은 얼마나 많은 요청을 처리했는지가 업무 평가에 반영될 거라는 사실을 알고 있다. 이런 상황이라면 어떤 일을 우선시하겠는가? 물론 쉬운 일, 응급조치로 해결 가능한 것들이다. 이런 보상 방식은 터무니없는 결과로 이어졌다. 2017년의 기록을 살펴보면 보스턴 인도 보수 작업의 15퍼센트는 상태가 좋지 못한 인도에서 진행됐는데, 수리가 끝난 뒤에도 상태가 여전히 나쁜 것으로 나타났다. 이를 통해 우리는 인부가 구멍 하나를 고치면서 조금 떨어진 곳에 있는 다른 구멍은 무시했으리라고 추측할 수 있다. 마치 세 군데에 총상을 입은 환자가 왔는데 그중 하나만 치료하고는 조치가 신속했다며 자축하는 외과 의사처럼 말이다.

초가 잘한 일은, 시장과 시에 있는 다른 리더들의 도움을 받아야 한다는 걸 재빨리 인정하고 이 문제에 단호한 조치를 취했다는 것이다. 초가 던진 첫 번째 질문은 이것이었다. '우리가 인도 보수 작업을 통해 결과적으로 이루려는 것은 무엇인가?' 사람들이 걸어 다니는 데 문제가 없어야 하고 그 조치가 공평해야 한다는 두 가지 목표가 무엇보다 중요해 보였다. 인도는 사람들이 이곳저곳 쉽게 걸어 다닐 수 있도록 하는 역할을 해야 한다. 또한 막다른 골목길에 있는 울퉁불퉁한 보도를 보수하는 건 통행량이 많은 지역의 비슷한 보도를 보수하는 것보다 훨씬 덜 중요하다. 결과적으로 보행 편의성이 가장 필요한 곳은 그들이 그동안 계속 소홀히 여겼던 곳이었다.

초가 개입하기 전에는 보도 정비 및 수리를 위한 보스턴의 예산 450만 달러 가운데 350~400만 달러가량이 민원전화를 처리하는 데 쓰였다. 지금은 그 수치가 약 100만 달러로 줄었다. 우선순위가 바뀐 것이다. 먼저 도와야 하는 사람은 가장 큰 소리로 요구하는 사람이 아니라 가장 간절히 필요로 하는 사람들이다. 이제 수리 예산 대부분은 큰 변화를 가져올 수 있는 지역에 전략적이고 적극적으로 투입된다. 초는 이렇게 말했다. "우리는 정말 필요한 사람들을 위해 일하고 있다. 자신들에 대한 투자가 부족하다고 느끼고, 어느 시점엔가 보스턴이 사실상 자신들을 버렸다고 느끼는 사람들을 위해서다."

이를 손쉬운 승리라고 생각하거나 이런 승리가 영구적으로 계속될 거라고 가정하는 건 실수일 것이다. 비교적 적은 돈임에도 불구하고(시 입장에서 400~500만 달러는 푼돈이다) 초에게는 시장의 엄호가 필요했다. 이는 정치적 민감성과 관련된 문제였다. 소란 일으키기를 좋아하는 이들은 인도의 균열이 고쳐지기까지 시간이 오래 걸린다는 생각이 들면 정치인에게 전화를 걸 것이다. 그런 일이 일어날까 봐 걱정하는 자들이 있었던 것이다.

초는 또 과거에 사용했던 성공 측정기준 대신 무엇을 기준으로 삼아야 할지도 고심했다. 이 팀의 포부는 명확했다. 보도 수리 예산을 지렛대 삼아 보스턴에서 가장 취약한 지역의 이동성을 실질적으로 향상시키는 것이었다. 하지만 그 성과를 어떻게 측정해야 할까? 이상적인 방법은 공사 전후에 얼마나 많은 사람이 학교, 공원, 회사까지 걸어가는지 계산해보고, 그 수가 늘어나면 축하하면 된다. 하지만 보행자 수가 얼마나 늘어야 만족할 수 있을까? 그리고 그 보행자 수는 어떻게 측정할 것인가? 감시 카메라를 확인해서 데이터를 수집해야 할까? 개인정보 보호 문제가 있으니 이 방법은 포기해야 할까? 사람을 고용해서 교차로에 서 있게 한 뒤, 보행자가 지나갈 때마다 계수기를 누르는 방법은 어떨까? (우스꽝스러운 얘기처럼 들리겠지만 보스턴에서는 실제로 이 방법을 썼다. 하지만 비용이 많이 들었다.)

보스턴의 예전 측정기준이 그토록 매력적인 이유 중 하나는 손쉽게 접근하고 이해할 수 있었기 때문이다. 심리학자 대니얼 카너먼(Daniel Kahneman)은 그의 저서 『생각에 관한 생각(Thinking, Fast and Slow)』에서, 우리 뇌는 복잡한 문제에 직면할 때 종종 눈에 보이지 않는 대체를 진행해 어려운 질문을 쉬운 질문으로 바꾼다고 썼다. "오래전에 포드 자동차 주식에 수천만 달러를 투자했다는 한 대형 금융회사의 최고 투자 책임자를 찾아간 적이 있다. 그에게 어떻게 그런 결정을 내렸느냐고 물었더니, 최근에 자동차 전시회에 갔다가 깊은 감명을 받았다고 말했다. '그 사람들, 차를 만들 줄 알더라고요!' 경영자가 직면한 질문(포드 주식에 투자해야 하는가?)은 어렵지만, 그보다 쉽고 관련성 있는 질문(나는 포드 자동차를 좋아하는가?)에 대한 답은 쉽게 떠올랐기에 어떤 선택을 할지가 결정된 것이다. 이것이 '직관에서 나온 어림짐작(intuitive heuristics)'의 본질이다. 어려운 문제에 직면하면 그보다 쉬운 부분에 답을 하곤 하는데, 이때 자기가 어려운 문제를 쉬운 것으로 대체했다는 사실은 알아차리지 못한다."

보스턴의 담당자들이 쉽게 대답할 수 있는 질문은 '면적당 얼마를 지출하고 있는가?', '우리는 시민들의 불만을 해소하고 있는가?', '보도를 몇 평방미터나 수리하고 있는가?' 같은 것들이었다. 적합한 질문은 아니었지만 대답하기에는 쉬웠던 것이다.

까다로운 문제를 쉬운 문제로 대체하는 경향은 다운스트림 활동과 업스트림 활동 모두에서 나타난다. 그러나 업스트림 활동은 조금 더 긴 시간에 걸쳐 이루어지고, 그렇기에 또 다른 대체가 강요된다. 경제학자 수잔 애시(Susan Athey)와 마이클 루카(Michael Luca)의 한 연구 논문을 보자. 그 논문에는 이메일 마케팅 캠페인 성과를 측정할 방법을 고민하는 어느 기술

회사가 나온다. 원래 이 회사는 홍보 메일을 통해 발생하는 판매량 그 자체를 측정했다. 그런데 이 측정은 쉽지 않았다. 고객이 메일을 보고 주문을 하기까지 몇 주가 걸릴 수도 있었기 때문이다. 또한 주문 내역과 고객이 받은 메일을 매칭하는 과정도 복잡했다. 그래서 이 회사는 측정 방법을 바꿨다. 오픈율, 즉 회사에서 보낸 이메일을 열어본 사람의 비율을 측정한 것이다. 오픈율은 신속하게 확인이 가능하고(몇 시간 안에 통계를 낼 수 있다) 이메일 내용을 수정한 결과 또한 신속하게 측정 가능하다는 점에서 유용했다. 곧 마케팅 담당자들의 창의적인 내용 수정 덕에 오픈율이 증가했다.

그런데 몇 달 뒤, 회사는 문제가 생겼다는 걸 알았다. 이메일 건당 발생 판매량이 급격히 감소한 것이다. 이유가 뭘까? 애시와 루카는 "오픈율을 기준으로 했을 때 성공한 것처럼 보였던 이메일은 기억하기 쉬우면서도 오해의 소지가 있는 제목을 달고 있었다."고 설명했다(정치인이 보내는 이메일을 생각해보라. '맥주 한 잔 할래요, 댄?'). 그러나 매출 증대라는 본연의 임무에는 맞지 않았다.

잘못된 단기 대책은 업스트림 활동을 망칠 수도 있다. 그러나 그렇다고 해서 단기 대책이 없으면 안 된다. 단기 대책은 중요한 항해 보조 장치다. 일례로 시카고 공립학교의 경우, 그들은 궁극적으로 중퇴율을 낮추는 데 신경 썼다. 그게 그들의 목표였다. 그러나 자신들의 이론이 성과를 내는지 확인하기 위해 4년을 기다릴 여유는 없었다. 그들은 자신들의 활동을 이끌어가면서 계속 조정할 기회를 주는, 좀 더 현재와 가까운 지표가 필요했다. 신입생 온트랙 활동이 첫 번째 지표였지만 그것도 기간이 너무 길었다(학생들이 궤도를 이탈했는지 확인하기 위해 1학년이 끝날 때까지 기다릴 여유가 없었다. 1학년이 끝난 뒤에는 이미 피해가 발생한 뒤이기 때문이다). 그래서 그들은 출석률과 성적을 주시하기 시작했다. 이는 매주 검토가 가능하고 그들이 영향을 미칠 수도 있는 측정기준이다. 그들의 생각은 출석률과 성적을 올린다면 학생이 신입생 온트랙 활동도 잘 수행할 테고, 그러면 졸업할 가능성도 커지리라는 것이었다. 단기 대책도 잘 선택했다. 그리고 그 계획은 우리가 본 것처럼 훌륭하게 진행됐다.

단기 대책을 바로잡는 건 답답할 정도로 복잡한 일이다. 하지만 매우 중요하다. 사실 단기적인 조치 때문에 고생하는 것보다 더 나쁜 건 그런 조치가 아예 없는 것이다.

세 번째 허깨비 승리
: 단기적인 목표가 오히려 최종 목표를 방해할 때

———————— 우리는 지금까지 두 가지 종류의 허깨비 승리를 살펴봤다. 하나는 거시적인 변화를 자신의 노력인 것처럼 착각하는 경우였다. 미국 전역의 범죄율이 감소한 90년대에 일한 영웅적인 지역 경찰서장들처럼 말이다. 두 번째는 수단이 목표와 어긋나는 경우였다. 케이티 초가 보스턴의 인도 수리와 관련해서 깨달은 게 바로 그것이다. 그 도시는 잘못된 단기 대책을 골랐다.

그리고 세 번째 허깨비 승리가 있다. 이는 본질적으로 두 번째의 특수 사례다. 이 허깨비 승리는 수단이 곧 목표가 될 때 생기는데, 가장 파괴적인 형태다. 왜냐하면 수단이 목표를 약화시키는 경우기 때문이다.

나도 이런 허깨비 승리를 거둔 적이 있다. 어릴 때 아버지가 성경 한 권을 읽을 때마다 1달러를 주겠다고 한 적이 있다. 성경은 66권으로 구성되어 있으니 생각지도 못하게 66달러를 벌 기회가 생긴 셈이었다. 그 돈을 받으면 곧바로 게임 카트리지를 살 생각이었다. 아버지는 창세기부터 시작해 처음부터 끝까지 성경을 읽게 할 작정이었다. 하지만 나는 성경에서 가장 짧은 세 권인 요한2서, 요한3서, 빌레몬서부터 시작했다. 그런 뒤 3달러를 먼저 달라고 요청했을 때 아버지 얼굴에 떠오른 실망과 불신의 표정이 기억난다. 나는 규칙을 위반하고 임무를 엉터리로 처리한 것이다.

귄 베번(Gwyn Bevan)과 크리스토퍼 후드(Christopher Hood)의 논문에 따르면, 2000년대 초에 영국 보건부는 병원 응급실 대기 시간이 너무 긴 것을 우려하고 대기 시간이 4시간 이상인 병원에 불이익을 주는 정책을 만들었다. 그 결과 대기 시간은 줄어들기 시작했다. 하지만 조사 결과 그런 성공 가운데 일부는 착각에 불과한 것으로 드러났다. 일부 병원들은 4시간 안에 진료할 수 있다고 생각될 때까지 환자를 계속 구급차에 방치했다. 그러다 여유가 생기면 비로소 환자를 병원 안으로 들여보냈다.

다들 이런 식의 이야기를 들어본 적이 있을 것이다. 사람들이 이런 식으로 측정기준을 '유희화'하는 건 익숙한 현상이다. 하지만 장난스러운 태도로 얘기하는 이런 유희화의 이면에는 흥미로운 사실이 숨겨져 있다(위에서 성경에 관한 일화를 유희적으로 표현한 것도 당혹감을 감추기 위해서다). 많은 업스트림 개입에 있어서 유희화는 인간 행동의 변덕스럽고 장난스러운 측면에 불과한 사소한 문제가 아니다. 허용할 경우 목표를 파멸로 이끌 수도 있는 파괴적인 힘이다. 이런 행동은 결국 특정기준을 유희화하는 게 아니라 목표 달성을 방해한 것이다.

뉴욕시의 범죄율이 급격하게 감소했다는 사실을 생각해보자. 뉴욕시의 살인사건 발생 건수는 1990년에 2,262건으로 최고치에 달했다가, 그 후 거의 매년 감소했다. 2018년에는 295건으로 87퍼센트나 줄었다. 중범죄도 전체적으로 80퍼센트 이상 감소했다. 대부분의 관찰자들은 1994년에 뉴욕 경찰국의 새로운 지도부가 콤프스탯(CompStat)이라는 새로운 시스템을 구축하면서 시작된 변화가 장기적인 범죄율 감소로 이어졌다고 생각한다(콤프스탯 전략을 논의할 때도 '밀물'이 밀려오는 시점이었던 것을 잊어서는 안 된다. 뉴욕시와 매우 다른 접근법을 채택한 다른 도시에서도 범죄가 감소했다).

간단하게 설명하자면 콤프스탯은 세 가지 핵심적인 구성 요소로 이루어져 있다. 첫째, 경찰은 강박적으로 범죄를 추적하기 시작했다. 데이터를 수집하고 지도를 이용해 범죄가 일어나는 장소를 정확히 찾아냈다. 둘째, 경찰서장은 데이터 패턴에 근거하여 자원을 배분했다. 즉 특정 지역에서 강도 사건이 대거 발생하면 경찰관들을 그곳으로 이동시켜 배치했다. 셋째, 관할 경찰서의 지도부에게는 자기가 맡은 구역의 범죄를 줄일 책임이 주어졌다. 바로 이 마지막 지점이 의도치 않은 끔찍한 결과를 초래했다. 4장에서 조 맥캐넌이 '검토 목적의 데이터'에 대하여 얘기했던 것을 떠올려보자. 특정한 숫자를 달성하는 데에 사람들의 행복이 달린 경우, 그들은 자신에게 유리한 쪽으로 상황을 이용하는 데 큰 관심을 보인다.

2018년, 김렛 미디어(Gimlet Media)가 운영하는 팟캐스트 〈리플라이 올(Reply All)〉은 콤프스탯과 그 유산을 다룬 2부작 시리즈를 방송했다. 이는 측정기준과 실제 목표 사이에서 발생하는 갈등 때문에 고심하는 사람이라면 누구나 들어야 하는 놀라운 방송이다. 팟캐스트 진행자인 PJ 보트(PJ Vogt)는 책임을 강조하는 새로운 시스템인 콤프스탯에 각 구역 책임자들이 어떻게 반응했는지 설명했다.

> 범죄 발생 건수가 늘어나면 경찰서장이 곤경에 처하는 상황이 된 거죠. 그런데 그들 가운데 몇 명은 자기 동네에서 실제로 범행을 추적하고 있는 사람이 바로 자신이란 걸 깨닫기 시작합니다. 그리고 그 사람들은, 범죄를 줄일 수 없다면 범죄 신고를 없애기로 합니다.
> 실제로 그 사람들은 그걸 가능케하는 다양한 방법을 찾아냅니다. 피해자들의 범죄 신고를 거절할 수도 있고, 실제로 일어났던 것과 다른 내용을 기록할 수도 있었죠. 말 그대로 서류작업을 개판으로 하는 겁니다. 그러면 그 서장은 콤프스탯 회의에서 살아남아 승진하게 될 것이고, 그다음에 그 자리에 온 사람은 자기 전에 있던 사기꾼이 설정해둔 수치를 능가해야 했습니다. 그러기 위해서는 수치를 조금 더 속여야만 했고요.
> 경찰서장들은 청장을 위해 범죄율을 낮추고 있다는 기분을 느꼈겠죠. 청장은 시장을 위해 범죄율을 낮추고 있다고 생각했을 테고요. 그리고 시장은 어떻게든 범죄율을 낮춰야만 합니다. 그렇지 않으면 부동산 가격이 폭락하고 관광객들이 사라질 테니까요. 이건 마치 범죄율 그 자체가 보스가 된 꼴입니다.

비난을 피하려고 범죄의 심각성을 축소하는 경향을 '다운그레이딩

(downgrading)'이라고 한다. 〈리플라이 올〉에서는 오싹한 다운그레이딩 사례도 들려줬다. 사회자(PJ)와 14년간 뉴욕에서 경찰로 근무한 베테랑 리치 바에즈(Ritchie Baez)의 대화를 살펴보자(강간에 대한 묘사가 나오니 주의하기 바란다).

PJ : 리치와 그의 파트너는 밤새 길모퉁이에 서 있으라는 말을 들었습니다. 시내 상업 구역에 있는 교차로라서 주변에는 온통 소매점뿐이었죠. 자정이라 가게는 다 문을 닫은 시간이었고요. 그런 임무에 배치될 때는 대부분은 그냥 서 있기만 할 뿐, 해가 뜰 때까지 아무 일도 일어나지 않는다고 합니다. 그런데 그날 밤에는 한 남자가 그들에게 달려와 "이봐요, 끔찍한 일이 벌어지고 있어요. 얼른 도와줘요."라고 말했습니다.

리치 : 그가 우리한테 이렇게 말했어요. "어떤 남자가 여자를 공터로 끌고 가는 모습을 봤어요. 그녀를 강간하려는 거 같아요." 그래서 우리는 차에 올라타 달렸죠. 그때 여자가 "도와주세요, 도와줘요, 도와줘."라고 외치는 소리가 들렸어요. 남자가 여자 위에 올라타 있었고, 주먹으로 때리며 강간하고 있었습니다. 제가 불빛을 번쩍이며 그만두라고 말했고, 그러자 그가 멈췄어요. 제가 그 두 사람에게 제 쪽으로 오라고 말하자 둘은 걸어서 제 쪽으로 왔습니다. 여자의 눈은 검은색이었고 둘 다 하의가 내려간 상태였어요.

PJ : 피해자는 리치에게 무슨 일이 있었는지 말하기 시작했다고 하는데요. 리치는 그녀가 얼마나 정확하게 그 상황을 묘사했는지 지금 생각해봐도 놀랍다고 합니다.

리치 : 그 여자는 이렇게 말했어요. "저 사람이 절 강간했어요. 전 매춘부지만 저 사람한테 돈을 받지 않았어요. 저 사람이 절 때렸고, 제 동의 없이 질 안쪽에 자기 걸 넣었어요." 그 여자는 강간의 정의 그대로 말한 거죠. 아주 교과서적으로요.

PJ : 그래서 리치가 무전으로 범죄 신고를 하자, 그의 상사가 현장에 나타납니다.

리치 : 제 상사는 피해자를 심문하려고 했어요. 그가 심문한 방식은, 피해자에게 여러 번 질문을 던지면서 내용이 조금씩 달라지지는 않는지 확인하는 것이었습니다.

PJ : 리치는 상사가 무슨 일을 꾸미고 있는지 정확히 알고 있었다고 합니다. 상사는 이 피해자가 당한 사건을 콤프스탯에 입력하고 싶지 않은 거였죠. 그래서 계속 추궁하면서 이야기의 허점을 찾아내, 그 범죄를 강간보다 경미한 사건으로 취급할 구실을 만들려고 애쓰는 중이었던 겁니다. 그는 피해자가 당한 범죄를 다운그레이딩하려고 했습니다. 리치, 그가 어떻게 다운그레이딩하려 했나요?

리치 : 상사는 그 사건을 '서비스 절도' 사건으로 만들려고 했어요.

PJ : 서비스 절도?

리치 : 네.

이렇게 생각해보자. 뉴욕 경찰의 한 간부가 강간 통계를 책임지고 있다. 수치가 더 괜찮아 보이게 하는 방법에는 두 가지가 있다. 첫 번째 방법은 실제로 강간을 방지하는 것이다. 위험한 지역에 경찰을 배치해서 폭력 행위를 저지하면 된다(리치와 그의 파트너가 몇 분 일찍 현장에 도착했다면 그렇게 됐을 것이다). 두 번째 방법은 강간을 그보다 경미한 범죄로 재분류하는 것이다. 이 경우 리치의 상사는 매춘부가 연루된 이 사건을 '서비스 절도'로 재구성하려 했다. 첫 번째 방법은 승리를 거두는 것이다. 두 번째 방법은 혐오스럽다. 하지만 안타깝게도 데이터상에서는 이 두 방법이 모두 똑같아 보일 것이다.

게다가 이 모든 문제를 더 힘들게 만드는 상황은 실제로 뉴욕시의 범죄가 감소하는 추세였다는 것이다. 하지만 그 성공은 일종의 덫처럼 작용했다. 범죄의 감소폭을 유지하기가 점점 더 어려워짐에 따라 숫자에 손대는 일이 갈수록 유혹적으로 느껴진 것이다.

이런 현상을 순진하게 받아들여서는 안 된다. 사람들이 일정한 숫자를 달성한 것에 보상을 받고 실패 시 벌을 받게 된다면 그들은 부정 행위를 할 것이다. 통계를 왜곡하고, 대충 넘어가고, 사건을 다운그레이딩할 것이다. 무모하게 목표 달성을 추구하며 조금의 가책도 없이 법이 허용하는 수단을 다 동원할 테고(그것이 목표 정신을 심하게 위반하더라도), 불법적인 일도 더 호의적인 시선으로 바라볼 방법을 찾을 것이다.

모든 사람이 항상 이런 행동을 하지는 않는다. 하지만 대부분이 언젠가는 그렇게 할 것이다.

이중 측정법을 활용하라

——— 한 고등학교 교장이 자퇴율을 낮추려고 열심히 노력하고 있다고 상상해보자. 자퇴율을 낮추는 올바른 방법은 뭘까? 아이들을 계속 수업에 참여시키고, 성과를 주의 깊게 관찰하며, 끈질기게 지원해야 한다. 하지만 그건 어렵고, 교장은 게으르다. 그렇다면 교장이 자퇴율을 낮출 다른 방법은 없을까? 있다. 교사들에게 절대 F를 주지 말라고 하면 된다. 학생들이 뭘 배우든 신경 쓰지 않는 것이다. 학교에 출석하기 위해 최소한의 노력이라도 하는 학생은 모두 시험에 합격하고, 진급하고, 졸업한다. 허깨비 승리다. 교장이 좀 더 교묘한 방법으로 다운그레이딩을 시도할 수도 있다. 학생이 학교를 그만두려 할 때마다 상담사와 함께 학생의 상황을 심각하게 고민하는 척하며 '중퇴'가 아닌 '전학'으로 결론 내리면 된다. 중퇴는 교장의 실적에 불리하지만, 전학은 그렇지 않다. 어떤 일이 벌어졌는지 누가 알겠는가? 그 학생이 실은 다음 학기에 다른 학교로 전학

갈 생각이 없었다고 누가 말할 수 있겠는가?

이런 요소들 때문에 시카고 공립학교의 성공 사례가 허깨비 승리가 될 수 있을까? 대답은 '아니요'다. 우리가 그 사실을 알고 있는 건 시카고 공립학교가 용감하게 정밀조사를 받았기 때문이다. 일레인 앨런스워스가 이끄는 시카고 대학의 연구진들이 데이터를 샅샅이 뒤져본 결과, 실제로 다운그레이딩이 발생했다고 믿을 만한 증거가 있었다. 몇몇 중퇴자들이 전학을 간 것처럼 꾸며진 가짜 서류가 있었던 것이다. 그러나 연구자들은 그로 인해 얻은 이익의 정도가 하찮은 정도라는 것 또한 알아냈다.

연구진은 또 거시적인 변화와 관련된 첫 번째 유형의 허깨비 승리에 대해서도 언급했다. 전국적으로 졸업률이 높아지고 있기는 했지만(밀물이 모든 배를 뜨게 한다), 연구원들은 시카고의 졸업률 증가 폭이 다른 지역들 대부분의 증가율을 능가한 것은 이들의 노력 덕분이라는 걸 알아냈다.

다른 위험 요소, 즉 실제 실력은 좋지 않은데도 학생들이 합격 점수를 얻어 졸업한 것은 아닌지 살펴보기 위해 연구원들은 다른 지표 몇 가지도 살펴봤다. 우선 출석률이 현저하게 향상됐다. 이는 학생들의 실제 행동에 변화가 생겼음을 시사한다. AP 과정(Advanced Placement. 대학과정 선 이수제도 – 옮긴이)을 듣는 학생도 늘고 점수도 높아졌다. 그러나 가장 확실한 증거는 모든 학생이 의무적으로 치러야 하는 ACT(American College Testing Program. SAT와 함께 미국에서 치러지는 대표적인 대입 시험으로, 미국 일부 주에서는 학생들에게 의무적으로 이 시험을 보게 하고 그 성적을 고등학교 졸업을 위한 자격 요건으로 활용한다 – 옮긴이) 성적이었다. 연구원들은 만약 학교가 억지로 점수를 줘서 학생들을 졸업시키는 데만 연연했다면, 학생들의 시험 성취도가 떨어질 것이라고 예상했다. 하지만 그런 일은 일어나지 않았다. 2003년부터 2014년 사이에 학생들의 ACT 점수는 거의 2점 가까이 올랐는데, 2점이라는 점수는 2년 가까운 기간의 학습량과 맞먹는다.

시카고 공립학교의 성공은 허깨비 승리가 아니다. 그들의 조치는 목표와 일치했고, 그들이 선택해 성과를 올린 방법은 유익했다. 이들은 인텔의 전 CEO인 앤디 그로브(Andy Grove)가 '이중 측정법(paired measures)'이라고 부른 방법을 이용했다. 그로브는 수량을 중심으로 기준을 정하면 품질이 떨어지는 경우가 많다고 지적한다. 청소를 맡은 직원들에게 청소한 면적에 따라 급여를 지급하거나, 처리한 문서 양을 바탕으로 데이터 입력팀을 평가한다면 그들은 청소를 제대로 하지 않거나 데이터 입력 중 발생하는 오류를 무시하고픈 기분에 빠지게 된다. 그로브는 양적 측정기준과 질적 측정기준의 균형을 확실히 맞췄다. 청소 품질은 관리자가 불시에 확인하고, 데이터 입력 오류가 발생하면 그 개수를 세서 기록한다. 시카고 공립학교를 평가한 연구진이 양적 측정기준(졸업생 수)과 질적 측정기준(ACT 점수, AP 수업 등록률)을 균형 있게 활용했다는 점에 유의하자. 2017년, 뉴욕 경찰은 마침내 콤프스탯을 보완하는 대책을 마련해 시민들이 얼마나 안전하다고 느끼는지, 또 경찰을 얼마나 신뢰하는지 등을 측정하는 질문을 추가했다.

업스트림 활동 전에 필요한 네 가지 질문

——————— 단기 대책을 이용하는 업스트림 활동은(아마도 대부분이 여기에 포함될 것이다) 사전 작업에 시간을 들여 그 대책이 오용될 만한 부분은 없는지 세심히 고려해야 한다. 그 사례를 사전에 예상하는 건 생산적이고 심지어 재미있을 수도 있다. 또한 사후에 대응하는 것과는 뚜렷한 대조를 이룬다. 이때 꼭 해야 하는 네 가지 질문은 다음과 같다.

1. **밀물 테스트** — 단기적인 조치가 성공을 거둔다고 해보자. 업스트림 팀의 노력 외에 그 성공에 기여한 요소는 무엇인가? 그 요소들을 계속 추적하고 있는가?
2. **정렬 오류 테스트** — 단기적인 조치가 최종적인 임무 성공을 확실하게 보장하지 못한다는 걸 알게 됐다고 해보자. 그런 오정렬 상태를 최대한 빨리 알아내는 방법은 무엇이고, 대체 가능한 다른 단기적 조치는 무엇인가?
3. **게으른 관료 테스트** — 누군가가 '최소한'의 노력을 들여 조치에 성공한 것처럼 보이고자 한다면, 그들은 무엇을 할까?
4. **목표 훼손 테스트** — 지금부터 몇 년 후, 단기적인 조치는 성공을 거두었으나 장기적인 사명은 훼손됐다고 해보자. 어떻게 된 일일까?

다섯 번째 질문도 있는데, 이 질문은 너무 복잡해서 다음 장 전체에 걸쳐 살펴볼 예정이다.

5. 의도치 않은 결과 테스트 — 단기적인 조치뿐만 아니라 임무 자체도 성공했다고 해보자. 그런데 의도치 않게 우리가 한 일의 가치를 능가하는 부정적인 결과가 초래됐다면 어떻게 해야 할까? 우리의 작업과 무관한 부분 중 우리가 주목해야 할 부분은 무엇인가?

다들 알고 있겠지만, 선한 의도만으로는 업스트림 활동의 성공을 보장할 수 없다. 미래의 문제를 예방하려는 활동은 항상 실패할 위험을 갖고 있다. 하지만 그뿐만이 아니다. 좋은 일을 하려던 노력은 오히려 해를 끼치기도 한다. 다음 장에서는 우리가 하려는 일의 파급 효과를 예측하는 방법에 대해 알아보자.

chapter 9

코브라 효과를 경계하라

: 부작용 방지

매쿼리 섬에서 일어난 환경 보호론자들의 전쟁

매쿼리 섬(Macquarie Island)은 호주와 남극대륙 북동쪽 해안 사이, 그 중간쯤에 있다. 그 지역에서 동물이 번식할 수 있는 몇 안 되는 섬 중 하나로, 철새들의 소중한 휴식처와 번식지 역할을 한다. 가끔 들르는 관리원과 연구원을 제외하면 인간이 전혀 살지 않는 자연 보호 구역이기도 하다. 이렇게 외딴 곳에 멀리 떨어져 있고 인간이 없다는 점 때문에 이 섬에는 많은 희귀종, 특히 날아오르기 전에 속도를 내려고 물 위를 성큼성큼 달리는 파란 바다제비(blue petrel) 같은 바닷새들이 많이 살고 있다[이 새의 이름은 예수에 대한 믿음으로 물 위를 걸은 사도 성 베드로(peter)의 이름을 따서 지었다고 한다]. 그 외에도 엄청나게 많은 펭귄과 물개가 이 섬을 차지하고 있다.

매쿼리 섬은 한마디로 환경 보호론자의 천국이다. 아니, 19세기와 20세기에 이 섬을 찾은 사냥꾼과 상인의 손에 망가지지만 않았다면 그랬을 것이다. 그들은 펭귄과 바다표범을 잡아 연료로 쓸 천연 기름을 얻기 위해 이 섬을 찾았다. 그들은 섬의 토착종을 대량으로 죽였을 뿐 아니라 외래종을 데려오기도 했다. 토끼는 식량으로 쓰려고 가져왔고, 쥐와 생쥐는 우발적인 밀항자들이었다. 나중에는 이런 설치류를 죽이거나 친구로 삼으려고(종일토록 몽둥이로 바다표범을 때려잡는 건 외로운 작업이므로) 고양이도 데려왔다. 섬에는 새로 유입된 종들의 천적이 없었다. 유입종들은 이 섬의 토착 식물과 동물을 무한정 제공되는 뷔페처럼 취급했다.

1960년대에 환경 보호론자들은 이 섬에서 토끼를 제거할 준비를 했다. 토끼들이 쉼 없이 풀을 뜯고 굴을 팜으로써 토양을 침식시키고, 번식을 위해 땅을 파는 바닷새들의 짝짓기를 방해했기 때문이다. 몇몇 독극물을 이용해 토끼들의 번식을 통제할 수 있는지 알아보는 실험이 진행됐다. 이들은 가능성 있는 바이러스를 찾았지만 널리 퍼뜨리는 데 실패했기 때문에 바이러스를 퍼뜨릴 매개체가 필요하다는 결론을 내렸다. 1968년, 이들은 태즈메이니아에서 벼룩 수천 마리를 포획해 매쿼리 섬으로 가져와 토끼굴에 풀어놓았다. 토끼들이 굴을 들락날락할 때마다 벼룩이 토끼 몸에 올라탔다.

벼룩을 뿌리고 약 10년이 지나자 섬의 모든 토끼에게 벼룩이 우글거리게 됐다. 1978년, 그들은 치명적인 점액종(粘液腫) 바이러스로 토끼를 감염시켰다. 어떻게 했는지 궁금할 것이다. 그들은 밤에 손전등과 파괴력이 약한 공기총을 들고 돌아다니면서, 바이러스를 듬뿍 묻힌 탈지면 총알을 토끼에게 쐈다. 그러면 벼룩에게 바이러스가 묻고 이것이 토끼에게서 토끼에게로 퍼져나가는 것이다. 1988년까지 10만 마리가 넘는 토끼가 죽었고, 총 개체수는 2만 마리 이하로 줄었다.

그러자 고양이가 먹이로 삼을 토끼가 부족해졌다. 그들은 희귀한 바닷새를 잡아먹기 시작했다. 이번에는 고양이가 타깃이 됐다. 공원 경비대가 고양이를 쏴 죽이기 시작했고 2000년이 되자 섬에 고양이가 사라졌다. 그러자 다시 토끼 개체 수가 반등하기 시작했는데, 이는 토끼들이 바이러스에 대한 저항력을 키웠기 때문이기도 하고 고양이의 먹이가 되지 않았기 때문이기도 하다. 토끼를 죽이는 바이러스를 만든 연구소는 바이러스 생산을 중단한 뒤였다.

환경 보호론자들은 일의 규모를 키우기로 했다. 그들은 섬의 토끼와 쥐, 생쥐를 모두 죽이기 위한 계획에 착수했다. 비행기에서 독이 든 미끼를 떨어뜨리는 일부터 시작했는데, 이로 인해 유해 동물들과 함께 약 1천 마리의 토종 새들도 목숨을 잃었다. 환경 보호론자들은 계획을 재조정했다. 이번엔 더욱 야심적이고 다면적인 계획이 등장했다. 독이 든 미끼를 뿌리고, 총을 쏘고, 개와 함께 사냥하고, 당근까지 이용해 토끼 출혈병 바이러스를 살포하자는 것이었다.

이 맹공격은 효과가 있었다. 2014년이 되자 모든 토끼, 쥐, 생쥐가 제거됐고 고양이는 이미 사라진 지 오래였다. 토착종이 다시 늘어나기 시작했다. 이 노력은 시작한 지 거의 50년이 지나서야 겨우 성공을 거뒀다. 그러나 섬은 지금 외래침입종 잡초에 시달리고 있다. 알고 보니 그동안 수천 마리의 토끼가 갉아먹은 덕에 잡초가 크게 번지지 않았던 것이다. 현재 환경 보호론자들은 잡초를 연구하고 퇴치할 계획을 세우고 있다. 전쟁은 지금도 계속되고 있다.

시스템은 복잡하다,
우리 생각보다 더

―――――――――― 이는 내가 이 책을 쓰면서 조사한 모든 이야기들 가운데 가장 당황스러운 사례였다. 이 사례를 이해하려고 몇 시간 동안이나 애를 썼다. 이건 엄청난 실패담일까, 아니면 환경보호 활동의 놀라운 승리를 보여주는 이야기일까? 신처럼 행동한 결과에 대한 비유일까, 아니면 반복되는 실패 앞에서도 끈질기게 도전하고 적응하라고 독려하는 이야기일까? 새로운 문제가 등장할 때마다 끈질기게 대응하는 다운스트림 활동일까, 아니면 토착종의 멸종을 막기 위한 고전적이고 장기적인 업스트림 개입일까?

심지어 이 이야기에서는 어떤 윤리의식도 찾아볼 수 없다. 섬 전체의 동물들을 학살해도 괜찮은 걸까? 인류는 정말 어떤 종을 살려두고 어떤 종을 죽일지 선택할 작정인 걸까? 분연히 아니라고 외칠 생각이라면, 쥐 수천 마리를 구하려고 아름다운 푸른 바다제비를 멸종시켜도 된다는 말인가? 애초에 쥐는 동물성 기름을 얻으려던 몇몇 탐욕스러운 선원들 때문에 섬에 들어온 것이다. 그런데 만약 쥐보다 푸른 바다제비 쪽에 동정을 느낀다면, 우리는 우리의 도덕적 판단이 해당 종의 귀여움에 영향을 받는 건 아닌지 의문을 품어야 하지 않을까? 만약 선원들이 토끼와 쥐가 아니라 래브라두들(Labradoodle. 래브라도 리트리버와 푸들을 교배한 개 – 옮긴이)를 데려왔다고 상상해보라. 그러면 푸른 바다제비가 큰 곤경에 처할지도 모른다.*

시스템은 복잡하다. 토끼를 죽이면 고양이들이 바닷새 잔치를 벌인다. 고양이를 죽이면 토끼들이 너무 많아진다. 둘 다 죽이면 잡초가 급속히 퍼져 섬을 뒤덮는다. 업스트림 개입은 시스템에 복잡한 영향을 미친다. 그렇기에 우리가 하는 활동의 직접적인 범위를 넘어서는 반응과 결과를 예상해야 한다. 물에 형태를 부여하려다 보면 그로 인한 파급 효과가 생길 수밖에 없다. 세상을 더 좋은 곳으로 만들려고 노력하다가 자기도 모르는 새에 피해를 끼치지 않는다고 어떻게 보장할 수 있을까?

생물물리학자 겸 시스템 이론가 도넬라 메도스(Donella Meadows)는 한 에세이에서 "시스템에 대해 생각할 때는, 애초에 그 시스템에 집중하게 만든 문제뿐만 아니라 시스템 전체를 바라보기에 좋은 위치에서 시간을 보내야 한다."고 말했다(이 장을 쓰는 동안 몇 번이나 메도스의 연구에 의지했다). 또 메도스는 "단기적으로는 전체의 이익을 위한 변화가 시스템 일부의 이

---

* 한번은 어떻게든 이 문제를 이해하고 싶은 나머지, 세계 유수의 도덕 철학자이자 『동물해방(Animal Liberation)』의 저자인 피터 싱어(Peter Singer)에게 도움을 청하는 이메일을 보냈다. 그는 매쿼리 섬의 개입에 대해 어떻게 생각할까? 그는 "유입된 동물을 죽이느니 차라리 그곳의 고유종을 멸종시키자는 말을 하고 싶지는 않지만, 동물들이 극심한 고통을 겪는 경우(예: 점액종 바이러스 유입으로 인해 호주에서 토끼 수백만 마리가 죽는 경우)에는 그렇게 해야 할지도 모르겠다."고 답했다. 그리고 "동물을 죽이지 않고도 개체 수를 조절할 방법을 개발해야 하며, 그게 불가능하다면 빠르고 고통 없이 죽이는 방법을 찾아야 한다."고 덧붙였다. 나는 더 이상의 인지부조화를 막기 위해 싱어의 입장을 재빨리 내 것으로 받아들였다.

익에 반하는 것처럼 보일 수도 있다는 걸 알아야 한다."고도 썼다.

메도스의 주장을 뼈아프게 예시하는 사례가 있다. 2009년 7월, 구글에서 일하는 한 젊은 엔지니어가 뉴욕 센트럴파크를 지나던 중 갑작스레 떨어진 참나무 가지에 머리를 부딪쳐 뇌를 다치고 전신이 마비되는 사고가 발생했다. 이 일은 비극적이면서 우발적인 사고처럼 보였다. 그런데 뉴욕시 감사관인 스콧 스트링어(Scott Stringer)가 소송 처리를 위해 시에서 지불한 보상금을 분석하던 중 떨어진 나뭇가지로 인한 보상금 합의 사건이 의외로 많다는 걸 알게 됐다(1,150만 달러에 합의된 구글 엔지니어와의 소송도 그중 하나였다). 호기심을 느낀 스트링어는 추가 조사를 진행했고, 돈을 절약하기 위해 예년에 뉴욕시 가지치기 예산이 삭감됐다는 걸 알아냈다. 뉴욕시의 정책담당 부감사관인 데이비드 살튼스톨(David Saltonstall)은 "유지보수 분야에서 절약했다고 생각한 돈을 전부 소송 배상액으로 지불하고 있었다."고 말했다.

스트링어의 팀은 클레임스탯(ClaimStat)이라는 프로그램을 만들었다(콤프스탯에서 영감을 받은 이름이다). 스트링어는 2014년에 이 프로그램을 두고 "수백만 달러짜리 소송을 당하기 전에 이를 식별하는 데 도움이 되는 새로운 데이터 기반 도구"라고 선언했다. 그의 팀은 데이터 패턴을 찾기 위해 뉴욕시를 상대로 해마다 제기되는 약 3만 건의 보상금 청구 사건을 지도로 만들고 색인화했다. 일례로 이들은 놀이터에서 아이들이 당한 부상 때문에 뉴욕시가 지난 몇 년간 2천만 달러의 보상금을 지급했다는 사실을 알아냈다. 클레임스탯은 브루클린의 한 놀이터에 있는 그네 때문에 여러 건의 소송이 발생했다는 걸 보여준다. 그네가 너무 낮게 걸린 바람에 2013

년에만 그네를 타던 아이들 5명의 다리가 부러진 것이다. 살튼스톨은 이렇게 말했다. "누군가 가서 그네를 15센티미터만 높게 달아뒀다면 큰 문제가 발생하지 않았을 것이다. 하지만 아무도 그렇게 할 생각을 하지 않았다. 문제를 집계하기 시작하면 원인이 뭔지 알 수 있고, 해결책도 대부분 별로 복잡하지 않다는 걸 알 수 있다."

메도스가 말한 '부분'과 '전체'의 이익이 갈라지는 경우가 바로 이런 것이다. 가지치기 예산을 줄이면 돈을 절약할 수 있고 공원 관리팀에도 좋다. 하지만 결국 나뭇가지가 떨어져서 다친 무고한 사람들에게 보상금을 지급하게 된다. 그러나 관계자들은 이 연결고리를 보지 못했다. 스트링어의 팀이 데이터를 편집하고 연구하기 시작하고 난 뒤에야 비로소 이 패턴이 보이기 시작했다.

업스트림 활동을 계획할 때는 자신의 업무 범위 바깥을 봐야 한다. 렌즈를 줌아웃하고 좌우를 살펴야 한다. '적절한 수준에서 시스템에 개입하고 있는가? 지금 진행 중인 활동의 2차 효과는 무엇인가?' 만약 특정 요소(생태계 교란종이나 약물, 프로세스, 제품 등)를 제거한다면 그 공백을 무엇으로 메울 것인가? 특정한 문제에 시간과 에너지를 더 투자할 경우 결과적으로 관심이 줄어드는 부분은 어디이고 그런 무관심은 시스템 전체에 어떤 영향을 미치는가?

매쿼리 섬의 사례를 보고 생태계를 어설프게 만지작거렸다가는 일이 너무 복잡해지니 그런 짓은 하면 안 된다고 믿게 됐을지도 모른다. 그러나 올바른 시스템 사고를 장착하면 효과를 발휘할 수 있다. 아일랜드 컨저베이션(Island Conservation)은 섬에서 생태계 교란종을 제거해 고유종의 멸종을 막는 것을 사명으로 삼은 국제기구다. 이들은 쥐나 고양이, 염소, 기타 침입자들을 섬에서 제거하는 데 성공함으로써 몇 차례나 멸종 위기종(대부분 다른 곳에는 존재하지 않는 종)을 구할 수 있었다. 이 기구에서 활용하는 도구 중에는 정교한 비용-편익 분석 모델, 먹이 그물 같은 보존 모델이 포함되어 있다. '먹이 그물'은 기본적으로 섬에서 누가 누구를 잡아먹는지를 보여주는 조직도다. 먹이 사슬에서 종을 하나 제거했을 때 발생하는 2차 효과를 쉽게 상상할 수 있게 해준다. 8년 동안 아일랜드 컨저베이션에서 과학 책임자로 일한 닉 홈즈(Nick Holmes)는 "섬은 시스템"이라고 말했다. "시스템 내에서 무언가를 움직이면 1차적인 결과 이상의 결과가 생긴다. 섬에 염소와 생태계 교란 식물이 있는데 염소를 제거하면 생태계 교란 식물이 늘어나지 않겠는가?" 홈즈는 새로운 프로젝트를 평가할 때, 간접적인 영향에 관한 질문을 광범위하게 만든다고 말했다.*

예상치 못한 부작용
코브라 효과

———————— 2차적인 결과를 예상하지 못하면 재앙이 발생한다. '코브라 효과(cobra effect)'에 얽힌 일화가 알려주듯 말이다. 코브라 효과

* 공정을 기하기 위해 덧붙이자면, 홈즈는 매쿼리 섬의 개입 방식에 나처럼 회의적이지 않았다. 또 환경 보존을 위해 노력하는 자기 동료들을 배신하는 것처럼 보이고 싶어 하지 않았다.

는 어떤 문제를 해결하려고 시도한 방법이 문제를 더 악화시키는 걸 뜻하는 말이다. 이는 영국이 인도를 식민 지배하던 시절, 영국의 어느 행정관이 델리에 코브라가 창궐하는 걸 우려하던 사건에서 유래됐다. 그는 이 문제를 해결하기 위해 보상책을 사용해야겠다고 생각하고 코브라에 현상금을 걸었다. 죽은 코브라를 가져오면 돈을 주겠다는 것이었다. 금융학 교수인 비카스 메흐로트라(Vikas Mehrotra)는 〈프리코노믹스(Freakonomics)〉라는 팟캐스트에서 다음과 같이 말했다. "그는 이걸로 문제를 해결할 수 있을 거라 기대했다. 하지만 델리 사람들, 적어도 그중 일부는 현상금을 타기 위해 코브라를 키우기 시작했다. 행정부에는 갑자기 너무나도 많은 코브라 가죽이 쌓여갔다. 그들은 그 계획이 처음에 생각했던 것만큼 현명하지 않다고 판단하고 철회했다. 하지만 코브라를 키우던 농부들에게는 처리해야 할 코브라가 꽤 많이 남아 있었다. 코브라를 팔 기회가 사라지자 어떻게 했을까? 그냥 풀어주고 말았다." 코브라 수를 줄이려던 노력 때문에 코브라가 더 늘어난 것이다.

다른 코브라 효과 사례는 더 미묘하다. 조직 심리학자이자 호주의 혁신 기업 인벤티엄(Inventium)의 설립자인 아만다 임버(Amantha Imber)는 불행한 일을 겪었다. 2014년, 직원 15명으로 구성된 임버의 팀은 멜버른의 새 사무실로 이사할 준비를 마쳤다. 임버는 사무실을 수리하느라 약 10만 달러를 들였다. 결과는 놀라웠다. 최신 유행 스타일의 개방형 사무실에는 따로 주문해서 제작한 긴 나무 책상 2개가 놓여 있었고, 천장까지 뻗은 3.5미터 높이의 통창에서 들어오는 빛이 실내에 넘실거렸다. 벽에는 그래피티 작품이 그려져 있었다. 사무실에 들어온 고객들은 모름지기 혁신 기업의 모습은 이래야 한다는 생각을 하게 됐다. 모든 게 완벽했다. 일할 때만 빼면.

"일과가 끝날 때쯤 되면 '오늘도 한 게 아무것도 없네. 그냥 이메일을 주고받고, 회의를 하고, 동료들의 방해를 받으면서 하루를 보냈어.'라는 생각이 들었다." 임버의 말이다. 임버는 진짜 중요한 일은 밤이나 주말에 하기 시작했다.

임버와 임버의 팀은 열린 공간이 대면 협업을 장려할 거라고 생각했지만 실제로는 오히려 역효과만 났다. 임버는 "다른 사람들이 전부 다 듣고 있었기에 개인적인 대화를 나눌 수는 없었다."고 말했다. 누군가 말을 하면 방에 있는 사람들이 전부 한마디씩 끼어들었기 때문에 집중해서 중요한 일을 할 수가 없었다. 임버는 아침에 카페에서 일하기 시작했고, 동료들도 그렇게 할 수 있도록 허락했다. 그러다 보니 언제든 사무실에 남아 있는 사람은 두세 명에 불과하게 됐다.

하버드 교수인 에단 번스타인(Ethan Bernstein)과 스티븐 터번(Stephen Turban)이 2018년에 발표한 연구는 임버의 경험을 뒷받침한다. 그들은 개방형으로 설계된 곳으로 사무실을 옮기려고 준비 중인 포춘 500대 기업 두 곳을 조사했다. 사무실 이전 전후, 많은 직원들이 조사에 자발적으로 참여코자 '사회성 측정 배지'를 달았다. 이 배지는 그들이 어디로 움직이는지와 얼마나 자주 누구와 이야기를 나누는지를 기록하기 위한 용도였다(대화 내용을 기록한 게 아니라 얘기를 한다는 사실만 기록했다). 이 연구의 목적은 개방형 사무실 설계에 대한 가장 기본적인 질문에 답하는 것이었다. 이런 사무실이 대면 상호작용을 촉진하는가?

답은 우스울 정도로 명확했다. 두 회사 모두 대면 상호작용은 70퍼센트 정도 급감하고 이메일과 메시징 활동이 급증했다. 이야기를 더 많이 나누게 하려고 사람들을 가까이 앉힐수록 대화가 줄어들었다. 다시 코브라의 공격이 시작된 것이다.

이런 상황에서 혼란스러운 건 모순된 상식의 가닥을 풀어야 한다는 사실이다. 한편으로는 '당연히 사람들이 가까이 있어야 협업이 늘어나지! 그게 사회학의 기본이야.'라고 생각할 것이다. 반면 '아니, 지하철이나 비행기를 봐. 사람들은 빽빽하게 몰려 있으면 헤드폰을 쓰거나 책을 본다고. 달갑지 않은 시선으로 내쫓아버리고 프라이버시를 유지하는 방법을 택하거나.'라고 생각할 수도 있다. 어떤 생각을 믿어야 할지 어떻게 알 수 있을까?

보통은 미리 알 수 없다. 따라서 실험을 해야 한다. 시스템 이론가인 도넬라 메도스는 이렇게 말한다. "여러분이 아는 모든 것, 그리고 모든 사람이 알고 있는 모든 것은 단지 '모델'일 뿐이라는 사실을 기억하라. 모델을 많은 이들의 표적이 되는 곳으로 내보내라. 다른 이들에게 여러분의 가설에 도전하고 그들의 가설을 추가해 달라고 부탁하라. 모를 때 해야 하는 일은 허세를 부리거나 얼어붙는 게 아니라 배우는 것이다. 여러분은 실험을 통해, 혹은 벅민스터 풀러(Buckminster Fuller. 20세기 후반 미국에서 활동한 건축가이자 발명가. '지오데식 돔'이라는 구조물을 고안한 것으로 특히 유명하다 – 옮긴이)의 말처럼 시행착오와 실수, 실수, 실수를 통해 배울 수 있다."

개방형 사무실과 관련된 실수를 되돌아보면서, 임버는 직원들에게 함께 멜버른에 있는 빅토리아 주립도서관에 가서 몇 가지 실험을 해보면 좋겠다고 말했다. 도서관은 개방적인 곳에서부터 혼자 있을 수 있는 곳에 이르기까지 다양한 공간을 갖추고 있다. 팀원들이 그런 다양한 공간을 맛보면서 그것이 그룹의 생산성과 행복에 어떤 영향을 미치는지 관찰하면, 그들에게 더 알맞은 사무실을 설계하는 데 도움이 될지도 모른다.

어떤 흉터를 남기는 의사가 될 것인가

———————— 실험이 성공하려면 신속하고 믿을 수 있는 피드백이 필요하다. 내비게이션을 비유로 들어보자. 새로운 곳을 여행할 때는 자신의 위치에 대한 끊임없는 피드백이 필요하다. 우리가 나침반 바늘이나 구글 맵의 파란 점을 따라가는 것은 그래서다. 하지만 업스트림 활동에는 그런 피드백이 없는 경우가 많다. 개방형 사무실의 상황을 생각해보자. 협업이 늘어났는지를 어떻게 알 수 있는가? 고용주들은 대화를 기록할 수 있는 '사회성 측정 배지'가 없다. 그러므로 아마 해마다 진행하는 직원 설문조사에 새로운 질문을 추가해 변화에 대한 피드백을 얻으려 할 것이다. 하지만 그렇게 특정 시점에 가끔 받는 피드백만으로는 상황을 제대로 파악할 수 없다. 그건 마치 창문 없는 차를 운전하면서 한 시간에 한 번씩 바깥 상황을 찍은 사진을 들여다보는 것과 같다. 그런 식으로는 절대 목적지에 도착하지 못한다. 그 위험성을 고려하면 시도하는 것만으로도 미쳐버릴 것이다.

앤디 핵바스(Andy Hackbarth)는 랜드 연구소에서 일했던 연구원으로, 메디케어와 메디케이드(Medicaid. 메디케어와 함께 미국의 대표적인 공공 보험으로, 메디케어가 주로 65세 이상 노인을 대상으로 한다면 메디케이드는 저소득층 및 장애인을 주요 대상으로 한다 – 옮긴이)에 쓰이는 측정 시스템의 설계를 도왔다. 나는 핵바스에게 세상을 더 나은 곳으로 만들기 위한 시스템을 설계하려는 이들에게 어떤 조언을 해주고 싶은지 물었다. 핵바스는 "먼저, 어떤 계획을 세웠든 간에 그게 잘못될 거라는 사실을 알고 있어야 한다. 잘못됐다는 걸 알 수 있는 유일한 방법은 피드백 메커니즘과 측정 시스템을 갖추는 것뿐임을 알아야 한다."고 답했다.

핵바스의 말은 미래를 정확하게 예측하는 것만으로는 성공할 수 없다는 뜻이다. 길을 찾는 데 필요한 피드백을 확실하게 받을 수 있어야만 성공한다. 물론 우리가 예측할 수 있고 예측해야만 하는 결과도 분명히 존재한다. 섬에서 염소를 제거할 경우 생태계를 교란시키는 잡초가 제멋대로 자라날 것이라고 예상하지 않는다면, 그건 시스템 사고의 명백한 실패다. 그러나 모든 걸 예측할 수는 없다. 따라서 자기가 하는 일의 결과를 잘못 판단하는 일은 불가피하다. 만약 피드백을 받지 않는다면 자기가 어떻게 틀렸는지를 알지 못하고 진로도 바꿀 수 없을 것이다.

핵바스와 얘기를 나누고 얼마 되지 않아, 그의 주장을 강화하는 또 다른 대화를 나누게 됐다. 유방절제술을 받고 회복 중인 여성들을 치료하는 물리치료사와 얘기를 하게 된 것이다. 이 수술은 종종 근육통이나 운동장애를 유발한다. 그런데 물리치료사의 말을 듣고 놀란 부분이 있었다. 그가 이렇게 말했기 때문이다. "환자가 치료를 받으려고 셔츠를 벗는 순간 어떤 외과의가 수술했는지 알 수 있다. 흉터 모양이 너무 다르기 때문이다." 어떤 외과 종양 전문의는 흉터를 '아름답게' 만드는 놀라운 재주를 가지고 있는 반면, 어떤 의사는 항상 보기 흉한 흉터를 남긴다고 한다.

나는 솜씨가 능숙하지 못한 외과의 얘기를 듣고 좀 슬퍼졌다(물론 그의 환자들을 생각하자면 더 그렇지만). 그는 환자들을 위해 더 많은 일을 할 수 있다는 사실을 알지 못한 채 은퇴할 것이다. 물리치료사가 자신이 관찰한 바를 알리지 않은 걸 비난할 수도 있겠지만, 생각해보라. 부탁받지도 않은 일 때문에 상사의 상사를 찾아가 그의 일솜씨를 비난한다면 어떻게 되겠는가? 이건 시스템의 문제다. 시스템이 고리 형태를 이루고 있지 않기에 물리치료사의 의견은 절대 외과의에게 전달되지 않는다.

반면 순환 고리 형태의 시스템은 개선을 촉진한다. 의견을 전달할 고리가 없다면 새로 만들 수도 있다. 유방절제술을 받은 환자가 다음에 검진을 받으러 왔을 때 수술 흉터 사진이 자동으로 촬영되고, 동료 의사들의 작업 결과물과 함께 비교할 수 있도록 그 사진이 담당의에게 보내진다고 상상해보라. (혹은 좀 더 급진적인 방법으로, 수술을 받기 전에 환자에게 사진들을 보여주고 원하는 의사를 선택할 수 있게 한다고 상상해보자).*

---

* 여기서 말해두어야 할 점이 몇 가지 있다. 첫째, 성형외과 의사들은 환자들에게 종종 수술 사진을 자랑한다. 이 물리치료사의 경험은 유방 재건이 아니라 주로 유방절제술(유방 제거)을 시행하는 외과 종양 전문의의 작업에 대한 것이다. 둘째, 이전 장에서 얘기한 측정법에 대한 우려를 여기에도 적용할 수 있다. 이런 상황에서는 분명 흉터가 아니라 암에서 건강하게 회복하는 걸 최우선 과제로 삼아야 한다. 여기서 주장하고자 하는 것은 올바른 시스템이 건강상의 성과와 미적 성과를 모두 이루게 해줄 수 있다는 것이다.

빠르고 정확해서
도저히 나아지지 않을 수 없도록

———————— 자동차 판매와 관련된 그 모든 자연스러운 피드백 고리를 생각해보자. 우선 판매량, 고객 만족도, 품질, 시장 점유율에 대한 데이터를 얻을 수 있고, 고객 후기나 〈컨슈머 리포트(Consumer Reports)〉의 분석, J. D. 파워(J. D. Power. 미국의 시장조사 업체 – 옮긴이) 조사 등의 솔직한 외부 평가 결과도 얻을 수 있다. 기업들은 이런 정보를 활용해 더 나은 자동차를 만들어야 한다는 압박감을 느낀다. 폰티액 아즈텍(Pontiac Aztek. 미국 GM에서 만들었던 크로스오버 SUV 차량 – 옮긴이)까지 단종된 요즘은 형편없는 차를 사기가 정말 힘들다.

하지만 이런 피드백 자료가 거의 다 사라진 상태에서 차를 만들며 미래를 낙관하기만 한다면 어떻게 될까? 그게 기본적으로 우리의 교육 시스템이 작동하는 방식이다.

분명 표준화된 시험 점수는 피드백의 주요 원천이다. 하지만 그런 피드백에 반응해 어떤 변화가 일어나야 할까? 예를 들어, 많은 8학년 학생들이 1차 방정식에서 좋지 못한 성적을 받았다고 할 때, 7학년과 8학년 교사들이 만나 다음 학기에 이 과목에 접근하는 방식을 재설계할까? 아니다. 그렇게 한다고 하더라도, 여전히 1년에 1점짜리 피드백밖에는 안 된다. 그런 방법 대신, 교사들이 매일 손쉽게 데이터를 확인할 수 있다고 해보자. 교사들이 최근 몇 차례의 수업에 참석하지 않은 학생이 누구인지 즉시 확인할 수 있다면 어떨까? 그리고 휴대전화 사용시간이 지나치게 많은 학생은? 전날 내준 숙제를 바탕으로 학생들이 가장 이해하기 힘들어하는 개념이 무엇인지 파악할 수 있다면 어떨까? 학교 전체의 데이터에 근거해, 어떤 동료 교사가 특정 과목을 가르치는 최고의 방법을 알고 있는지 파악할 수 있다면? 이렇게 된다면 모든 교사가 문제에 대한 직관을 가지게 될 테고, 몇몇 스타 교사는 자기만의 시스템을 고안하고 스스로를 향상시키기 위해 끊임없이 노력할 것이다. 하지만 개선을 위해 영웅주의를 요구해서는 안 된다. 과장된 표현을 쓴다고 온라인 마케팅 메시지가 더 좋아지던가? 시스템은 피드백이 빠르고 정확해서 개선을 도저히 피할 수가 없을 때 비로소 좋아진다.

간단히 말해, 교육 시스템을 개선하고자 한다면 완벽한 개입 방법(새로운 커리큘럼, 새로운 모델 등)을 고안한 뒤 최고의 결과를 바랄 수 있다. 그게 아니라면 시간이 지나면 점점 나아질 수밖에 없도록 수많은 내장형 피드백 고리를 갖춘 시스템을 만들 수도 있다. 두 번째 방안은 시스템 이론가들이 지지할 수 있는 방법이다.

피드백 주고받는 시스템 만드는 법

———————— 피드백 고리는 어떻게 만들어야 할까? 비즈니스 분야에서 찾아볼 수 있는 간단한 예로 직원 회의가 있다. 직원 회의는 절대 개선되지 않는 인간 노력(주먹다짐이나 배변 훈련 등)의 좋은 예다. 직원 회의

에는 많은 노력이 투입된다. 하지만 마이클 조던의 말처럼 "하루 8시간씩 슛 연습을 할 수도 있지만, 기본적인 기술이 잘못됐다면 잘못된 방법으로 슛하는 데만 능숙해진다."

회의에 대한 피드백 고리를 만든 한 회사가 있다. 인디애나주 포트웨인(Fort Wayne)에 있는 직원 수 40명의 회계회사 서밋 CPA 그룹(Summit CPA Group) 소유주들은 2013년에 모든 직원에게 원격 근무를 허용하기로 했다. 다들 이 결정을 반겼지만, 이로 인해 중대한 문제가 생겼다. 직원들이 회사에서 직접 마주치는 일이 사라지며 온라인 회의가 주된 연락 수단이 된 것이다.

그 회의에는 대단히 익숙한 문제가 있었다. 서밋의 공동 설립자인 조디 그룬든(Jody Grunden)의 말에 따르면, "몇몇 사람이 끝없이 말을 이어가면서 대화 전체를 지배해버렸다. 어떤 사람은 끝까지 한마디도 하지 않았고, 그 둘의 중간쯤 되는 사람도 있었다." 설상가상으로 대화를 지배하는 이들은 불평이 심하고 남을 비평하는 경향이 있었다. 실제로 이 회사에서 일하던 회계사들은 이런 상호작용이 너무 부정적이라고 생각해 회사를 떠나기 시작했다.

그래서 회사는 몇 가지 변화를 도모했다. 회의 진행자를 정하고, 모든 참석자가 전주에 있었던 긍정적인 일을 공유하는 순서를 마련하는 등 새롭게 구조화된 형태로 회의를 진행했다. 진부한 방법처럼 들릴 수도 있다. 처음에는 몇몇 사람이 자기 차례를 그냥 넘어가려고 하기도 했다. 하지만 곧 이 방식이 표준으로 자리 잡았다. 밝은 부분에 초점을 맞추자 분위기가 바뀌었다. 더 좋은 건 이 방식이 학습의 장까지 제공했다는 것이다. 그들은 까다로운 고객을 다루는 방법부터 보고서를 간단하게 작성하는 방법까지 모든 일에 대한 조언을 나누기 시작했다.

이 회사는 거기에 피드백 고리도 추가했다. 회의가 끝날 때마다 모든 참석자는 1점부터 5점까지 구두로 점수를 매겼다. 남들과 다른 점수를 준 사람은 곧 그 회의가 유독 도움이 됐거나 도움이 되지 않은 이유가 뭐냐는 질문을 받았다. 사람들이 어떤 부분을 불평하면(토론 시간이 너무 길다거나, 계속되는 문제 등) 곧 그 부분을 해결했다. 그 결과, 회의에 매겨지는 점수는 꾸준히 좋아졌다. 이는 피드백 고리가 생겼기 때문이다. 이 회계법인의 온라인 회의는 현재 5.0점 만점에 꾸준히 4.9점을 기록하고 있다.

현명한 리더는 행동에 앞서 질문한다

―――――――――― 우리는 어떻게 해야 업스트림 활동의 부작용을 피할 수 있는지 질문하며 이 장을 시작했다. 현명한 리더들은 눈앞의 결과물을 넘어 2차로 파급되는 효과를 예상하려 애쓴다('아일랜드 컨저베이션'의 먹이 그물이나 '클레임스탯' 프로그램이 보여주는 데이터 패턴을 떠올려보라). 우리는 모든 걸 예측할 수는 없기에, 피드백 고리가 이끄는 신중한 실험에 의존할 필요가 있다.

이런 생각을 바탕으로, 업스트림 개입 여부를 정하기 위한 몇 가지 질문을 떠올릴 수 있다. 이 질문들은 다음과 같다.

누군가가 우리가 고려하는 것과 유사한 개입을 시도한 적이 있는가? (그 결과와 2차 효과에서 교훈을 얻을 수 있을 것이다.) 개입하려는 방법을 미리 시험해볼 수는 없는가? (다시 말해, 먼저 소규모로 실험을 해본 뒤 예상이 틀렸다면 부정적인 결과를 제한할 방법은 없을까?) 신속한 개선을 위한 피드백 고리를 만들 수 있는가? 우리가 자기도 모르게 시스템에 피해를 입혔다는 사실이 밝혀지면 손쉽게 개입을 취소하거나 무효화할 수 있는가?

이런 질문에 대한 답이 '아니요'라면 일을 진행하기 전에 매우 신중해야 한다. 분명히 말하자면, 멜버른 도서관에서 몇몇 동료들끼리 개방형 사무실 배치를 시험해보는 '실험'과 과학자들이 유전체 편집 도구를 이용해 동물 종을 만지작거리는 '실험' 사이에는 차이가 있다. 본 장에서 실험을 강조하는 것을 무조건적으로 빨리 움직이면서 기존의 것을 무너뜨려야 한다는 의미로 착각하면 안 된다.

겸손에서 시작해 창대한 성공으로

——————— 업스트림 활동은 모든 게 겸손에 달려 있다. 아주 간단한 개입에도 복잡성은 빠르게 증가할 수 있기 때문이다. 쉬운 예가 있다. 일회용 비닐봉지 사용을 줄이려고 노력하고 있다고 해보자. 환경 운동가들은 비닐봉지 문제를 환경 운동을 위해 지렛대로 삼을 만한 지점이라고 여긴다. 비닐봉지는 전체 쓰레기 가운데 극히 일부를 차지하고 있음에

도 불구하고 큰 해를 끼치기 때문이다. 비닐봉지는 가볍고 공기역학적이라 물길이나 빗물 배수관으로 날아간다. 해양 생물을 위험에 빠뜨리고 해변을 더럽힌다. 그리고, 솔직히 말해 비닐봉지는 지속 불가능에 대한 마음가짐을 상징한다. 공장에서는 수백 년이 지나도 분해되지 않는 비닐봉지를 생산하는데(미국에서만 연간 약 1천억 개의 비닐봉지를 사용한다), 이건 전부 구입한 물건을 고객이 손쉽게 집에 가져가게 하기 위해서다. 하지만 고객들은 집에 도착하자마자 그 봉지를 쓰레기로 간주한다. 그러니 이건 고민할 필요도 없이 결정할 수 있는 문제다. 이런 봉지를 없애야 하는 것이다.

시스템 사고를 위한 출발점은 다음과 같다. '어떤 2차 효과가 발생할 것 같은가?' 즉 비닐봉지 사용을 금지한다면 사람들은 그 공백을 무엇으로 메울 것인가? 사람들은 종이봉투를 더 많이 사용하거나, 재사용 가능한 가방을 가져오거나, 물건을 손에 들고 갈 것이다.

여기서 첫 번째 놀라운 사실이 등장한다. 수로를 깨끗하게 유지한다는 관점에서 보면 종이봉투와 재사용 가능한 가방이 비닐봉지보다 훨씬 낫지만, 다른 면에서는 오히려 더 나쁘다. 그런 제품을 생산 및 운송하려면 비닐봉지보다 훨씬 많은 에너지가 필요한데, 이는 곧 탄소 배출량이 증가한다는 뜻이다. 영국 환경청에서는 다양한 종류의 가방을 '1회 사용'할 경우 그것들이 기후변화에 미치는 효과를 계산하는 연구를 실시했다. 그러자 종이봉투는 3번, 재사용 가능한 천 가방은 131번 사용해야 비닐봉지와 같은 수준에 이른다는 결론이 나왔다. 종이봉투와 재사용 가능한 가방은 비닐봉지보다 더 많은 공기 오염과 수질 오염을 유발할 뿐만 아니라 재활용하기도 훨씬 어렵다. 그러니 이제 우리는 부분 및 전체와 관련된 혼란과 씨름할 수밖에 없다. 만약 수로와 해양 생물을 보호하는 게 우리의 목표라면, 비닐봉지 사용을 금지하는 건 좋은 생각이다. 하지만 전체적인 환경을 더 좋게 만드는 게 목표라면, 이건 명확한 해법이 아니다. 고려해야 하는 경쟁 효과가 있다.

또 다른 고려 사항은 비닐봉지 사용을 금지하는 과정을 매우 신중하게 설계 및 진행해야 한다는 것이다. 2014년, 시카고에서는 상점들이 계산대에서 얇은 일회용 비닐봉지를 제공하는 걸 금지하는 법을 통과시켰다. 그러자 상점에서는 두꺼운 비닐봉지를 제공했다. 그들은 고객이 그 비닐봉지를 재사용할 수 있다는 것을 행동의 근거로 내세웠지만, 물론 손님들 대부분은 그렇게 하지 않았다. 이것 또한 코브라 효과다. 비닐봉지를 없애려고 하다가 오히려 비닐봉지가 더 늘어나버렸다.

실험은 학습으로 이어지고, 학습은 더 나은 실험으로 연결된다. 캘리포니아 유권자들은 2016년에 상점들이 두꺼운 비닐봉지를 제공하는 꼼수를 쓸 수 없도록 주 전체에 금지령을 통과시켰다. 하지만 이 조치의 영향으로 중소형 비닐 쓰레기봉투 판매가 급증했다(아마 식료품점 비닐봉지를 집에서 쓰레기봉투로 재사용하거나 개똥을 담는 용도로 쓰는 사람들이 있었던 듯한데, 상점에서 비닐봉지를 안 주니 대체품을 사기 시작한 것이다). 경제학자 레베카 테일러(Rebecca Taylor)는 연구를 통해, 금지 조치로 감소한 비닐봉지 사용량 가운데 28.5퍼센트는 다른 봉지를 사용한 사람들 때문에 무효가 됐다는 사실을 알아냈다. 그래도 100퍼센트가 아니라 28.5퍼센트이고, 이 금지 조치로 일회용 비닐봉지 사용이 상당히 줄었다(또한 이 문제를 평가하기 위해 대체 제품 판매를 주의 깊게 추적해야 했고, 덕분에 피드백의 원천이 생겼다).

그런데 정말 예상치 못한 결과가 나타났다. 몇몇 사람들은 2017년 미국 샌디에이고에서 발생한 치명적인 A형 간염의 원인이 비닐봉지 부족 때문이라고 말한다. 왜일까? 노숙자들은 쓰레기 처리를 위해 비닐봉지를 사용하는 습관이 있었다. 그런데 비닐봉지가 부족해지자 찾은 대안들이 별로 위생적이지 않았던 것이다.

여러분도 내가 이 연구에 대한 자료를 처음 읽기 시작했을 때 느낀 감정, 즉 압도되고 기가 꺾이고 짜증스러운 감정을 느끼고 있는지 궁금하다. 겨우 비닐봉지 정책 하나로도 이렇게 복잡한 문제가 계속 일어나는데, 우리가 직면한 가장 어려운 문제들은 대체 어떻게 해결할 수 있단 말인가?

나를 궁지에서 끌어낸 건 허세 부리지 말고 얼어붙지도 말고 계속 배우라는 도넬라 메도스의 말이었다. 메도스가 한 말의 요점은, 물론 힘들지만 우리는 계속 배우고 있다는 것이다. 우리 사회 전체는 계속해서 배우고 있다. 비닐봉지 금지 같은 정책을 분석하는 데 필요한 요소들을 생각해보라. 컴퓨터 시스템과 그것을 통한 데이터 수집, 네트워크 인프라, 그리고 도시와 주 전체의 정책을 위한 실험을 설계할 줄 아는 똑똑한 사람들……. 이런 인프라가 생긴 것은 인류 역사상 최초에 가깝다. 업스트림 활동에 관한 한, 우리는 이제 막 발을 들여놓은 것뿐이다.

2016년에 시카고는 코브라 효과를 유발한 비닐봉지 금지 조치를 폐기했다. 시의회는 2017년 초부터 모든 종이봉투와 비닐봉지에 7센트의 세금을 매기는 방식으로 이를 대체했다. 어떻게 됐을까? 효과가 꽤 좋은 것으로 드러났다. 경제학자 타티아나 호모노프(Tatiana Homonoff)가 이끄는 연구팀은 대형 식료품점 몇 곳에서 데이터를 수집했다. 세금 부과 전에는 고객 10명 중 8명 정도가 종이봉투나 비닐봉지를 사용했다. 세금을 매긴 뒤부터는 대략 10명 중 5명 정도로 줄었다. 나머지 3명은 어떻게 했을까? 절반 정도는 직접 쇼핑백을 들고 왔고 나머지 절반은 구입한 물건을 그냥 손에 들고 갔다. 그리고 계속 종이봉투나 비닐봉지를 이용한 고객 5명이 낸 자발적인 세금 덕분에 시카고는 시민들을 위해 쓸 수 있는 여분의 자금을 확보했다.

시카고의 리더들은 비닐봉지를 금지하는 실험을 시도했다. 처음에는 실패했지만, 그들은 왜 실패했는지 알게 됐기 때문에 다른 실험을 시도했고 거기서 더 큰 효과를 봤다. 그들은 지구상의 어떤 도시도 자기네가 시도했던 어설픈 금지령을 반복하지 않기를 바란다. 느리고 지루하고 답답하긴 하지만, 우리는 전체적으로 점점 더 똑똑해지고 있다. 도넬라 메도스가 이런 말을 한 충분한 이유가 있는 것이다. "시스템을 통제할 수는 없지만, 설계나 재설계는 얼마든지 가능하다. 놀라움이 없는 세상으로 확실하게 전진할 수는 없지만, 놀라운 일들을 예상하고 거기서 교훈, 그리고 심지어 이익까지 얻을 수 있다. 시스템을 통제하거나 이해할 수는 없지만, 시스템과 함께 춤을 출 수는 있다!"

chapter 10

결국, 문제는 돈이다

: 비용

일어나지 않은 일에 대한 비용은 누가 지불할 것인가?

——— 미시간주 배틀 크릭(Battle Creek)에서 열린 보건학회 연설에서, 주 보건위원회에 소속된 A. 아널드 클라크(A. Arnold Clark) 교수는 예방에 대한 투자를 무시하는 경향을 비난했다. "미시간주에서 질병 예방에 얼마나 많은 돈을 썼는지 알아보자. 배틀 크릭에서는 얼마를 썼을 것 같은가? 이 도시에는 의사가 45명 있고, 한 사람당 평균 20만 달러쯤 연수입을 올린다. 그 말은 병에 걸리고 난 뒤 치료를 위해 매년 9백만 달러를 쓴다는 얘기다. 그렇다면 병에 걸리는 걸 막는 데는 얼마를 쓰는가? 아마 5만 달러보다 많지는 않을 것이다. 이 도시에는 보건 담당자가 있을 테고, '전염병' 근절을 위해 그에게 5만 달러 정도는 지불할 테니. 예방은 치료보다 낫다. 그런데 어떤 사람은 항상 그렇게 살아왔기 때문인지 몰라도

질병과 죽음을 예방하기 위해 쓰는 돈은 전부 낭비라고 생각하는 것 같다. 20년 동안이나 생명보험을 유지했지만 한 번도 혜택을 받은 적이 없다는 이유로 보험을 해지한 남자 얘기를 들어본 적이 있을 것이다. 도시나 주, 국가의 정책과 관련해서도 이런 상황이 정말 자주 발생한다."

클라크 교수가 이 연설을 한 건 1890년이다(달러 가치를 현재 기준으로 환산한 걸 제외하면 인용문은 원래 내용 그대로다). 그런데 보건 전문가들은 오늘날에도 여전히 예방이 치료보다 낫다는 똑같은 주장을 반복해야 하는 게 현실이라고 말한다. 사실 이건 화나는 일이다. 클라크 교수가 연설을 한 이후 130년 동안, 예방과 공중보건의 효험을 증명하는 무수히 많은 증거가 수집됐기 때문이다. 우리의 기대수명을 보라.

1900년에 태어난 미국인들의 평균 기대수명은 47.3세였다. 2000년에는 기대수명이 76.8세까지 올라갔다. 분명 극적인 개선이지만, 이 숫자들이 무엇을 의미하고 또 무엇을 의미하지 않는지 분명히 알아야 한다.

'기대수명'은 인구 전체의 평균값이다. 인구 5명 가운데 1명은 75세까지 살고 다른 이들은 91세, 70세, 66세, 82세까지 살면 평균 수명이 76.8세가 된다. 평균은 다양성을 보이지 않게 만든다(지금까지는 명확한 사실들만 얘기했으니 잘 따라오고 있으리라 믿는다).

그런데 때로는 평균이 근본적인 현실을 가리기만 하는 게 아니라 아예 지워버리기도 한다. 예를 들어 1900년의 기대수명이 47.3세라고 하면, 당시에는 대부분의 사람들이 지금보다 훨씬 젊은 나이에 죽었다고 믿는 똑똑한 이들이 얼마나 많은지 깜짝 놀랄 정도다. 그들은 아마 우리 조상들이 40대 중반의 나이에 지팡이를 짚고 틀니를 낀 채 비틀거리고 돌아다니면서 일을 처리하려고 정신없이 애쓰는 모습을 상상한 모양이다. 이런 관점에서 보면 1935년의 사회보장법은 정말 잔인하기 짝이 없는 농담이다. 죽은 지 20년이나 지난 뒤인 65세가 되어야 돈을 받을 수 있다니!

그 시대의 대표적인 수명 표본이 46, 48, 56, 39, 48세이고, 그 평균이 47.4세인 것이 아니다. 그보다는 61, 70, 75, 31, 0세에 가깝다. 세기가 바뀔 무렵인 1900년에는 어린아이 5명 가운데 1명이 다섯 번째 생일을 맞기 전에 죽었다.

오늘날 인간의 자연수명은 백 년 전과 크게 다르지 않다. 다른 점은 우리가 많은 사람들, 특히 영유아와 어린이들이 너무 일찍 죽는 걸 막고 있다는 것이다. 앞에서 소개한 연설에서 클라크는 특히 '전염병'을 강조했다. 그가 살던 시대에는 전체 사망자의 약 3분의 1이 폐렴, 인플루엔자, 결핵, 디프테리아 같은 전염병 때문에 죽었다. 이런 질병은 특히 아이들에게 치명적이었다. 1900년에 사망한 사람 중 전염병이 원인이었던 사람의 비율은 약 33퍼센트다. 2010년에 3퍼센트 미만으로 감소했다.

원인이 뭘까? 바로 업스트림 활동이다. 개선된 위생환경, 깨끗한 물, 저온살균, 생활환경, 하수도 등장, 항생제와 백신 도입 덕분인 것이다. 그러니 이런 엄청난 성공(이 말은 곧 이런 활동이 이루어지지 않았다면 여러분의 친척 아이들도 다섯 중 한 명은 죽었을 거라는 얘기다)에도 불구하고 공중보건 분야는 여전히 자원을 요구해야 한다.

공중보건 정책 단체인 트러스트 포 아메리카 헬스(Trust for America's Health)의 존 오어바흐(John Auerbach) 회장은 이렇게 말했다. "우리는 병을 앓지 않게 하고, 다치지 않게 하고, 조기 사망을 피하게 하는 서비스와 정책에 너무 적게 투자한다. 이건 정말 비극이다." 이 단체는 특히 공중 보건에 대한 국가 총 지출액이 889억 달러라고 못 박았는데, 이는 2017년 미국 전체 의료 지출액의 2.5퍼센트에 불과하다.

공중보건 활동은 사실상 성공에 대한 처벌 때문에 고통받고 있다. 글로벌 보건 프로그램을 운영하고 육군에서 감염병을 퇴치한 경험이 있는 의사 줄리 파블린(Julie Pavlin)은 이렇게 말했다. "공중보건 분야에서는 담당자들이 해야 할 일을 하고 나면 예산이 줄어든다. 왜냐하면 아픈 사람이 사라졌기 때문이다." 파블린의 논평은 문제의 핵심을 찌른다. 의료 부문의 행위별 수가 모델은 예방보다 대응을 선호한다.

메디케어 & 메디케이드 서비스 센터(the Centers for Medicare & Medicaid Services, CMS. 미국이 시행하고 있는 사회보장제도인 '메디케어'와 '메디케이드'를 관리하는 미국 연방 기관 – 옮긴이)에서 일했던 패트릭 콘웨이(Patrick Conway)는 자신들이 인슐린 대금으로 연 4만 달러는 지불했겠지만, 당뇨병에 걸리지 않도록 1천 달러를 지불하지는 않았을 것이라고 말했다. "받은 물품이나 서비스에 상응하는 돈을 지불해야 한다. 만드는 데 시간이 더 걸린 자동차가 더 비싸다고 상상해보라. 말도 안 되는 일이다. 그런 식으로 돈을 지불하면 차 성능이 좋아지지도 않고 가격이 내려가지도 않을 것이다."

언젠가 우연히 미국 소비자들의 MRI 스캔 이용률이 세계 최고 수준이라고 강조하는 논평을 본 적이 있다. 우리는 전 세계 어느 나라 사람들보다 빠르게, 그리고 자주 MRI 검사를 받는다(미국! 미국!). 이 사안에 자부심을 느끼는 건 미국인들이 공항에서 보안 검사를 받는 데 있어 세계 최고라고 자랑하는 것과 같다. 내 말은, 만약 찾을 게 있다면 검사를 통해 빨리 찾는 게 분명 좋기야 하겠지만 그보다는 국민이 건강 검진을 최소한으로 받아도 되는 나라가 되는 게 확실히 더 낫다는 것이다(어쩌면 한국의 사례에서 길버트 웰치가 거북이와 토끼 비유를 통해 암시한 것처럼 발견할 필요가 없는 것들을 발견하게 될지도 모르는 것 아닌가). MRI 통계는 '행위별 수가 시스템'이 어떤 건지를 단적으로 보여준다. 어떤 일을 하고 돈을 받으면 그 일을 더 많이 하게 된다. (당연한 일이겠지만, 미국은 치과 엑스레이 분야에서도 세계를 선도하고 있다. 교통안전청 직원들이 공항에서 사람 몸을 더듬으며 검사할 때마다 돈을 받으면 어떻게 될지를 한번 상상해보라).

간단히 말하면 이렇다. 사후대응적인 활동은 발생한 문제를 해결할 때 성공으로 간주된다. 그런데 예방 활동은 아무 일도 일어나지 않아야 성공으로 간주된다. 그렇다면 일이 일어나지 않도록 하는 것에 대한 대가는 누가 지불할 것인가? 이건 대답할 수 없는 질문은 아니다.

돈이 나가는 주머니와 들어오는 주머니가 같은 경우

——— 사건이 일어나지 않도록 하는 것에 대해 대가를 치르는 사람들이 있다. (우리들도 포함해서! 아마도 지금까지의 모든 오일 교환이 뭔가를 막아줬을 것이다.) 그러나 업스트림 활동에 자금을 대는 지불 모델을 만드는 건 이 장에서 살펴볼 여러 가지 이유 때문에 믿을 수 없을 정도로 복잡하다.

그래도 업스트림 활동에 대한 대가를 지불하는 게 쉬운 예를 먼저 떠올려보자. 로스앤젤레스 시내에는 '파피+로즈(Poppy+Rose)'라는 가정식 전문점이 있다. 이 식당의 공동 소유주인 다이애나 인(Diana Yin)은 인터넷에 고객들이 쓴 리뷰를 주의 깊게 확인하던 중 한 고객이 브런치로 차가운 와플을 받았다고 불평한 것을 발견했다. 인은 몇 가지 조사 끝에 식당에 있는 하나뿐인 와플 메이커가 브런치 시간대의 수요를 따라잡지 못한다는 걸 알아냈다. 요리사들은 필요한 양을 미리 확보하려고 바쁜 시간이 되기 전에 와플을 만들어두었던 것이다. 영리한 해결책이지만 와플이 차갑게 식었다. 차가운 와플을 좋아하는 사람은 없다. 그래서 인은 와플 메이커를 샀다.

예방을 위해 돈을 쓴다는 관점에서 보면 이건 꿈의 시나리오다. 아주 간단하다. 돈을 낸 다이애나 인이 곧 보상을 받을 사람이기 때문이다. 이걸 '주머니'를 이용해 비유해보자. 한 주머니에서 나간 돈은 같은 주머니로 돌아올 것이다(인은 투자금을 금방 회수할 것이다). 이와 같은 논리는 여러분이 한 투자, 즉 자격증이나 대학원 학위에도 적용된다. 여러분은 미래에 더 많은 돈을 벌기 위해 오늘 수천 달러를 쓸지도 모른다.

하지만 이야기는 금세 복잡해진다. 주머니가 하나 있다고 해서 꼭 현명한 업스트림 투자가 이루어지리라는 보장은 없다. 예를 하나 살펴보자. 지난 수십 년간, 요양원에서 일한 간병인들은 환자를 들어 올리거나 옮기는 일을 하느라 허리를 많이 다쳤다. 간병인에게는 끔찍한 일이다. 물론 고용주 입장에서도 마찬가지로 비용이 많이 드는 일이다. 일할 사람이 줄어들고 부상을 당한 노동자의 보상 청구와 씨름해야 한다.

기업가들은 이 문제를 해결하기 위해 환자를 들어 올리는 기계 장치를 만들었다. 그러나 요양원 운영자에게는 그 기계가 확실한 투자가 아니었다. 그 기계는 매우 비쌌고, 새로운 이용 절차를 필요로 했으며(직원들이 그 기계를 이용해 환자들을 이송하는 방법을 다시 배워야 했으므로), 사람의 힘을 이용하는 구식 기술보다 느렸다. 그러니 굳이 그런 성가신 일에 비용을 지불할 필요가 있을까? 요양원 운영자들에게는 그냥 원래대로 지내면서 가끔 누군가 다치게 될 거라는 사실을 받아들이는 게 더 쉽게 느껴졌다.

그런데 1990년대 후반에 이루어진 한 평가에서, 간병인이 환자를 이송할 때 그 기계를 이용한 특정한 방법을 사용하면 요양원은 근무일 손실과 근로자들의 보상 청구를 3분의 2까지 줄일 수 있다는 걸 알게 됐다. 계산에 따르면 장비에 투자하는 금액은 3년 이내에 상환됐다. 이 발견이 요양업계에 알려지자 새로운 절차를 채택하는 요양원들이 점점 늘어났고, 미국 질병통제예방센터의 보고서에 따르면 2003년부터 2009년 사이에 간병인들의 허리 부상은 35퍼센트나 감소했다고 한다.

자, 우리의 첫 번째 문제는 이것이다. 요양원도 주머니가 하나인 호사를 누리고 있었다. 하지만 환자 이송용 기계를 살 것인가 하는 선택은 와플 메이커의 경우보다 애매했다. 한 요양원이 자체적으로 이런 투자 결과를 평가하기는 어려웠던 것이다. 그들에게는 업계 전반에서 도출된 증거와 보다 광범위한 관점이 필요했다. '이봐, 이 장비는 그만한 가치가 있어.'라고 말해주는 증거 말이다. 투자를 하기만 하면 좋은 결과가 기다리고 있는 이처럼 단순한 사례에서도 관성이 예방을 밀어낸 것이다.

돈이 나가는 주머니와 들어오는 주머니가 다른 경우

———————— 이제 스펙트럼의 반대편으로 넘어가, 사회복지 사업을 위한 기금조성 모델을 만드는 데 따르는 엄청난 복잡성을 살펴보자. 간호사-가족 파트너십(The Nurse-Family Partnership, NFP)이라는 프로그램이 대표적인 사례다. 이 프로그램은 데이비드 올즈(David Olds)가 1970년대에 만들었다. 당시 막 대학을 졸업하고 어린이집에서 일하던 그는 환멸을 느꼈다. 그가 돌보던 많은 미취학 아동들이 부모의 잘못된 결정 때문에 고통을 받고 있었던 것이다. 한 아이는 언어 능력이 제대로 발달하지 않아 주로 끙끙 앓는 소리만 내곤 했는데, 올즈는 아이의 할머니와 면담하며 아이의 어머니가 임신 기간 내내 마약을 사용한 중독자인 걸 알게 됐다. 또 다른 소년은 낮잠 시간에 항상 안절부절못하고는 했는데, 올즈는 나중에야 아이가 자다가 오줌을 쌀 때마다 어머니에게 매를 맞았다는 걸 알게 됐다.

올즈는 만약 자기가 아이들의 삶에 더 일찍 개입했다면 아이들을 더 많이 도울 수 있었으리라는 걸 깨달았다. 그리고 올즈는 아이들에게 가장 큰 도움이 되는 방법은 바로 그들의 어머니를 돕는 것이라고 믿었다. 그가 목격한 학대는 잔인함보다 무지에서 비롯된 게 많았다. 간단히 말해, 이 엄마들에게는 좋은 엄마가 되기 위해 필요한 지식이나 기술이 없었다. 적절한 지원제도나 역할모델도 없었고, 아이들을 키우면서 느끼는 좌절과 분노를 어떻게 해야 할지도 몰랐다.

그가 만든 NFP는 공인 간호사와 처음 임신한 저소득층 임산부를 일대

일로 연결시켜주는 프로그램이다. 임산부가 아이를 가지게 됐을 때부터 아이가 태어난 지 2년이 될 때까지, 똑같은 간호사가 정기적으로 자신과 연결된 여성의 집을 방문한다. 간호사는 엄마가 양육에 따르는 불안감에 대처할 수 있도록 도와주는 멘토 역할을 한다. 아이들이 울면 어떡해야 하는지, 잠을 자지 않을 때의 대처법은 무엇인지, 아이들이 정해진 시간에 젖을 먹고 잠을 자게 하려면 어떡해야 하는지 등을 알려주는 것이다.

또한 간호사는 아기를 포대기로 단단히 싸는 방법, 이유식을 먹다가 일반 음식으로 넘어가는 방법, 아이의 이를 닦아주는 방법 등 기본적인 것들을 설명해준다. 이 활동에 있어서 양육 지도보다 더 중요한 부분은, 엄마들을 도와줄 태세를 갖추고 자상한 모습으로 그곳에 있어주는 것이다. 아이를 잘 돌보게 하기 위해서는 먼저 자기 자신부터 돌보는 방법을 알려줘야 한다. 아이를 키우면서 동시에 일까지 해야 하는 복잡한 상황을 헤쳐나가도록 돕고, 삶의 부담감이 밀려올 때 귀를 기울여주는 것이다.

미국 뉴욕주 엘미라(Elmira), 테네시주 멤피스(Memphis), 콜로라도주 덴버(Denver)에서 NFP에 대한 무작위 비교 임상이 진행됐다. 연구를 통해 이 프로그램이 모성 건강, 어린이 안전, 삶의 질을 꾸준히 향상시킨다는 사실이 증명됐다. 구체적으로는 임신 중 흡연량, 조산, 영아 사망률, 아동학대, 산모 범죄, 저소득층 식료품 지급 건수, 단기간 재임신(첫 아이를 낳고 18개월 이내에 둘째를 낳는 것)이 감소했다. 한 연구에서는 NFP에 투자한 1달러당 최소 6달러 50센트의 이익이 발생한 것으로 추정했다.

아주 쉬운 얘기를 해보자! 6.5달러의 수익을 얻는 데 20년이 걸린다고 해도, 이는 연 10퍼센트의 이자와 맞먹는 금액이다. 이런 결과를 볼 때

NFP는 그걸 원하는 모든 저소득층 초산 산모들에게 제공되리라고 예상할 수 있다. 그런데 전혀 그렇지 않다. 대체 왜일까?

와플 메이커 사례에서는 투자를 한 사람이 혜택을 받았다. 주머니가 하나인 것이다. 하지만 이 경우에는 보상이 얼마나 쪼개져 있는지에 주목해야 한다. 1차 수혜자는 물론 아이와 아이 엄마다. 하지만 그들은 돈을 낼 수 없다. 그 밖에 또 누가 이득을 보는가? NFP가 없을 때 발생할 수 있는 나쁜 결과에 돈을 지불해야 하는 다른 모든 기관들이다. 아래에 세 가지 예가 있다.

1. 조산이 감소하면 조산아에게 필요한 집중 치료비를 지불해야 하는 메디케이드의 비용이 절약된다.
2. 형사 범죄가 줄어들면 형사 사법제도(경찰, 법원, 교도소 등)에 들어가는 비용이 절약된다. 물론 일반 대중에게도 이익이 된다.
3. 저소득층 식료품 지급 프로그램을 운영하는 연방 농무부도 비용을 절약할 수 있다.

이 외에도 건강, 교육, 소득에 미치는 파급 효과 등 훨씬 많은 이득이 있다. 모두가 승자가 되는 것이다!

NFP 자금을 지원하도록 지역 의료 시스템을 설득한다고 가정해보자. 이는 서비스 대상 한 명당 약 1만 달러가 드는 값비싼 프로그램이다. 안타깝게도 1차적인 혜택은 위에서 설명한 당사자들에게 돌아가기 때문에 지역 의료 시스템이 투자를 통해 얻는 혜택은 아주 적을 것이다. 이건 소위

'잘못된 주머니 문제'의 한 예로, 개입 비용을 부담하는 주체가 1차적인 이익을 받지 못하는 상황이다. 하나의 주머니가 돈을 내지만, 그 이익은 수많은 주머니로 흩어지게 된다.

이상적인 해결책은, 이 프로그램으로 이득을 볼 모든 관련 당사자들에게 수금용 모자를 돌리는 것이다. 하지만 그렇게 했다가는 여러 반대에 부딪히게 될 것이다. '지금껏 그런 전례는 없었어! 내 예산안에 돈을 갚을지 안 갚을지도 모르는 프로그램에 투자하려는 계획은 없거든. 또 만약 당신이 틀렸고 우리가 다운스트림 활동에서 돈을 아끼지 못한다면? 그럼 당신이 내 돈을 돌려줄 건가?' 이런 우려는 엄청난 사회적 이익을 창출할 수 있는 NFP 같은 프로그램이 마땅히 받아야 하는 자금을 지원받지 못하는 이유를 잘 설명해준다.

잘못된 주머니 문제 해결하기

——————— 그러나 '잘못된 주머니 문제'를 해결하기 위해 현재 진행 중인 실험이 있다. 사우스캐롤라이나주의 한 단체가 NFP의 확대를 위한 자금을 모금할 수 있도록 성공을 위해 돈을 지불하는 모델을 고안했다. 이 모델은 다음과 같이 구성되어 있다. 2016년에 NFP는 프로그램 확대를 위해 주정부에서 3천만 달러의 현금을 받았다. 그 활동 결과는 6년에 걸친 무작위 대조 실험을 통해 평가될 것이다. 사전에 합의된 몇 가지 기

준에 따라 활동이 성공한 것으로 평가된다면, 주 정부는 이 활동에 영구적으로 자금을 지원할 것이다. 시험 단계에 필요한 자금은 대부분 외부에서 지원받았기 때문에 주 정부는 직접적인 재정 위험을 감수하지 않아도 된다는 것이 이 협약의 장점이다. 따라서 가치 있는 투자임이 입증된다면 사우스캐롤라이나주는 보상을 받을 것이고, 만약 그렇지 않더라도 큰 손해를 볼 일은 없다.

개념적으로, 협약 내용은 이해하기 어렵지 않다. 하지만 그 협약에 얽힌 실제 사항들은 복잡해 다들 합의에 진을 뺐다. 당시 사우스캐롤라이나 보건복지부의 대표였던 크리스티안 소우라(Christian Soura)는 이렇게 말했다. "우리는 어떻게 규칙을 만들 수 있는지 알아내기 위해 3년을 보냈다. 첫날, 방 안에 있던 모든 사람들이 세상에서 가장 분명하다고 생각했던 것을 실행시키기 위해서 말이다." 이 일이 얼마나 어려웠는지 느끼기 위해 관련 참가 기관 명단을 살펴보자. 사우스캐롤라이나 NFP팀, 사우스캐롤라이나 보건복지부, 압둘 라티프 자밀 빈곤 퇴치 연구소(Abdul Latif Jameel Poverty Action Lab), 하버드 케네디 스쿨 정부 성과 연구소(The Harvard Kennedy School of Government Perfomance Lab), 컨설팅 회사 소셜 파이낸스(Social Finance), 듀크 기금(Duke Endowment), 사우스캐롤라이나 재단의 블루크로스 블루실드(BlueCross BlueShield). 이 외에도 훨씬 많다. 이 목록은 샘플 모음 정도다.

소우라는 협상 과정에서 "어떻게 하면 이런 다양한 정부 자금흐름이 우리 모두에게 더 필요한 일에 돈을 대도록 할 수 있을까?"라는 의문에 대한 답을 제시해야 했다고 한다. "그리고 그건 결국 이런 다양한 자금 출처에 대한 연방정부와 주 정부의 자금 지원 제한 문제를 헤쳐나가야 하는 부조리하고 암울한 악몽이 되어버렸다."

그 거래에는 중요한 약속이 걸려 있다. NFP는 초기 투자를 통해 산모 3,200명에게 추가로 서비스를 제공함으로써 임신부터 출산 후 첫 2년까지 그들을 지원하게 됐다. 그 아이들은 NFP의 지원 덕분에 더 행복하고 건강한 가정에서 자랄 것이다. 엄마와 아이들이 받는 이런 보상은 매우 중요하다.

장기적으로 더 중요한 사실은 이 협약이 잘못된 주머니의 저주를 깰 수 있다는 점이다. NFP가 예정대로 약속을 이행한다면, 주 정부와 연방정부는 투자에 대한 보상이 명확한 이 활동에 꾸준히 자금을 지원하고자 할 것이다. 그리고 다른 49개 주에도 도움이 필요한 고위험군 산모가 있으므로 확장 가능성은 거의 무한하다. 그런 맥락에서 볼 때, 핵심적인 계약 내용을 놓고 3년간 힘들게 실랑이를 벌인 것이 나쁜 투자 같지는 않다.

누군가 가전제품이 고장 나기 전에 알려준다면?

———————— 문제가 발생한 뒤에 돈을 들여서 해결할 수도 있고, 사전에 돈을 들여 예방할 수도 있다. 우리에게 필요한 건 예방적 접근 방법을 지원하기 위해 지불 모델을 뒤집는 방법을 찾아낼 수 있는 더 많은 사업과 사회적 기업가들이다. 이것이 어떻게 가능한지 간단한 예를 들어

보자. 몇 년 전에 아내와 나는 '업스트림' 해충 방제를 시도했다. 당시 거미 때문에 골머리를 앓고 있던 우리는 해충 구제업자를 불렀다. 집에 방문한 그는 구독 서비스를 이용하라고 제안했다. 정기적으로 찾아와서 자기들이 아는 최고의 해충 방지 전략을 적용해주겠다는 것이었다(따로 약속을 잡을 필요도 없고, 그냥 집 외부에 주기적으로 약을 뿌려주는 방식이었다). 처음에는 그 제안을 의심했다. '혹시 바가지를 쓰는 건 아닐까?' 하지만 결국 제안을 받아들인 건, 우리 인생에서 벌레에 대한 걱정을 싹 사라지게 해주겠다는 아름다운 비전 덕분이었다. 그래서 계약을 했고, 우리는 삶에서 소소한 말썽을 일으키던 원인을 완전히 제거했다. 이제 우리 집에서는 더 이상 '벌레 침입-구제-무대책'(이걸 계속 반복)의 주기가 되풀이되지 않는다. 지금은 조용하고 거의 눈에 띄지 않는 루틴을 통해 한결같은 모습을 계속 유지, 유지, 유지하고 있다.

비슷한 맥락에서, 나는 전 세계 가정에서 진행되는 수리 작업 가운데 업스트림 정비 실패로 인한 것이 얼마나 될까 궁금해졌다. 에어컨은 에어 필터를 정기적으로 갈아주지 않으면 일찍 고장 난다. 온수기는 물을 빼주지 않으면 작동을 멈춘다.* 화장실 문제, 배수로 문제, 지붕 문제 같은 수많은 문제들은 모두 예방이 가능하지 않을까? 어떤 사람들은 자기 집을 오일을 한 번도 갈아본 적 없는 자동차처럼 취급한다.

---

* 내 친척 한 사람에게 실제로 이런 일이 있었다. 건조기가 작동을 멈추자 다른 가족에게 조언을 구했다. 다들 여러 가지 문제 해결 방법을 알려줬지만 효과가 없었다. 그러다가 마침내 누군가가 물어봤다. "보풀 필터는 청소했어?" (침묵.) "보풀 필터가 뭐야?

만약 누군가가 여러분 집의 주요 가전제품과 시스템이 고장 나지 않도록 책임지고 그 일을 대신해준다면, 그들에게 다달이 요금을 낼 용의가 있는가? 영원히? 이건 적어도 하나 이상의 주요 업계에서 탐구하고 있는 개념이다. 홈어드바이저(HomeAdvisor)와 앤지 리스트(Angie's List)라는 웹사이트의 운영자이자 앤지 홈서비스(ANGI Homeservices)의 CEO인 브랜던 라이드너(Brandon Ridenour)는 "현대의 홈서비스 산업은 전혀 변한 게 없다."고 말했다. "50년 전의 작업 방식과 거의 똑같다. 개인이 갑자기 홈서비스를 이용할 필요가 생기면 반응적으로 대처하게 된다. '배관공, 전기공, 잡역부가 필요해.' 그렇게 되면 전화번호부를 뒤지거나 친구들에게 물어본 다음 우리 같은 서비스 회사를 이용하는 과정이 시작된다."

그러나 라이드너는 사람들이 위기가 닥칠 때까지 기다리지 않고, 규칙적이고 예방적으로 서비스를 제공하는 구독 모델을 이용할 준비가 되어 있는지 궁금하다. "아주 부유한 사람들에게는 집을 관리해주는 직원이 있다. 그들은 계약을 맺고 1년 내내 서비스를 제공받는다." 그러니까 비욘세는 배관공을 따로 부르지 않는다는 얘기다.

라이드너는 주택관리인이 하는 일을 대부분 자동화할 수 있다고 생각한다. 즉 데이터 세트를 이용해서 언제 유지보수가 필요한지 예측하고, 홈어드바이저의 방대한 도급업자 데이터베이스를 활용해 사람들을 서로 연결해주는 것이다. "대중을 위해 주택관리를 그렇게 만들 수 있지 않을까?"라고 그는 묻는다.

업스트림 활동과 돈에 대한 문제는 결국 세 가지 질문으로 귀결된다. 비용이 많이 드는 문제가 어디에 존재하는가? 누가 그런 문제를 예방하기에 가장 좋은 위치에 있는가? 그리고 그들이 그 일을 하도록 유도할 동기는 어떻게 만들 것인가? 라이드너의 주장은 타당해 보인다. 집 유지보수 작업을 하기에 가장 좋은 위치에 있는 건 집주인이 아니라 홈어드바이저(혹은 그런 일을 하는 사람)다. 어떤 주택 보유자는 손재주가 좋고 어떤 이들은 그렇지 않지만, 개인 주택 보유자 중 수천 가구에서 얻은 정보를 활용해서 어떤 특정한 예방 정비를 시행해야 하는지 아는 사람은 없다. 이 시스템에는 아직 활용되지 않은 가치가 있다. 주요 가전제품이 너무 일찍 고장 나는 걸 막을 수 있다면, 주택 보유자들은 돈을 절약할 수 있고 홈어드바이저는 이익을 얻을 수 있다.

당근을 흔들라!
사람들이 움직일 수 있도록!

이 세 가지 질문을 의료 분야에 적용해보자. 비용이 많이 드는 문제는 어디에 존재하는가? 메디케어는 예방이 가능했던 질병의 진료(예를 들어, 환자의 당뇨병 발병) 때문에 많은 돈을 지출한다. 누가 그런 문제를 예방하기에 가장 좋은 위치에 있는가? 병원은 아니다. 응급상황이 발생하기 전에는 환자와 아무 관계도 없기 때문이다. 집주인이 주택관리 전문가가 아니듯 환자는 건강관리 전문가가 아니므로 환자도 아니다. 그런 문제를 예방하기에 가장 적합한 자리에 있는 사람은 1차 진료의들이다. 그렇다면 어떻게 그들이 그 일을 하도록 유도할 것인가?

2010년에 건강보험 개혁법에 도입된 모델 가운데 하나인 책임의료조직(Accountable Care Organization, ACO)을 만나보자.

ACO 유형 가운데 하나를 아주 간단하게 설명해보겠다(사실 그 너머에는 끝없는 복잡성의 웜홀이 존재한다). 많은 1차 진료의들이 모여서 함께 ACO를 결성하면 메디케어는 그 ACO에 이렇게 말한다. '당신들이 진료하는 환자들과 관련해, 우리는 올해 얼마나 많은 병원 진료가 예상되고 그로 인해 얼마나 많은 비용을 지급해야 하는지 알고 있다. 그러니 환자들의 건강을 잘 관리해서 병원 방문 횟수를 줄인다면, 절감한 금액을 나눠 가지겠다.'

ACO를 구성한 의사들을 도와주는 회사인 알레다데(Aledade)의 공동 설립자 파르자드 모스타샤리(Farzad Mostashari)는 이렇게 말했다. "ACO가 생기기 전에는 의사들이 환자를 병원에 못 오게 하면 돈을 한 푼도 벌지 못했다. 그러나 이 모델을 이용하면 의사들이 시간당 더 많은 환자를 진료할 방법을 궁리하지 않아도 된다. 환자나 그 가족과 함께 더 많은 시간을 보낼 수 있다."

웨스트버지니아주에 사는 1차 진료의인 조너선 릴리(Jonathan Lilly)와 얘기를 나눴는데, 릴리는 ACO 모델 덕에 진료 관행이 바뀌었다고 했다. 예전에는 하루에 진료하는 환자 수가 25~30명 정도였는데 지금은 20명 정도를 진료하면서 환자 한 명 한 명과 더 많은 시간을 보낸다. 그와 그의 파트너는 환자의 건강과 관련해 사후에 대응하기보다 사전 대책을 세운다. 환자의 혈당과 혈압, 체중을 모니터링해서 진단 결과가 올바른 방향으로 움직이는지 확인하는 것이다. 또 환자들은 전보다 더 쉽게 그들을 찾아올 수 있게 됐다. 환자들이 큰 병원에 자주 찾아가는 걸 막으려면, 다른 방법으로 의사와 접촉할 수 있게 해야 한다. 그래서 그들은 저녁과 주말에도 진료를 보고, 환자가 예약 없이 찾아와도 언제든 진찰을 받을 수 있는 '패스트 트랙' 진찰 서비스도 제공한다.

"나는 이런 식으로 일을 한 적이 없다."고 릴리는 말했다. "예전부터 늘 가정의가 되고 싶었고, 환자들의 문지기 역할을 제대로 하고 싶었다. 그리고 ACO는 내가 그렇게 할 수 있게 해줬다." 릴리와 그의 동업의들에게는 이 방법이 효과를 거두고 있다. 그들의 보살핌으로 인해 환자들의 건강과 행복이 증진됐고 병원에도 덜 가게 됐다. 그 결과 메디케어는 비용을 절감했고 그렇게 아낀 돈을 ACO와 나눴다. 이는 곧 릴리가 돈을 더 많이 벌게 됐다는 뜻이다.

건강을 위한 다른 긍정적인 혁신도 있다. 회원 수가 1,200만 명이 넘는 카이저 퍼머넌트(Kaiser Permanente) 같은 의료 시스템에서 사용하는 결제 모델인 '균일 할당제'에 대한 관심이 높아지고 있다. 카이저 퍼머넌트는 보험사인 동시에 의료 서비스 제공업체인 흔치 않은 사례다. 회원들은 카이저 퍼머넌트에 매달 보험료를 내고(혹은 고용주가 지불) 병이 나면 그 회사에 소속된 의사에게 간다. 일반적으로 의료 서비스 제공자(의사 등)는 보험사에 최대한 많은 금액을 청구하려고 하는 반면 보험사는 어떻게든 돈을 적게 주려고 한다. 때문에 어떤 시술에 보험이 적용되고 그걸 어떻게 배상해야 하는지를 놓고 줄다리기가 계속된다. 그러나 카이저 퍼머넌트는 새로운 구조 덕분에 의료계의 이 오랜 갈등을 피할 수 있게 됐다.

카이저 퍼머넌트 소속 의료 제공자들은 진료한 환자 수에 따라 균일한 수수료를 받고 그 사람의 모든 요구를 처리한다(리스크 조정 기준에 따르므로, 25세 청년보다는 노인을 치료했을 때 돈을 더 많이 받는다). 이게 균일 할당제다. 이들은 불필요한 MRI 촬영을 지시할 이유가 없다. 그렇게 해도 돈을 더 받는 게 아니기 때문이다. 균일 할당제를 이용하면 왜 사람들을 속여 값비싼 서비스를 받게 하는 일이 없어지는 걸까? 결국 서비스를 적게 제공할수록 의료 제공자에게 돌아가는 이익이 커지기 때문이다. 이 해결책은 앤디 그로브의 '이중 측정법'처럼 건강 품질 측정기준과 환자 만족도 측정기준을 모두 충족해야 한다. 따라서 만약 환자의 건강이 악화되도록 내버려두거나, 환자들이 자기가 받는 치료가 불만족스럽다고 신고한다면 의료 제공자가 버는 돈이 줄어들 것이다.

균일 할당제 모델을 활용하면 예방에 돈을 쓰는 것이 쉽게 정당화되므로 업스트림 개입의 문이 활짝 열린다. 펜실베이니아에 본부를 둔 가이징거 헬스 시스템(Geisinger Health System)은 카이저 퍼머넌트 같은 통합 의료 시스템으로, 이들은 당뇨병 환자들에게 '푸드 파머시(Food Farmacy)'를 이용하도록 한다. 이곳은 기본적으로 건강식품이 가득한 식료품점인데, 이곳에 있는 식료품은 무료로 가져갈 수 있다. 가이징거는 왜 공짜로 식료품을 나눠주는 걸까? 당뇨병 환자에게는 음식이 곧 약이기 때문이다. 그리고 가이징거 입장에서는 훨씬 비용이 많이 들 수도 있는 다운스트림 합병증에서 환자를 구할 수만 있다면 건강에 좋은 식료품값을 지불할 가치가 있다.

우리의 의료체계는 더 좋은 동기 부여책을 제공하는 모델을 향해 조금씩 나아가고 있다. 이런 노력의 성공은 이 책에서 얻은 교훈을 되돌아볼 기회를 준다. 문제를 예방하기 위해 업스트림 리더들은 적합한 인물들(간병인, 보험업자, 환자)을 단결시켜야 한다. 지렛대로 삼을 만한 지점을 찾고 시스템을 재설계해야 한다(불필요한 입원, ACO). 문제를 조기에 발견할 수 있도록 노력해야 한다(혈당 측정 등을 통해). 성공을 측정하는 방법을 고민해야 하고, 허깨비 승리와 의도치 않은 결과를 모두 피해야 한다. 그리고 마지막으로, 자금 흐름을 살펴야 하고 예방 자금을 지불할 사람을 찾는 방안을 생각해봐야 한다.

이건 견디기 힘든 도전이다. 느리고 고통스럽다. 그러나 그럴 만한 가치가 있다. 그 규모가 워낙 크기 때문이다. 건강관리 산업의 총 규모는 3조 5천억 달러, 1퍼센트는 350억 달러다. 이는 나이키의 2018년 글로벌 매출과 거의 같은 규모다. 거대한 시스템은 조금만 바뀌어도 강력한 효과를 불러올 수 있다. 함께 물길을 헤치면서 상류로 걸어 올라가다 보면, 건강 유지가 질병 치료만큼이나 중요한 세계에 다다를 수 있다.

3

업스트림
그 너머로

'선지자의 딜레마'라는 말이 있다. 무언가를 예측함으로써 예측한 일이 일어나지 않는 상황을 일컫는 말이다. 스스로의 실현을 방해하는 예측이다. 실은 비관론자들의 경고가 실제로 하늘이 무너지는 걸 막은 것일 수도 있지 않을까?

이 장에서는 우리가 지금까지 많은 시간을 쏟아서 반복해 살펴본 문제들, 즉 중퇴율이나 노숙자 문제, 질병 등에서 벗어날 것이다. 하지만 이제부터는 피할 수 없거나(허리케인), 흔치 않거나(IT 네트워크 해킹), 믿기지 않는 문제(새로운 기술 때문에 인류가 소멸한다거나 하는)를 해결하기 위한 업스트림 활동을 살펴볼 것이다.

chapter 11

불가항력적이거나 처음 겪는 문제에 맞서는 법

피할 수 없거나, 흔치 않거나 믿기지 않거나

———————— 1999년에 VHS 테이프로 처음 발매된 그 불길한 비디오에는 〈스타트랙(Star Trek)〉의 스팍(Spock)으로 유명한 레너드 니모이(Leonard Nimoy)가 검은 옷을 입고 미래에 대해 거침없이 말하는 모습이 담겨 있다(〈Y2K Family Survival Guide〉라는 비디오를 말하는 것으로, 이 비디오는 Y2K 문제가 과장됐음과, 그럼에도 불구하고 실제 일어날 수 있는 몇몇 상황에 대처하는 법을 다뤘다 – 옮긴이).

> 어쩌면, 지구상에서 가장 진보했을지도 모르는 문명에 대한 전설이 있다. 그런데 전설은 그 고대 문명 전체가 사라져버렸다면서 갑자기 끝이 난다. 그 거대한 섬이 바다에 가라앉은 건 그들의 기술이 인간의 판단, 선견지

> 명, 약점보다 너무 앞서 있었기 때문이다. 전설 속 문명은 물론 아틀란티스다.
>
> 그런데 1999년의 우리는 전력 공급, 위성 통신, 물, 건강관리, 교통, 식품 유통, 그리고 일상적인 인간 생존에 필수적인 여러 가지 일들과 관련된 매우 현실적인 문제에 직면해 있다. 이 전 지구적인 이슈는 실제로 인간이 저지른 실수의 직접적인 결과물로, 'Y2K' 또는 '2000년 문제'라고 불린다. 1999년 12월 31일에서 2000년 1월 1일로 넘어가는 아주 짧은 순간, 우리 문명이 의존하는 기술을 실행하는 데 필요한 수십억 줄의 컴퓨터 코드와 마이크로칩이 고장 날 수도 있다.
>
> 우리는 아틀란티스가 맞은 운명을 기억한다. 2000년이 다가오면서, 이제 우리 문명이 품고 있는 주요 질문은 이것이다. '우리는 고도의 기술혁신이 그것을 통제하고 궁극적인 결과를 예견하는 우리 능력을 앞지르는 것을 용납할 수 있는가?'

나중에 밝혀진 것처럼(스포일러 있음!) Y2K 문제는 2000년 1월 1일에 문명을 끝장내지 않았다. 그렇다면 무슨 일이 일어났던 걸까? 문명은 구원받은 걸까, 아니면 애초에 구원 같은 건 필요 없었던 걸까?

이 장에서는 우리가 지금까지 많은 시간을 쏟아 반복해 살펴본 문제들, 즉 중퇴율이나 노숙자 문제, 질병 등에서 벗어날 것이다. 이런 문제들은 이해하기 어렵지 않다. 직접 관찰할 수도 있고, 발생률을 측정할 수도 있다. 하지만 이제부터는 피할 수 없거나(허리케인), 흔치 않거나(IT 네트워크 해킹), 믿기지 않는 문제(새로운 기술 때문에 인류가 소멸한다거나 하는)를 해결하기 위한 업스트림 활동을 살펴볼 생각이다.

Y2K 문제는 괜한 호들갑이었을까?

——————— Y2K는 딱 한 번 발생한 문제였다. 인류가 이전에는 한 번도 겪어보지 않았고 앞으로 다시는 겪지 않을 새로운 종류의 컴퓨터 버그였던 것이다. 최악의 사태를 막는 임무를 맡은 사람은 존 코스키넨(John Koskinen)이었다. 코스키넨은 민간 부문에서 실패한 회사들을 회생시키는 일을 했고, 1994년부터 1997년까지는 미국 관리예산실(Office of Management and Budget)의 고위 임원을 역임했다. 새로운 세기를 22개월 앞둔 1998년 2월, 코스키넨은 Y2K 문제의 책임자가 되어 달라는 빌 클린턴(Bill Clinton) 대통령의 제의를 받아들였다.

그 일은 아무리 잘해봤자 본전이었고, 코스키넨도 그 사실을 알고 있었다. "모든 일이 순조롭게 진행되면 사람들은 이렇게 말할 것이다. '그게 다 웬 소동이람? 시간과 돈만 잔뜩 낭비했잖아.' 반면 일이 제대로 안 풀려서 전기가 나가고, 정지 신호등이 작동하지 않고, 전화가 끊기고, 금융 시스템이 기능을 멈추고, 통신 시스템이 고장 나면 다들 이렇게 생각할 것이다. '이 사태를 막았어야 하는 담당자 이름이 뭐지?'"

시간은 2년도 채 남지 않았고 배정된 인원도 적었다. 코스키넨은 정부 시스템을 직접 고치는 건 불가능하다는 걸 알았다. 그가 할 수 있는 일은 적합한 인물을 소집하고 그들이 서로 대화를 나누며 정보를 공유하도록 독려하는 것뿐이었다. 임기 초반에 코스키넨은 전력, 통신, 주 정부와 지방 정부, 의료 등 다양한 분야를 담당하는 25개의 실무진을 조직했다. 각 실무진은 연방 기관 주도하에 필요한 업무를 진행했다. 예를 들어, 교통부는 항공사, 철도, 트럭 운전사, 운송 회사 등과 함께 일했다.

그의 한 동료는 이런 접근방식에 반대했다. "우리가 할 일은 미국 경제 전체가 아니라 연방정부의 Y2K 버그를 고치는 거야!" 하지만 코스키넨은 이렇게 답했다. "연방정부 시스템이 멀쩡하게 작동해도 1월 1일에 전기 송전망이 고장 나면, 다들 그런 일이 발생하지 않도록 하기 위해 무슨 조치를 취했는지부터 물을 거야. 그 사람들한테 그건 내 일이 아니라고 대답할 수 없어."

실무진들의 출발은 좋지 않았다. 기업 변호사들은 만약 자기네 회사가 긴밀하게 협조할 경우 독점 금지법에 저촉되거나 책임 소송에 휘말릴 위험이 있다고 우려했다. 코스키넨의 팀은 실제로 이런 우려를 해소하기 위해 국회를 통해 서둘러 법을 통과시켜야 했다. 결국 이 단체들은 자유롭고 효과적으로 활동하기 시작했다. 서로 정보를 공유하며 말이다.

한편 코스키넨은 자기가 사실상 기술적인 문제뿐만 아니라 심리적인 문제까지 다루고 있다는 걸 깨닫기 시작했다. 집단 공포는 기술적 버그만큼이나 위협적이었다.

그 당시에는 통상적으로 현금자동인출기 가운데 2퍼센트 정도는 작동하지 않는 상태였다. 고장이 났거나 현금이 없기 때문이다. 하지만 2000년 1월 1일에 ATM이 작동하지 않으면 Y2K 문제로 해석되어 두려움을 증폭

시킬 수 있었다. 이들의 가장 큰 걱정거리 중 하나는 사람들이 은행에 예금을 찾으러 몰려들지도 모른다는 것이었다. 만약 고객들이 돈을 찾지 못하게 될 걸 걱정하거나 은행이 파산할까 봐 걱정한다면, 새천년이 오기 전에 돈을 인출하기 시작할지도 모른다. 그 모습을 본 다른 고객들도 슬슬 걱정하게 될 것이다. '저 사람들은 아마 편집증 환자일 거야. 하지만 내가 돈을 찾기 전에 저들이 다 가져가는 건 싫어. 그러니까 나도 돈을 인출하는 게 좋겠어.'

은행이 보유한 자산의 극히 일부만 현금으로 보관할 수 있게 하는 미국의 부분지급준비제도를 생각하면, 편집증 환자 몇 명만 돈을 인출해도 동네 은행이 갖고 있던 현금이 다 소진될 수 있다. 은행에 돈이 다 떨어졌다는 소문이 돌 때 발생할 공황을 상상해보라. 은행 도산에 대한 비이성적인 두려움이 실제로 은행 도산을 야기할 수 있다. 정부는 이런 두려움을 얼마나 심각하게 받아들였을까? 연방준비제도이사회는 500억 달러의 새 화폐를 발행해 전국에 유통하도록 지시했다. 이는 미국의 모든 가정에 약 500달러씩 돌아갈 수 있는 액수다.

새천년을 몇 달 앞두고 코스키넨은 Y2K 버그가 큰 장애를 일으키지 않으리라는 확신을 갖게 됐다. 대중과의 소통을 위해 인터뷰할 때 그는 차분하고 자신감이 넘쳤다. 그래도 1999년 12월 31일이 되자 불안한 기분이 들었다. 그는 전 세계의 상황을 걱정했다. IT 시스템을 갖춘 국가는 모두 이론적으로 Y2K 버그가 발생할 위험에 처해 있었고, 미국은 국제적으로 이 사태의 실질적인 리더였다. Y2K 대비를 소홀히 했다가 중요한 시스템이 붕괴되는 나라가 있을까? 그런 눈에 보이는 실패(언론 때문에 더 히스테릭하게 받아들여질)가 발생하면 미국에서도 사람들이 공포에 사로잡혀 문제가 생길 수 있었다.

***

새천년의 첫날이 시작되자 뉴질랜드에서 첫 번째 보고가 날아왔다. 한 미국 기자가 자기 ATM 카드가 잘 작동하는지 생방송으로 보도하기 위해 그곳으로 날아간 것이다. 카드는 잘 작동됐다(그 기자는 미국에 돌아오는 데도 한참 걸렸을 것이다). 코스키넨의 팀은 안도의 한숨을 내쉬었다.

코스키넨은 4시간마다 기자회견을 열었는데, 별다른 사건은 벌어지지 않았다. 일본에서 원자력 발전소의 안전성을 감시하던 중 작은 문제가 발견됐다. 국방부와 몇몇 정보위성과의 연락이 몇 시간 동안 두절됐다. 그밖에 급여 지연이나 지불 정지, 반복적인 신용카드 비용 청구 같은 좀 더 사소한 문제들도 발생했다.

코스키넨의 팀이 몇 달 뒤에 제출한 최종 보고서에 등장하는 다음 사례는 이날 극적인 사건이 별로 없었음을 보여준다. "다음 날로 데이터를 넘기는 과정에서 뉴욕, 탬파, 덴버, 애틀랜타, 올랜도, 시카고 오헤어, 세인트루이스 공항의 저고도 전단풍 경고 시스템(Low-Level Windshear Alert Systems, LLWAS)이 고장 났다. 시스템이 오류 메시지를 표시해 각 현장의 항공 운송 시스템 전문가들은 오류를 해결하기 위해 LLWAS 컴퓨터를 재부팅해야 했다." (훗날 이 사건을 다룬 〈강제 재부팅(Forced to Reboot)〉이라는 시나리오는 0달러에 팔렸다.)

새천년이 도래했다. 문명은 살아남았다. 숲에 있는 오두막집을 빌려 피신했던 사람들은 멋쩍어하면서 도시로 돌아왔다.

코스키넨이 예상한 대로, 그의 팀이 한 일은 축하받지 못했다. "48시간이 지난 뒤에 사람들은 '음, 꽤 순조롭게 진행됐군. 애초에 그렇게 큰 문제가 아니었던 거야.'라고 말했다."

하지만 애초에 Y2K 버그는 위협적이지 않았다는 회의론자들의 말이 맞을까? 캐나다의 컴퓨터 시스템 분석가 데이비드 로버트 로블로(David Robert Loblaw) 같은 몇몇 이들은 "비행기가 하늘에서 떨어지지도 않고, 엘리베이터가 추락하지도 않고, 정부가 무너지지도 않을 거다. 2000년은 느긋하게 하품을 하면서 찾아올 것"이라고 계속 말해왔다. 로블로는 자신의 예측이 옳았다는 사실이 증명되자 자축을 벌였다. 2000년 1월 6일, 그는 《글로브 앤 메일(Globe and Mail)》에 '너 사기당할 거라고 내가 말했잖아(You Got Conned and I Told You So)'라는 제목의 기사를 썼다. "엄청난 히스테리의 원인으로 작용한 전기나 항공 교통 관제 같은 시스템도 그렇지만, 애초에 역년(曆年)에 의존하는 시스템은 거의 없다."

그러나 Y2K 대비 업무를 맡았던 이들 가운데 상당수는 그 일이 사기였다고 말하는 걸 들으면 지금도 격분한다. 당시 딜로이트(Deloitte)의 컨설턴트 겸 국제 파트너로 영국 내의 Y2K 관련 문제를 처리했던 마틴 토머스(Martyn Thomas)는 "아무 일도 벌어지지 않은 이유는 사람들이 엄청난 소란을 피운 탓에 엄청난 양의 작업이 이루어졌기 때문"이라고 말했다. 그는 일촉즉발의 상황에서 Y2K 버그를 피했다고 생각한다. 전 세계가 재능과 에너지를 성공적으로 동원한 덕분에 간신히 재앙을 피했다는 것이다.

누구 말이 맞을까? 나는 그의 말이 거짓이 아니라 재앙을 간신히 피한 게 맞다고 생각한다. 하지만 정확히 알기는 어렵다. 이런 불확실성이 업스트림 활동에 좌절감을 주는 한 측면이다. 특히 새로운 문제를 다룬다면 더 그렇다. 문제가 반복되는 상황에서는 모호한 부분이 적다. 고등학교 중퇴자가 5년 연속 500명인 상황에서 새로운 프로그램을 시작했는데, 올해는 중퇴자가 400명밖에 안 됐다면 여러분은 자신들이 한 일이 영향을 미쳤다고 자신할 수 있을 것이다. 하지만 Y2K 문제 때는 딱 한 번만 데이터를 측정할 수 있었다. 바로 2000년 1월 1일에. 그리고 다행스럽게도 운이 좋았거나 철저히 준비한 덕에, 혹은 둘 모두 덕분에 대수롭지 않게 넘어갔다.

문제를 예측했는데도 피해가 발생한다면

——— Y2K 때 우리는 재난을 대비해야 하는 상황에 처해 있었다. 그런데 재난이 발생하지 않자 과연 그런 준비가 꼭 필요했는지 의문을 품게 됐다. 그렇다면 그와 반대되는 시나리오를 생각해보자. 재난에 대비했는데도 믿을 수 없을 만큼 심한 피해를 입었다면? 그렇다면 나중에 준비해봤자 소용없다는 결론을 내리겠는가, 아니면 준비하지 않았으면 상황이 더 악화될 수도 있었다고 판단하겠는가?

이러한 시나리오가 실제로 실현된 적이 있다. 2004년 초, 재난 전문가 두 명이 워싱턴 DC에서 만나 토론을 벌였다. 정부가 재난에 대비하고 대처하도록 돕는 역할을 하는 민간 계약업체 이노버티브 이머전시 매니지먼트(Innovative Emergency Management, IEM)의 설립자 겸 CEO인 마두 베리왈(Madhu Beriwal)과 연방재난관리청(the Federal Emergency Management Agency, FEMA)의 긴급대응 책임자인 에릭 톨버트(Eric Tolbert)였다.

베리왈은 톨버트에게 물었다. "당신이 고려하는 모든 재난 가운데 밤잠을 설칠 만큼 가장 두려운 건 뭡니까?" 톨버트는 이렇게 대답했다. "뉴올리언스를 강타할지도 모르는 치명적인 허리케인입니다."

그 전문가를 겁먹게 한 것은 뉴올리언스의 지리적 상황이었다. 이 도시는 고도가 해수면보다 낮았고 미시시피강과 폰차트레인(Pontchartrain) 호수의 물을 막아주는 제방 사이에 위치해 있었다. 이 도시를 그릇 밑바닥이라고 상상해보자. 만약 제방이 뚫리면 시내로 물이 밀려 들어와 빠져나가지 못하고 그대로 남아 있게 될 것이다.

9.11 테러 이후 몇 년 동안 FEMA의 주된 관심사는 테러 행위였지만, 톨버트는 자연재해에 대비한 계획을 세울 자금을 따냈다. 그 목적에 쓸 돈 몇백 만 달러를 승인받자, 톨버트는 베리왈의 회사인 IEM과 80만 달러에 계약을 체결했다.

이들의 임무는 뉴올리언스와 그 주변 지역을 위한 허리케인 대응 계획을 수립하는 것이었다. IEM은 무서운 속도로 계획을 진행해 보통은 훨씬 오래 걸리는 과정을 53일 만에 완료했다. 허리케인 시즌이 다가오고 있었다. 2004년 7월, IEM은 루이지애나의 주도(州都) 배턴루지(Baton Rouge)에 약 300명의 핵심 관계자를 일주일간 소집했다. FEMA, 20개 이상의 루이지애나주 정부 기관, 13개 교구, 국립 기상청, 15개 이상의 연방 기관, 자원봉사 단체, 미시시피주와 앨라배마주 정부 기관의 대표 등이 모두 모인 것이다('문제를 포위하라.') IEM팀이 고안한 허리케인 시뮬레이션인 '팸(Pam)'에 맞서기 위해서였다.

크리스토퍼 쿠퍼(Christopher Cooper)와 로버트 블록(Robert Block)은 카트리나 대처와 관련해 빼놓을 수 없는 책인 『재앙: 허리케인 카트리나와 미국 재난관리 정책의 실패(Disaster: Hurricane Katrina and the Failure of Homeland Security)』에서 그 시뮬레이션에 대해 이렇게 썼다.

> 대서양에서 발생한 허리케인 팸은 푸에르토리코와 히스파니올라, 쿠바를 강타하고 멕시코만의 따뜻한 바다를 지나면서 크기가 점점 커지도록 설계됐다. 대피할 시간은 충분했지만, 걸프 해안 주변에 사는 주민들은 집에 그대로 있고 대부분 움직이지 않았다. 예측했던 대로 이 폭풍은 루이지애나주 그랜드 아일(Grand Isle)의 작은 마을 쪽으로 직선 이동해 그곳을 파괴한 뒤 뉴올리언스를 향해 북쪽으로 이동했다. 이 허리케인은 강의 상류 쪽으로 거의 100킬로미터를 이동하면서 끔찍한 재앙의 흔적을 남겼다. 뉴올리언스 바로 위를 지나간 폭풍은 근처에 있는 폰차트레인 호수를 찻잔처럼 기울여 시내에 물을 쏟아부었다. 염분이 섞인 물이 빠르게 밀려들면서 뉴올리언스는 물에 잠겼다. 수심이 최대 6미터나 되는 곳도 있었다. 얼마 뒤 허리케인은 소멸했지만, 모든 게 폐허가 됐다.

배턴루지에서 시뮬레이션을 하며 참가자들은 수색과 구조, 배수, 임시 주택 마련, 부상자 분류 등 자신의 전문 분야에 따라 하위그룹으로 나뉘어서 실시간으로 대응안을 마련했다.

허리케인 팸의 주요 기획자 중 한 명인 마이클 L. 브라운(Michael L. Brown) 대령*은 계획을 세우는 데 있어 마법 같은 해결책은 없을 것"이라고 선언했다.

> 작업을 하는 데 배가 300척 필요하다면, 참가자들은 배가 존재하기를 바라기만 하는 게 아니라 배를 직접 찾아야 했다. 만약 뉴올리언스로 발전기를 운반할 트럭 15대가 필요하다면 그걸 어디서 구할 수 있는지 알아내거나 적어도 현실적인 추측을 해야 했다. 베리왈은 이렇게 말했다. "그들은 당장 이용할 수 있거나 반입 가능할 것으로 보이는 자원을 가지고 계획을 세워야 했다. 마법처럼 헬리콥터 천 대가 나타나 그 일을 해주리라고 생각하면 안 됐던 것이다."

허리케인 팸과 씨름하면서 진지하고 극적인 한 주를 보낸 이들은 일련의 긴급대응 계획을 세웠다. 어떤 계획은 아주 자세했고, 어떤 건 간신히 살을 붙인 수준이었다. 이게 시작이었다.

허리케인 팸 시뮬레이션을 진행하고 13개월이 지난 2005년 8월 말, 허

---

* "브라우니, 정말 잘했어요(Brownie, you're doing a heckuva job. 카트리나 사태 당시 미국 대통령 조지 부시가 FEMA의 수장이었던 마이클 브라운에게 한 말. 조지 부시는 이 말로 인해 상황의 심각성을 깨닫지 못한다며 수많은 비판을 받았다 – 옮긴이)"로 유명한 마이클 브라운이 아니라 다른 마이클 브라운이다. 이 마이클 브라운의 아내 이름이 팸이고, 시뮬레이션에 아내의 이름을 붙인 것이다.

리케인 카트리나가 뉴올리언스를 강타했다. 카트리나가 발생하고 약 5개월 뒤, 베리왈은 상원 청문회에 출석해서 시뮬레이션과 현실을 비교한 표를 보여줬다.

허리케인 '팸' 시뮬레이션	'카트리나'로 인한 실제 결과
강우량 51센티미터	강우량 46센티미터
뉴올리언스가 3~6미터 깊이의 물에 잠김	뉴올리언스 일부 지역에 최대 6미터의 물 범람
물이 제방을 넘어 범람	제방 파손
허리케인 상륙 전 5만 5천 명 이상이 공공 대피소로 피난	허리케인 상륙 전 약 6만 명이 공공 대피소로 피난
110만 명 이상의 루이지애나 주민이 거처를 잃음	걸프 연안 주민 100만 명이 장기적으로 이재민 생활을 하게 됐으며, 그중 대부분은 루이지애나 주민
허리케인 초반 루이지애나 주민 786,359명에게 전력 공급이 끊김	허리케인이 급습한 다음 날 루이지애나 주민 881,400명이 전기 공급이 끊겼다고 신고

이렇게나 유사한 부분이 많다니 신기할 정도다. 그러니 대체 무슨 일이 있었던 건지 질문을 던질 수밖에 없다. 꼭 필요한 사람들을 모아 정확하게 맞아떨어지는 시나리오를 연습했는데, 어째서 1년 뒤 실제로 사건이 벌어졌을 때 대응에 실패한 걸까?

'실패'는 상당히 절제된 표현이다. 카트리나 대응은 국가적 수치였다. 당시 대피소로 사용됐던 '슈퍼돔(루이지애나주 뉴올리언스에 있는 미식축구용 경기장 – 옮긴이)'을 둘러본 기자 스콧 골드(Scott Gold)의 이야기를 들어보자.

> 두 살짜리 여자아이가 오줌 웅덩이에서 자고 있다. 화장실에는 깨진 유리병이 흩어져 있다. 10대들이 부순 자동판매기 옆의 벽은 피로 얼룩졌다. 한때 건축미와 독창성의 상징이던 루이지애나 슈퍼돔은 카트리나가 상륙하기 하루 전인 월요일부터 뉴올리언스에서 가장 큰 대피소가 됐다. 약 16,000명이 이곳에 자리를 잡았다. 수요일이 되자 이곳에는 공포감이 감돌았다. (…) "우리는 바닥에 소변을 봤다. 꼭 동물 같았다." 생후 3주 된 아들 테리를 안고 있던 태파니 스미스(Taffany Smith, 25세)가 말했다. 태파니는 오른손에 구조대원들이 제공한 분유가 반쯤 담긴 젖병을 들고 있었다. 현장에는 아기용품이 떨어져 가고 있었다. 한 엄마는 기저귀 두 개를 받았는데, 더러워지면 오물을 긁어내고 다시 쓰라는 말을 들었다고 말했다.

여기서 나는 서로 상충되는 견해가 어떻게 모두 사실인지를 생각해보도록 함으로써 여러분의 인내심을 시험해보려 한다. 첫 번째 견해는 이것이다. 뉴올리언스에서 오도 가도 못하게 된 사람들을 위한 재난 대응 방식은 말도 못 하게 형편없었다는 것. 두 번째 견해는 이것이다. 허리케인 팸 시뮬레이션을 통해 마련해둔 계획 덕에 수천 명의 생명을 구했다는 것. 간단히 말해서, 허리케인 카트리나는 끔찍했다. 하지만 훨씬 더 심각할 수도 있었다.

사실 베리왈이 상원에서 제시한 표에는 허리케인 팸과 허리케인 카트리나의 가장 큰 차이점을 보여주는 마지막 두 칸이 더 있었다.

허리케인 '팸' 시뮬레이션	'카트리나'로 인한 실제 결과
사망자 수 6만 명 이상	루이지애나주에서 현재까지 보고된 사망자 수 1,100명(3천 명 이상 실종 상태)
태풍이 상륙하기 전 전체 주민의 36퍼센트 대피	태풍이 상륙하기 전 전체 주민의 80~90퍼센트 대피

베리왈은 이에 대해 이렇게 말했다. "과학적인 관점에서 우리의 결과 예측은 거의 적중했다. 완전히 틀린 점이 하나 있다면 사망자 수였다. 우리는 6만 명 이상이 사망할 것이라고 예상했다. 그러나 실제로 비극적인 죽음을 맞은 사람은 1,700명이었다.* 이 둘 사이의 차이는 역방향 통행이었다."

뉴올리언스주는 어떻게 최악의 상황을 피했나

——— '역방향 통행(Contraflow)'이란 고속도로의 모든 차선을 일시적으로 같은 방향으로 움직이도록 하는 비상절차다. 이 방법

은 이론상으로는 논리적인 것처럼 들린다. 결국 모든 차량은 재난 지역에서 벗어나야 하기 때문이다. 하지만 고속도로의 방향을 뒤집었을 때 얼마나 복잡한 일이 생길지를 상상해보라! 재난이 벌어지는 방향으로 연결되는 진입로를 모두 감시 및 차단하고 시민들에게 무슨 일이 벌어지고 있는지 알려야 한다. 중간에서 발이 묶인 차량 때문에 정체가 발생하지 않도록 신속 대응하기 위해 항상 비상 요원들을 대기시켜야 한다. 또 다른 문제도 있다. 역방향이던 고속도로가 주(州) 경계에 도달해 다시 원래 방향으로 전환해야 한다면 무슨 일이 일어날까? 이러한 문제들은 사소한 것처럼 들릴 수도 있지만 명심해야 할 게 있다. 베리왈은 카트리나로 인한 사망자가 6만 명이 아니라 1,700명이었던 주된 이유가 역방향 통행 덕분이라고 주장하고 있다는 것이다. 이런 세부사항은 매우 중요하다.

허리케인 팸 시뮬레이션을 진행한 지 두 달도 채 되지 않아 강도가 그리 세지 않은 허리케인인 이반(Ivan)이 멕시코만에 상륙했다. 뉴올리언스는 그때 역방향 통행을 실험했다. 결과는 대실패였다. 고속도로가 막히는 바람에 일부 운전자들은 최대 12시간 동안 고가도로 위에 발이 묶였다. 이반이 동쪽으로 방향을 틀어 뉴올리언스를 비켜 가지 않았다면, 거대한 주차장으로 변한 고속도로에 있던 수천 명의 운전자들은 차를 버리고 대피해야 했을지도 모른다.

허리케인 팸 시뮬레이션과 허리케인 이반 때 겪은 실패에 대응하여, 주

---

* 베리왈은 상원 청문회에서 사망자 수를 1,100명이 아니라 1,700명이라고 말했다. 실종자 중 일부가 사망한 것으로 확인되면서 사망자 수가 증가했기 때문이다.

정부는 역방향 통행 계획을 재정비했다. 이때 얻은 중요한 교훈은 인접한 주의 공무원들과 더 긴밀하게 협력하고 대중과의 소통을 강화해야 한다는 것이었다. 카트리나 발생 시 미국 적십자사는 역방향 통행을 설명하기 위해 지도 150만 개를 인쇄해 배포했다. 아주 작은 영역에서 개선된 점도 있었다. 허리케인 이반 때 운전자들은 경찰에게 이런저런 질문을 하려고 자주 차를 멈췄고, 경찰은 친절하게 대답하는 게 그들을 돕는 길이라고 생각했다. 하지만 그런 대화 때문에 병목현상이 일어나 교통체증이 더 심해졌다. 교훈은 명확했다. 대화를 나누지 말고 손만 흔들어 운전자들을 앞으로 보내야 한다는 것이었다.

2005년 8월 27일 토요일, 걸프만에서 허리케인 카트리나가 뉴올리언스를 위협하자 루이지애나 주지사 캐슬린 블랭코(Kathleen Blanco)는 오후 4시부터 역방향 통행을 시작하라고 지시했다. 역방향 통행은 이후 25시간 동안 쉬지 않고 계속됐다. 교통흐름은 허리케인 이반 때보다 훨씬 좋았다. 뉴올리언스에서 배턴루지까지는 보통 1시간 정도 걸리는데, 역방향 통행 때에도 3시간 이상은 걸리지 않았다. 시간당 교통량은 출퇴근 시간 때보다 70퍼센트 가까이 늘었지만 그래도 차들은 크게 지연되는 구간 없이 꾸준히 움직였다. 그 결과 모두 120만 명이 넘는 사람들이 대피했다.

***

허리케인 팸 시뮬레이션은 업스트림 활동의 모범적인 예이다. 문제가 발생하기 전에 적절한 사안을 논의하려고 적절한 사람들을 소집한 것이다. 허리케인 팸 시뮬레이션에 참여한 아이버 반 히어든(Ivor van Heerden) 전 루이지애나 주립대 허리케인 센터 부소장은 "좋은 점은 우리가 변화를 일으켰다는 걸 알고 있다는 것이다. 우리는 수만 명의 생명을 구했다는 사실을 알고 있다."고 말했다.

아쉬운 점은, 아이디어는 아주 좋았지만 안타깝게도 주요 관계자들이 모두 모인 건 그때 한 번뿐이었다는 것이다. 아무리 기발한 훈련이라도 단 한 차례로는 대재앙에 대비할 수 없다. 허리케인 팸 시나리오를 개발한 IEM은 2005년에 여러 차례의 추가 훈련을 계획했다. 『재난』의 저자들은 이에 대하여 이렇게 썼다. "그러나 FEMA는 직원들이 회의에 참석할 때 드는 얼마 안 되는 여비를 마련할 수 없다면서 2005년 상반기에 예정되어 있던 후속 회의를 대부분 취소했다. FEMA 관계자들이 나중에 말한 바에 따르면, 그때 부족한 금액은 1만 5천 달러 이하였다고 한다."

FEMA는 1만 5천 달러 지출을 거부했다. 의회는 카트리나 때문에 파괴된 걸프 해안 지역을 재건하기 위해 620억 달러가 넘는 추가 지출을 승인했다. 이건 다운스트림 행동에 대한 우리의 집단적 편견을 보여주는 완벽한 예다. 공정하게 말하자면 아무리 준비를 열심히 했다 하더라도 최고 등급 허리케인에 걸프 해안이 피해를 입는 걸 막을 수는 없었을 것이다. 하지만 그 규모의 차이가 너무 크다. 수십억 달러가 위태로운 상황에서 수천 혹은 수백만 달러의 소소한 자금을 아끼려 한 것이다.

습관이 우리를 구원하리니

──────── 중대한 문제에 대비하려면 연습이 필요하다. 이론상으로는 별로 복잡한 문제가 아니다. 그런데 현실로 가면 복잡해지는 이유는 이런 연습이 앞서 얘기한 터널링 본능에 위배되기 때문이다. 기관들은 계속해서 긴급한 단기적인 문제들을 다룬다. 추측에 근거한 미래 계획을 세우는 건 당연히 시급한 일이 아니다. 그러다 보니 사람을 모으기가 어렵고 자금을 인가받기도 어렵다. 고난이 눈앞에 닥치지도 않았는데 협조해 달라고 사람들을 설득하기란 쉬운 일이 아니다.

습관을 기르는 건 이런 다운스트림 편향에 대항하는 한 가지 방법이다. 예를 들어, IT 분야의 리더들은 네트워크 보안과 관련된 가장 약한 고리가 바로 자신들의 동료인 경우가 많다는 걸 알게 됐다. 요새는 피싱(사람들을 속이는 사기성 이메일을 보내서 신용카드 번호나 비밀번호 같은 개인 정보를 훔치는 것) 범죄가 일반화되어서, 2019년 버라이즌 데이터 침해 조사 보고서에서 살펴본 보안 침해 사례의 32퍼센트를 차지했다. 직원들이 진짜 피싱 공격에 넘어가지 않도록 훈련시키기 위해 가짜 피싱 메일을 보내는 업체마저 등장했을 정도다. (우리 시대의 한 단면: 사기 치는 이들을 속이기 위한 업계가 존재한다.)

일리노이주 웨스트오로라 129 교육구의 기술국장 돈 링겔스타인(Don Ringelestein)은 피싱 공격에 대한 걱정으로 노비포(KnowBe4)라는 업체의 무료 체험 프로그램을 이용하기로 했다. 2017년 1월, 교육구 직원들은 처음 보는 이상한 이메일 주소를 통해 첫 번째 피싱 메일을 받았다. 이번 주초에 보안 위반이 의심되는 사건이 발생했으니 링크를 클릭해 비밀번호를 바꾸라고 유도하는 내용이었다. 링겔스타인은 직원들에게 그런 피싱 계략에 대해 자주 경고했으므로 대부분 그게 사기라는 걸 꿰뚫어 보리라고 생각했다. 하지만 아니었다. 전체 직원의 29퍼센트가 그 링크를 클릭했다.

"나는 단순히 놀라기만 한 게 아니었다. 겁에 질려 어찌할 바를 몰랐다." 링겔스타인은 당시 자기가 보인 반응을 이렇게 설명했다. 피싱은 교육구에서 특히 우려하는 사항이다. 교육구의 소중한 재정 자료뿐만 아니라 학생들의 개인 데이터까지 도용될 수 있기 때문이다. FBI 등의 기관에 따르면, 도용자는 학생이 문제가 생겼다는 걸 깨달을 때까지 몇 년에 걸쳐 학생의 정보를 이용해 계좌를 개설할 수 있다.

링겔스타인은 이렇게 말했다. "하드웨어를 이용해서 이런 이메일을 모두 차단할 방법은 없다. 그러니 피싱을 막는 마지막 기회, 문을 닫는 가장 좋은 방법은 사람들을 교육시키는 것이다."

그는 직원들의 클릭을 유도하는 이메일을 만들어내기 시작했다. '당신만을 위한 아마존 프라임 무료 구독 기회! 여기를 클릭하세요!', '스타벅스 무료 음료 쿠폰 다운로드!' '이지패스(E-ZPass. 미국 중서부와 동부에서 주로 사용하는 하이패스 시스템 – 옮긴이) 요금이 체납됐습니다. 지금 내려면 클릭하세요!' 이 마지막 링크의 클릭률은 27퍼센트나 됐는데, 특히나 더 실망스러운 결과다. 일리노이주에는 이지패스 시스템이 없기 때문이다. 일리노이주에서 사용하는 건 아이패스(I-Pass)다. (만약 링겔스타인이 '학생들의 답안지를 채점해주는 무료 인턴!'이라는 제목을 달았다면 클릭률이 90퍼센트를 넘었을지도 모른다.)

누군가가 이 링크를 클릭하면, 시스템은 인터넷 안전 사용법을 배울 수 있는 화면으로 그 사람을 데려갔다. 한편 링겔스타인은 어떤 직원이 링크를 클릭했는지 확인할 수 있었는데, 곧 직원들 가운데 거의 매번 속아 넘어가는 사람이 몇 명 있다는 사실이 분명해졌다. 창의적인 노력을 기울이지 않아도 얼마든지 그들의 클릭을 유도할 수 있었다. 링겔스타인은 그들을 개별적으로 지도하기 위해 학교로 직접 찾아가곤 했다.

링겔스타인은 2년 넘게 동료들을 시험하고 교육하면서 서서히 그들의 경계심을 높였다. 첫 번째 이메일에서 29퍼센트나 됐던 클릭률이 최근에는 평균 5퍼센트로 떨어졌다.

이는 대단한 진보다. 그리고 이는 전반적인 진보를 위한 것이다. 다시 말해, 가짜 스타벅스 판촉 메일에 대해서만 무장시키는 게 아니라 다양한 사기 행위에 대한 방어력을 높이는 것을 목표로 하는 행위다. 링겔스타인은 웨스트오로라 교육구의 교사들이 민감한 개인 정보를 요구하는 수상한 전화를 받을 때 그 전화에 속지 않으리라고 기대한다. 비록 피싱 수단은 메일에서 전화로 달라졌더라도 말이다.

비상사태를 시뮬레이션한다 해도 실제 상황을 완벽히 예측할 수는 없다. 그저 가능성이 높은 상황을 만들 뿐이다. 이상적으로는, 관련 당사자들이 여러 번 시뮬레이션을 거듭해야 한다. 유사시에 필요한 지식과 기술을 익힐 수 있기 때문이다. 그들은 그 과정을 통해 재난이 닥칠 때 어떤 관계자들이 필요한지를 알게 된다. 시스템의 연결고리를 이해하고, 문제 해결을 위한 자원을 얻기 위해 어디로 가야 하는지도 알게 된다. 나는 어느 지역사회에서 일어난 재해 시뮬레이션에 참여한 한 사람을 인터뷰했는데, 그는 "긴급상황에서 서로 명함을 교환하고 싶지는 않을 것"이라며 상황을 잘 표현했다.

Y2K나 허리케인 같은, 불확실하거나 예측할 수 없는 문제에 대비하기 위한 노력에서도 이미 우리에게 익숙한 내용을 확인할 수 있다. 당국은 적합한 관련자들을 소집해 그들의 관심사를 일치시켰고, 그들은 자신의 터널에서 빠져나와 문제를 포위했다. 그런 뒤 재난에 대비한 준비 상태를 확고히 하기 위해 역방향 통행을 개선하는 등 시스템 개선을 시도했다.

그러나 그보다 훨씬 어려운 문제가 있다. 만약 단순히 '준비'하는 것만으로는 충분치 않은 문제가 있다면? 그 문제를 해결하기 위해서는 '완벽함'이 필요하다면?

문명을 파괴할 수 있는 검은 공

———————— 링겔스타인의 동료들이 사기에 속아 넘어가는 비율은 교육을 통해 29퍼센트에서 5퍼센트까지 낮아졌다. 그건 큰 변화다. 하지만 그것으로 충분할까? 컴퓨터 보안 전문가 브루스 슈나이어(Bruce Schneier)는 해킹 방어와 관련해, "보안 문제가 가장 약한 고리에 달려 있을 때는 교육도 통하지 않는다."고 말한다. 다시 말해, 해커가 웨스트오로라 129 교육구나 다른 특정 기관에 침입하는 데 전력투구한다면 29퍼센트와

5퍼센트의 차이는 중요하지 않다는 얘기다. 해킹을 위해서는 문이 딱 하나만 있으면 된다. 어떤 링크든 클릭하는 잘 속아 넘어가는 한 사람.

옥스퍼드 대학의 스웨덴 출신 철학자 닉 보스트롬(Nick Bostrom)은 기술 혁신이 현대 사회를 이와 비슷한 취약성 위기에 빠뜨렸는지, 즉 모든 사람의 운명이 단 한 번의 불운이나 단 한 사람의 악당에게 달려 있는 상황에 놓였는지를 심사숙고한다. 그의 논평들은 결과를 고려하지 않고 새로운 혁신을 계속 추진하기만 하는 인류의 경향을 드러낸다. 과학자와 기술자는 '이걸 꼭 발명해야 하는가?'라고 자문하는 공식적인 과정을 거치는 일이 거의 없다. 발명할 수 있다면 발명될 것이다. 호기심과 야망과 경쟁심이 그들을 앞으로 밀어낸다. 혁신에 관한 한 가속 페달은 있어도 브레이크는 없다.

때로는 항생제나 천연두 백신처럼 엄청나게 중요한 걸 발명한다. 어떤 때는 총, 자동차, 에어컨, 트위터처럼 좋을 수도 있고 나쁠 수도 있는 걸 발명하기도 한다. 이런 기술들이 어떤 결과를 낳을지, 즉 좋은 쪽으로 작용할지 나쁜 쪽으로 작용할지는 미리 알 수 없다. 그저 어설프게 앞으로 나아가면서 그 결과를 처리할 뿐이다.

보스트롬은 이렇게 어설프게 앞으로 나아가는 습관에 대한 비유를 든다. 인류가 거대한 항아리에서 공을 꺼내고 있다고 상상해보자. 여기서 공은 발명품이나 기술을 나타낸다. 항아리에는 항생제 같은 유익한 기술을 나타내는 흰 공과 은총인 동시에 저주이기도 한 기술을 나타내는 회색 공이 들어 있다. 요컨대 항아리에 손을 넣으면서 자기가 어떤 색 공을 꺼내게 될지는 알 수 없는 것이다. 하지만 계속해서 항아리를 향해 손을 뻗고 있다. 그 충동에서 벗어날 수가 없다. 그런데 만약 그 공들 중 하나가 재앙을 불러오는 것으로 밝혀지면 어떻게 될까? 보스트롬은 '취약한 세계의 가설(The Vulnerable World Hypothesis)'이라는 논문에서, 항아리 안에 기술을 발명한 문명 그 자체를 파괴할 검은 공이 존재할 가능성을 고려한다.

보스트롬은 지금까지 검은 공을 꺼낸 적이 없는 이유에 대해 이렇게 설명했다. "우리가 기술 정책을 만들 때 각별히 신중하거나 현명했기 때문이 아니다. 그저 운이 좋았을 뿐이다. 우리 문명은 공을 뽑는 능력이 상당히 뛰어나다. 하지만 그걸 다시 항아리에 넣을 능력은 없다. 발명은 할 수 있지만 발명한 걸 없앨 수는 없다. 검은색 공이 없기를 바라는 것이 우리의 전략이다."

문명을 파괴할 수 있는 기술을 나타내는 검은 공이라는 개념이 터무니없는 공상과학 소설처럼 들릴 수도 있다. 그러나 그건 억지스러운 주장이 아니다. 보스트롬은 항아리에서 공을 꺼냈는데 그 결과 소규모 집단의 손에 대량살상무기가 들어간다면 우리 문명이 위험에 처할 수 있다고 주장한다. '핵무기를 보유한 이슬람국가(ISIS)' 시나리오가 본질적으로 여기에 해당한다. 이 시나리오에 필요한 조건은 두 가지뿐이다. 대량 살상을 환영할 행위자와 대량살상무기를 일반 대중이 이용할 수 있게 하는 기술.

첫 번째 조건이 계속 유지될지를 의심하는 사람이 있는가? 수많은 테러 단체와 학교 총기 난사범, 대량 학살범의 존재가 이에 대해 설득력 있는 증거를 제시한다.

두 번째 조건의 경우, 보스트롬은 핵무기가 정교한 기술과 국가 전체의 자원이 필요 없이 개발 가능한 물건이라면 역사가 어떻게 됐을지를 생각해보라고 한다. 만약 두 장의 유리 사이에 놓인 금속 물체를 통해 전류를 흘려보내면 원자 에너지가 방출되는, 아무튼 정말 손쉬운 방법이 있다면 어떻게 됐을까? 사람들이 근처 마트에서 구한 재료로 핵폭탄을 조립할 수 있다면 벌어질 참담한 결과에 의문을 품을 사람이 있을까? 핵무기를 만드는 데 많은 돈과 전문가, 자원이 필요한 건 우리 인류의 가장 다행스러운 일 중 하나이지 않을까?

보스트롬이 말하려는 요점은, 우리가 계속 같은 방법으로 행운을 누릴 보장이 없다는 것이다. 이미 기업들이 연구 목적으로 DNA를 빠르고 저렴하게 생산할 수 있는 DNA '복제기'가 존재한다. 언젠가 이 DNA 복제기가 가정에 반입되어(아마 본래는 유전적으로 맞춤화된 약을 만들기 위한 목적으로), 1918년에 유행한 스페인 독감의 복제품을 집에서도 만들 수 있게 된다고 상상해보라. 한 인간이 우리 모두에게 종말을 가져올 수도 있다.

선지자의 딜레마는 계속되어야 한다

——————— 우리는 레너드 니모이의 말을 인용하면서 이 장을 시작했다. "우리는 아틀란티스가 맞은 운명을 기억한다. 2000년이 다가오면서, 이제 우리 문명이 품고 있는 주요 질문은 이것이다. '우리는 고도의 기술혁신이 그것을 통제하고 궁극적인 결과를 예견하는 우리 능력을 앞지르는 것을 용납할 수 있는가?" 나는 처음 그 비디오를 봤을 때 조잡하게

합성된 장면에 실소를 터뜨렸다. 하지만 이제 그 웃음은 사라졌다. 어쩌면 스팍의 말이 맞을지도 모른다.

'선지자의 딜레마'라는 말이 있다. 무언가를 예측함으로써 예측한 일이 일어나지 않는 상황을 일컫는 말이다. 스스로의 실현을 방해하는 예측이다. 실은 비관론자들의 경고가 실제로 하늘이 무너지는 걸 막은 것일 수도 있지 않을까? Y2K 버그는 선지자의 딜레마의 한 예다. 하늘이 무너질 것이라는 경고가 하늘이 무너지지 않도록 막는 행동을 촉발시켰다. 어쩌면 우리 사회에 필요한 건 계몽된 신세대 비관론자일지도 모른다. 증오심을 이용해 금과 비타민을 파는 음모론자나 컨설팅 서비스를 팔려고 사람들의 과잉 흥분 상태를 이용하는 공포 사업가를 말하는 게 아니다. 인류가 처한 실존적 위험과 인류의 장기적 미래에 관한 연구를 위해 인류미래연구소를 설립한 보스트롬 같은 사람들을 말한다. 앞서 네트워크 보안의 '가장 취약한 연결고리' 문제를 얘기하며 언급한 컴퓨터 보안 전문가 브루스 슈나이어가 쓴 『모두를 죽이려면 여기를 클릭하세요(Click Here to Kill Everybody)』 같은 책은 네트워크 기술과 관련된 정책이나 규범을 정하는 모든 사람이 꼭 읽어봐야 한다.

어쩌면 우리는 이 계몽된 비관론자들의 경고에 따라 움직이는 시스템을 구축해야 할지도 모른다. 지구상에 사는 모든 사람이 DNA 복제기를 이용하도록 하는 게 좋을까? 그리고 이 선택은 DNA 복제기를 생산하는 회사가 해야 할까? 만약 그게 아니라면 누가 해야 할까?

믿을지 모르겠지만, 이와 관련해 우리에게 영감을 주는 역사적인 모델이 있다. 1950년대와 1960년대에, 어떤 모호한 과학적 위협의 해결을 위해 전 세계의 모든 이해 당사자들이 함께 노력한 적이 있다. 위협이라니 어떤 위협? 그건 바로 달에 갔다가 돌아올 때 파괴적인 외계 생명체를 가져올지도 모른다는 가능성이었다. 마이클 멜처(Michael Meltzer)가 쓴 『생물권이 충돌할 때(When Biospheres Collide)』라는 훌륭한 저서를 보면 달에서 온 병균에 감염될 위험에 처할 것을 우려하는 시민 수천 명이 NASA에 편지를 썼다는 내용이 나온다.

지금에 와서는 절대 그럴 리가 없다는 걸 아니 당시의 공포를 조롱하고 싶을지도 모른다. 하지만 당시에는 이러한 걱정이 농담거리가 아니었다. 그때는 달에 뭐가 있는지 알지 못했다. 그리고 실제적인 위험이 공기 속을 떠돌았다. 당시는 냉전, 핵 낙진 대피소, 생물학 무기, 쿠바 미사일 위기의 시대였다. 학교에서 '핵전쟁 대피 수칙'을 훈련하던 때였다. 1969년, 달에 착륙하기 약 2개월 전에 발표된 마이클 크라이튼(Michael Crichton)의 베스트셀러 『안드로메다 스트레인(The Andromeda Strain)』은 사람들의 공포심을 더 키웠는데, 이 책에는 인공위성이 추락하면서 치명적인 외계 생명체가 지구에 떨어지는 내용이 담겨 있다.

소련의 스푸트니크 프로그램이 시작되기 직전인 1950년대에 일부 과학자들은 우주탐사로 인한 오염 위험에 대해 경고하기 시작했다. 생물학자인 J. B. S. 홀데인(J. B. S. Haldane)과 노벨상 수상자인 멜빈 캘빈(Melvin Calvin), 조슈아 레더버그(Joshua Lederberg)를 비롯한 과학자들은 전방과 후방, 두 종류의 오염을 경고했다. '후방 오염(backward contamination)'은 귀환한 우주선에 의한 지구 오염이고(이를 다른 말로는 '안드로메다 시나리오'라고도 한다), '전방 오염(forward contamination)'은 지구에서 유래된 유기체로 인한 다른 행성의 오염이다(전방 오염에서는 훨씬 앞선 업스트림 영역을 다루는 셈이다).

이 사안에 대한 관심 때문에 레더버그가 '외계생물학(exobiology)'이라고 이름 붙인 새로운 과학 분야가 탄생했다(지금은 우주생물학이라고도 한다). 천문학자 케일럽 샤프(Caleb Scharf)는 《노틸러스(Nautilus)》에 기고한 글에서 "외계 생물학은 우주탐사 진행 방식에 지대한 영향을 미쳤다."고 썼다. "그들이 가져올 수도 있는 걸 막기 위한 우주선 멸균과 격리에 대한 엄격한 프로토콜이 개발됐다. NASA는 무균실을 만들었고, 기술자들은 발사를 위해 장비를 완전히 부착하고 밀봉하기 전에 알코올 솜으로 닦고 고온 살균했다. 과학자들은 다른 세계의 생물학적 오염에 대한 위험도를 서둘러 계산했다."

달에서 돌아온 아폴로 우주비행사들은 즉시 격리됐다. 분명히 말해두는데, 대부분의 과학자들은 달에서 생명체가 살 수 있다고 생각하지 않았다. 즉 그들은 우주비행사가 달에서 치명적인 질병을 옮겨올까 봐 심각하게 걱정했던 것은 아니었다. 하지만 그들은 자기들이 모르는 무언가를 걱정했다. 왜 우리는 거의 알지 못하는 영역에서 사활을 건 모험(우주여행)을 하는 걸까? 그들은 일어날 것 같지 않은 위험으로부터 우주비행사들을 보호하기 위해 수많은 강박적인 일들을 했다. 이런 일을 하라고 강요받아서가 아니라 자발적으로 한 것이다. 어쩌면 이 일은 우리가 앞으로 직면할지도 모르는, 인간 문명을 위협하는 문제에 집단적으로 대처하기 위한 첫걸음이었을지도 모른다.

행성보호 책임자(처음 이 직책의 이름은 '행성 방역관'이었다)라는 NASA 직원이 이 일을 이끌었다. 이 직책은 지금도 존재한다. 2019년의 행성보호 책임자는 리사 프랫(Lisa Pratt)이었다. 프랫의 전임자 중 한 명인 캐서린 콘리(Catharine Conley)는 이 직책의 역사와 관련해 놀라운 사실을 털어놓았다. "내가 알기로, 이는 지구에 사는 생물 종인 인간이 인류 역사상 처음으로 무언가를 저지르기 전에 피해를 막겠다고 결심한 일이다."

앞으로 두 번째 기회가 있기를 바란다.

chapter 12

업스트림으로 나아가는 이들을 위한 마지막 조언

아빠가 담겨 있는 인형 대디 돌

트리샤 디알(Tricia Dyal)의 남편 저스틴은 2005년에 해병대 특수작전 임무를 맡아 이라크로 파병됐다. 이들 부부에게는 세 살 된 엘레나 그레이스와 여덟 달 된 엘리사 페이스라는 두 딸이 있었다. 저스틴은 떠나기 전에 아내에게 말했다. "그곳에 가는 건 두렵지 않아. 죽을까 봐 걱정하지 않거든. 다만 내가 돌아왔을 때 아이들이 내가 누군지 모를까 봐 그게 두려워."

몇 주 후, 두 딸 모두 바이러스에 감염돼 병원에 입원해야 했다. 엘레나 그레이스는 상태가 엉망이었다. 바이러스 때문에 신체적으로도 힘들었고, 아빠가 곁에 없는 걸 무척이나 슬퍼했다. 디알이 딸에게 남편의 사진을 줬지만, 계속 만지작거리는 바람에 사진은 곧 흐물거렸다.

어떻게든 딸을 위로하고 싶었던 디알은 뛰어난 공예가인 고모할머니 메리에게 전화를 걸어 저스틴의 사진이 붙어 있는 인형을 만들어줄 수 있느냐고 물었다. 메리는 저스틴이 군복을 입은 사진을 사용했다. 메리는 천에 사진을 인쇄하는 방법을 알아낸 뒤 그 천을 인형 모양으로 꿰맸다. 트리샤가 아빠 인형을 딸에게 보여주자 아이의 얼굴이 환하게 밝아졌다. 인형은 아이의 침대 머리맡에 놓였다.

퇴원해서 집에 돌아오자 아빠 인형은 일상생활의 일부가 됐다. 엘레나 그레이스는 어디를 가든 항상 인형을 손수레에 태워서 데리고 다녔다. 쇼핑 카트에 탈 때도 옆자리를 차지했다. 공원에서도 함께 놀았다. 수많은 다과회에 참가했다. 그리고 밤에 잠들기 전에는 아이와 함께 기도했다.

엘리사 페이스에게도 아빠 인형이 있었다. 그 인형은 매일 밤 아기침대에서 같이 잠을 잤다. 9개월간의 여정을 마치고 돌아온 저스틴은 아이가 자기를 보고 어떻게 반응할지 걱정했다. 그가 떠날 때 엘리사는 아직 아기였기에 과연 아이가 자기를 기억할지 알 수 없었다. 다른 해병들은 집에 돌아간 뒤 몇 주 동안 아이가 자기를 무서워했다는 이야기를 나누곤 했다.

아이들이 다 잠든 한밤중에 집에 도착한 저스틴은 곧장 엘리사 페이스의 방으로 향했다. 얼른 아이를 보고 싶었기 때문이다. 아이는 잠에서 깨어 아빠를 빤히 쳐다봤다. 그는 여전히 군복을 입고 있었다. 아이는 자기 인형을 쳐다봤다. 디알은 당시 상황을 이렇게 전했다. "엘리사는 아빠 인형을 내려놓고 아빠를 향해 손을 올리면서 '아빠!'라고 말했다. 남편이 우는 모습을 본 건 그때가 처음이었다."

다른 사람들은 아빠 인형을 볼 때마다 정말 좋은 아이디어라고 말하곤 했다. 딸들이 병원에 입원해 있는 동안, 간호사들은 병동에 있는 다른 아이들에게도 인형을 만들어줄 수 있는지 물어봤다. 디알, 그리고 그녀의 이웃이자 마찬가지로 해병대 남편을 둔 니키 다넬(Nikki Darnell)이 힘을 합쳐 인형을 더 만들었다.

트리샤는 차츰 그 인형이 자기 딸이나 친구의 친구들만을 위한 게 아니라는 걸 깨달았다. 그 인형은 사랑하는 사람이 옆에 없어서 괴로워하는 모든 가족을 위한 것이었다. "해외 파병을 경험해본 적이 없다 하더라도, 누군가를 무척 그리워하는 아이의 마음에 공감할 수 있을 것이다. 부모가 어쩔 수 없이 아이들과 떨어져 있어야 하는 경우도 있다. 정말 가슴 쓰린 경험이고, 시간이 지난다고 견디기 쉬워지는 것도 아니다."

트리샤와 다넬은 대디 돌(Daddy Dolls)이라는 회사를 차렸다. 그들은 1년 사이에 1천 개가 넘는 대디 돌을 군인 자녀들에게 나눠줬다. 나중에는 군인 아빠 외에도 군인 엄마나 세상을 떠난 사랑하는 이들로까지 대상을 확대했다. 이 인형은 이제 허그 히어로 인형(Hug-a-Hero Dolls)이라고 불린다. 이들이 만드는 인형은 몇몇 파병 체크리스트(메신저 계정 설정부터 유언장 작성에 이르기까지, 군인들이 출발하기 전에 처리해야 하는 사항들 목록)에 포함되어 있다.

공군 중령의 부인인 리즈 번(Liz Byrne)은 딸들을 위해 허그 히어로 인형을 샀다. 리즈는 이렇게 말했다. "어른인 우리는 상황에 대처하는 데 조금 더 능숙하다. 여러 단계를 거치게 된다. 그가 떠나고 처음 며칠 동안은 그냥 울기만 할 뿐 아무것도 하고 싶지 않을 것이다. 하지만 갈수록 견디기 쉬워지고 그러다 보면 그냥 일상에 빠져들게 된다. 하지만 딸들에게는 인형이 확실히 도움이 된 것 같다. 아빠 인형을 껴안고 있을 때 아이들은 연결되는 느낌을 받는 것 같다. 어찌 된 영문인지는 모르겠지만, 아이들에게 영향을 미친다."

문제를 곁에 두고 일상에서부터 시작하라

——————— 파병의 고통은 트리샤 디알이 만들어낸 문제가 아니다. 하지만 디알은 고통을 완화하도록 도울 수 있었다. 이것이 바로 업스트림적 사고방식이다. 미리 생각을 해두면 문제가 발생하기 전에 예방할 수 있고, 완전히 막을 수 없더라도 그 영향을 무디게 할 수 있다. 아이슬란드의 학부모와 정치인과 연구진은 어떻게 하면 청소년들이 술을 많이 마시지 않는 사회를 만들 수 있을지 물었다. 익스피디아 경영진은 어떻게 하면 고객이 도움을 요청하는 전화를 걸지 않게 할 수 있을지 물었다. 시카고 공립학교의 행정가와 교사들은 학생들이 학교를 그만두는 걸 어떻게 막을 수 있을지 물었다.

이 책에 실린 많은 이야기는 크고 작은 집단, 즉 기업과 교육구, 도시에서 하는 일과 관련되어 있다. 하지만 더 간단한 질문도 충분히 던질 가치가 있다. 바로 '한 사람의 힘으로 무엇을 할 수 있을까?'이다. 트리샤 디알은 딸들의 고통을 덜어주고 싶어 하는 한 엄마로서 행동에 나섰다. 우주생물학의 창시자인 조슈아 레더버그는 후방 오염과 전방 오염에 대한 논의를 불러일으켜 새로운 과학 분야를 만들어냈다. 그리고 여러분은 내가 똑똑하게도 노트북에 사용할 두 번째 전원 코드를 사서 코드를 이리저리 옮겨 꽂아야 하는 부담을 없앤 것을 기억할 것이다. 이런 우리 모두가 영웅이다.

개인은 어떻게 업스트림으로 이동할 수 있을까? 자신의 문제 불감증에 대해 생각해보자. 사실 금방 해결할 수 있는데도 불가피한 것으로 받아들인 문제가 있는가? 어쩌면 아주 사소한 것일지도 모른다. 예를 들자면 복잡한 주차장에서 주차 자리를 찾으며 느낀 짜증스러운 경험 같은 것 말이다. 나는 이에 대해 얘기해준 여자를 만난 적이 있다. "손목에 만보기를 차고 있으면서도 어떻게든 건물 입구에서 가까운 자리를 찾으려고 미친 듯이 돌아다녔다. 정말 말도 안 되는 짓이었다. 그래서 이제는 항상 주차장에서 가장 외진 곳에 차를 세운다. 그렇게 다른 차들과 떨어져 있는 곳을 VIP 자리라고 생각한다. 몇 걸음 더 걸을 수도 있고 좋은 자리를 찾느라 스트레스를 받지도 않는다. 이제 그런 걱정을 평생 떨쳐버린 것처럼 엄청난 안도감을 느낀다."

테니스 코치인 제이크 스탭(Jake Stap)은 위스콘신에서 여름 캠프를 운영하다 문득 테니스공을 줍는 게 귀찮다고 느꼈다. 공을 줍기 위해 몇백 번씩 몸을 구부리고 난 후 이어지는 허리 통증에 시달리다 보면 더 나은 해결책을 찾게 된다. 그래서 스탭은 문제를 머릿속에 잡아두기 위해 자동차 조수석에 테니스공을 올려놓고 다니며 해결책을 고민했다. '팔을 길게 늘이는 장치가 있다면 허리를 구부리지 않고도 공을 주울 수 있지 않을까? 아니, 그건 별로 좋은 생각이 아니야. 공을 한 번에 하나씩만 주우면 여전히 힘들 거야.' 그러던 어느 날, 생각에 빠져 있던 스탭은 손을 뻗어 옆 좌석에 놓여 있는 테니스공을 꽉 잡았다." 작가 페이건 케네디(Pagan Kennedy)는 『인벤톨로지(Inventology)』라는 책에서 그 순간을 이렇게 묘사했다. "공 속의 고무가 손끝에서 움직이는 걸 느낀 순간, 새로운 아이디어가 떠올랐다. 공은 움츠러들면서 철사를 통과해 통 속으로 들어갈 수 있는 것이다."

우리에게 익숙한 테니스공 수거기는 이렇게 요통과 짜증 때문에 태어나 세상에 선을 보이게 됐다. 스탭은 자기 자신과 다른 테니스 선수들의 문제를 해결했다.

여러분은 어쩌면 해결할 수도 있는 대인관계 문제를 그냥 받아들이고 있지는 않은가? 때로는 약간의 업스트림 사고가 새로운 가능성을 열어줄 수도 있다. 텍사스 프레더릭스버그(Fredericksburg)에 사는 스티브 소슬랜드(Steve Sosland)는 이렇게 말했다. "결혼한 지 25년이 지나자, 아내와 나는 서로 공통점이 별로 없고 우리가 의미 있는 대화를 거의 나누지 않는다고 생각하게 됐다. 어쩌다 대화를 할 때면 투쟁-도주(대부분 도주) 모드로 전환되는 경우가 많았다. 아내는 그냥 모든 걸 다 얘기하고 싶어 했다. 우리는 문제 해결을 위한 기본 원칙도 정해두지 않은 상태였다."

가까운 부부 몇 쌍이 이혼을 하자 둘 다 겁을 먹었다. "어느 날 아침, 뒷베란다에서 커피를 마시며 친구들의 이혼에 대해 얘기했다. 우리 중 한 사람이 '우리도 그런 방향으로 가고 있는 걸까?'라고 물었다. 대답은 뻔했다. 우리는 그걸 막기 위해 뭘 할 수 있을지 함께 논의해보기로 했다. 하지만 정말 답을 모르겠어서 다음 날 아침에 다시 의논하기로 했고, 다음 날, 또 그다음 날에도 계속 얘기를 나눴다."

그 둘은 안전하게 토론하기를 원했다. 아무리 어려운 문제도 후회나 가책, 악감정 없이 차분하게 대화를 나눌 방법이 필요했다. 이런 대화를 나눌 수 있는 물리적인 장소가 있는 게 좋을 듯했다. 그래서 그들은 온수 욕조를 샀고, 거기에서 복잡한 대화를 나눴다. 그게 효과가 있는 것 같았다. "몇 년 뒤, 우리는 항상 원하던 집을 지었다. 물론 '뜨거운 욕조' 대화를 위해 뒷베란다에 자쿠지 욕조도 설치했다."

아빠 인형, 주차 장소, 테니스공 수거기, 뜨거운 욕조 대화. 업스트림 사고는 조직만을 위한 게 아니라 개인을 위한 것이기도 하다. 살면서 자꾸 반복되는 문제가 있다면 상류로 가자. 그리고 아무리 오래된 문제라도 단념하지 말자. 이런 옛말이 있다. "나무를 심기에 가장 좋은 때는 20년 전이고, 두 번째로 좋은 때는 바로 지금이다."

나를 벗어나
더 큰 목표로 뛰어들고 싶다면

———— 아마 여러분은 사회의 더 큰 문제를 해결하는 데 도움이 되고 싶다는 마음이 있을지도 모른다. 우리의 시간이나 돈을 투자할 수 있는 일은 무수히 많다. 과연 그때 어떤 마음가짐을 가져야 할까? 내가 업스트림 활동에 대해 배운 내용을 바탕으로 세 가지 제안을 하겠다.

1. 행동은 서두르고 결과는 인내하라.

이는 브라질 의료 개선 연구소의 명예 회장인 모린 비소그나노(Maureen Bisognano)에게서 인용한 것이다. 이 말은 업스트림 활동에 대한 완벽한 모토다. 세상에는 고상한 토론에 참여하면서 자기가 고결한 사람인 양 우쭐대지만, 정작 의미 있는 변화는 이루지 못하는 이들이 매우 많다. 행동 없이는 변화도 없다.

행동이 결실을 맺기까지는 시간이 꽤 걸릴 수도 있다. 다운스트림 활동은 좁고 빠르다. 업스트림 활동은 넓고 느리다. 오늘 노숙자에게 식사를 나눠주면 곧장 기분이 좋아질 것이다. 하지만 사람들이 노숙자가 되는 걸 막기 위한 방법을 알아내는 데는 몇 년이 걸릴 수도 있다. 여러분이 5년 혹은 10년이라는 기간 동안 계속 추진할 만큼 관심이 많은 일은 무엇인가?

업스트림 활동을 가능하게끔 하는 확신과 완고함에 대해 생각할 때면, 노스캐롤라이나주에서 프로젝트 어시스트(Project ASSIST)라는 금연 캠페인을 추진하기 위해 수년간 노력한 샐리 헌든(Sally Herndon) 같은 활동가가 생각난다. 헌든은 1990년에 단체에 가입해 다른 팀원들과 함께 2년간 이 캠페인을 준비했다. 그런데 캠페인을 시작하자마자 끔찍한 패배를 당했다. 1993년에 담배업계가 주 의회를 설득해, 정부 건물 내 20퍼센트를 흡연 공간으로 의무화하는 법안을 통과시킨 것이다. 이 법의 더 악랄한 점은 지방 정부가 흡연에 대해 엄격히 규제하는 법안을 통과시키는 것까지 막았다는 것이다. 헌든은 이 법을 '공기 오염법'이라고 불렀다.

헌든과 동료들이 해야 하는 일은 흡연율을 줄여 대중의 건강을 증진시키는 것이었다. 이는 전형적인 업스트림 활동이다. 하지만 세상에서 가장 강력한 이익단체 중 하나를 그들의 본거지인 노스캐롤라이나에서 이길 수 있을까? 헌든과 동료들이 아무리 애를 쓴다 한들 그들에게 대단한 타격을 입히지 못하리라는 건 자명했다. 헌든은 이 문제를 조금씩이나마 해결해나가는 것이 자신들의 유일한 희망이라는 걸 알았다.

그래서 헌든과 동료들은 그렇게 했다. 그들은 이길 수 있다고 생각되는 싸움을 고르는 일부터 시작했다. 바로 학교를 금연 구역으로 만드는 것이었다. 헌든은 이렇게 말했다. "담배를 재배하는 농부들도 자기 자녀가 담배를 피우는 건 원하지 않았다." 그들은 수년간의 노력 끝에 그 지역에서 힘든 승리를 거뒀다. 학교 이사회를 한 곳씩 설득해서 교내 흡연을 금지시킨 것이다. 그들은 2000년까지 주 교육구의 10퍼센트를 금연 구역으로 만드는 데 성공했다.

생각해보라. 헌든의 팀이 주 교육구의 10분의 1을 금연 구역으로 만드는 성공을 거두는 데까지 꼬박 10년이 걸렸다. 쉬운 싸움이 되리라고 생각했는데도 말이다. 결국 지구력의 승리였다.

그러나 그 후 일은 빠르게 진행됐다. 2000년부터 2010년까지, 즉 헌든의 팀이 이 일을 진행한 두 번째 10년 사이에 상황과 역학관계가 그들에게 유리하게 돌아갔다. 주 전체에서 학교 금연법이 통과됐다. 그리고 병원과 감옥에서 흡연이 금지됐고, 마침내 2009년에는 식당과 술집에서의 흡연도 금지됐다. 조금씩, 조금씩, 아주 조금씩. 이게 바로 업스트림 활동으로 승리하는 방법이다. 한 번에 1센티미터, 그다음에 1미터, 그리고 다시 1킬로미터를 가다 보면 결국 결승점에 다다라 시스템이 바뀌게 된다. 명심하라. 행동은 서두르고, 결과는 인내해야 한다.

2. 크고 중요한 일도 작은 일에서부터 시작된다는 점을 기억하라.

중대한 문제를 생각할 때는 큰 숫자와 씨름할 수밖에 없다. 1천 명이 겪는 문제를 해결하려면 뭐가 필요할까? 처음에는 본능적으로 이렇게 생각할지도 모른다. '큰 그림을 그려야 할 것 같은데? 1천 명에게 개별적으로 개입할 수는 없잖아.' 하지만 그런 생각은 완전히 잘못된 것이다. 이 책에 등장하는 영웅들이 개별적으로 일을 해나간 적이 얼마나 많은지 주목하라. 시카고의 교사들은 9학년 학생들의 명단을 이용해 그들을 도왔다. 록퍼드에서도 명단을 이용해 노숙자들에게 거처를 제공했다. 가정폭력에 대처한 이들 역시 명단을 이용해 여성들을 보호했다. 물론 이들은 시스템을 변화시키며 이 모든 활동을 가능케 했다. 그러나 개별 사례를 잘 알기 때문에 그런 변화가 시작된 경우도 많다(가정폭력팀은 학대자들이 석방 이틀 뒤가 아니라 감옥에서 풀려나기 전에 GPS 팔찌를 착용해야 한다는 걸 알아냈다). 교훈은 명확하다. 한 사람을 돕는 방법을 제대로 알기 전까지는 1천 명, 1백만 명을 도울 수 없다는 것이다. 가까이에서 보기 전에는 문제를 이해하지 못하기 때문이다.

우리는 문제에 개입할 지렛대에 대해 얘기한 6장에서 살펴본 것처럼 문제에 '근접'해야만 한다. 시카고 대학 범죄 연구소에서는 문제 해결을 위해 살인 피해자 200명에 대한 검시 보고서를 읽었다. 하지만 실제로 이런 식으로 직관을 단련한 채 범죄에 대한 의견을 제시하는 사람이 얼마나 될까? 노숙자에 대해 제대로 지식을 습득한 채 의견을 제시하는 사람은?

수백, 수천 명이 아니라 수백만 명을 대상으로 일할 때는 이런 개별적 접근법을 동원하기가 더 어려운 것이 사실이다. 수백만 명에게 영향을 미치려면 시스템 변화가 필요하다. 하지만 시스템 변화도 대개는 가까운 곳에서부터 시작된다. 문제를 완벽하게 이해한 어떤 한 사람이 도시 혹은 주 차원에서 새로운 정책을 수립하도록 한다. 그리고 이 방법이 효과가 있는 것으로 밝혀져 나중에 다른 곳에서도 그 정책을 받아들이게 된다. 카시트를 의무화하기 위해 노력했던 테네시주 밥 샌더스 박사를 기억하는가? 크고 중요한 일도 작은 일에서부터 시작된다.

세상의 중요한 문제를 해결하고 싶다면, 야심 찬 목표와 근접 경험을 지닌 집단을 찾아보자.

3. '알약'보다 '득점판'을 선호하라.

나는 잘못된 심성 모형이 사회를 엉뚱한 방향으로 이끌고 있다고 생각한다. 사회적 개입을 실행하는 건 마치 알약을 나눠주는 것과 비슷하다. 먼저 뛰어난 '약물'을 제조한다. 아마 멘토링 프로그램이나 행동치료, 직업훈련 등이 이에 해당할 것이다. 그런 다음 무작위 대조 실험을 진행해 효과가 입증되면 이 약물을 널리 퍼뜨린다.

이런 테스트가 나쁘다는 게 아니다. 아주 좋은 생각이다. 이를 통해 어떤 개입이 효과적이고 어떤 개입이 효과가 없는지 알게 된다. 그러나 문제는 이 '실험'에 대한 강박관념이 업스트림적 행동의 확대나 학습에 방해가 될 때 발생한다. 사우스캐롤라이나주에서 간호사와 임산부를 맺어준 프로그램을 예로 들어보자. 6년간 무작위 통제 실험을 진행한 이 프로그램은 알약 모델의 완벽한 예시다. 나는 이것이 고귀한 실험이라고 주장했다(그리고 여전히 그렇게 생각한다). 그러나 이 실험의 형식적인 절차 때문에 치러야 하는 실질적인 비용도 있다. 이 프로그램에서 가장 중요한 역할을 하는 사람들, 즉 산모를 지원하는 간호사들은 6년 동안 데이터에 접근할 수 없다. 그들은 프로그램이 끝난 뒤에야 결과를 알 수 있다. 6년 동안 어둠 속에 갇혀 있다가 마지막이 되어서야 몇몇 학자들이 성공 여부를 알려주는 깜짝 파티에 참석한다고 상상해보라. 이건 견디기 힘든 일이다. 특히 실험이 실패로 끝난다면 더더욱.

더 나쁜 건 테스트 도중에 알약을 바꾸면 안 된다는 게 알약 모델의 기본 규칙이라는 점이다. 중간에 어떤 깨달음(아하! 이 알약을 다른 방법으로 만들면 훨씬 더 좋아질 거야!)을 얻었다 하더라도 사람들에게 제공하는 알약을 새롭고 개선된 것으로 대체할 수는 없다. 그랬다가는 실험 전체가 혼란에 빠지기 때문이다. 그래서 사우스캐롤라이나주에서는 간호사들이 6년간의 실험 기간 동안 무언가를 학습하거나 개선, 혁신하는 걸 원천적으로 금지하고 있다.

알약 모델을 내가 득점판 모델이라고 부르는 것과 비교해보자. 나는 '득점판'이란 말을 성공 혹은 실패를 실시간으로 판단할 방법을 제공하는 연속적인 데이터에 대한 비유로 사용하고 있다. 득점판 모델은 지속적인 개선을 이루는 데 초점을 맞춘다. 이 모델은 문제를 자기 것으로 여기는 데 동의한 사람들을 모아둔다. 그런 뒤 진행 상황을 평가할 수 있는 데이터로 그들을 무장시킨다. 여러분은 4장에서 이미 이 개념을 접해본 적이 있다. 조 맥캐넌은 이걸 '검토 목적의 데이터'가 아닌 '학습 목적의 데이터'라고 불렀다. 힘든 일을 수행하는 현장 직원들은 계속 학습하고 적응하는 데 도움이 되는 자료를 시의적절하게 제공받아야 한다.

분명히 말하자면, 이 두 모델 모두에서 최고의 결과를 얻을 수 있다. 우리는 개입이 효과적이라는 걸 입증하기 위해 알약 모델을 사용할 수도 있다. 하지만 이걸 확장해야 할 때가 되면 필요한 부분을 수정해야 한다. 가정폭력 고위험팀이 좋은 예다. 이들은 실제적인 증거에 기반을 둔 도구(위험 평가 도구)로 시작했다. 그런 뒤 변화무쌍한 방법을 이용해 팀원들로 하여금 대상이 되는 여성을 주시하고 사건을 포위하게끔 했다. 아이슬란드 역시 이 두 방법을 통합했다. 약물 남용을 줄이기 위해 증거 기반의 '알약'을 사용했지만(예: 정식 스포츠 활동 참가를 권유), 궁극적으로는 득점판(연간 조사 데이터)에 의존해 활동을 지도하고 교정했다.

득점판 모델은 우리들에게 이번 주에는 어떻게 상황을 더욱 개선할 것인지 묻는다. 익스피디아는 고객들이 서비스 센터로 전화하는 횟수를 줄이기 위해 득점판 모델을 사용했고, 록퍼드는 노숙자 문제 해결을 위해, 시카고 공립학교는 졸업률을 25퍼센트 포인트 높이기 위해 이 모델을 사용했다.

그러니까 여러분도 자신의 재능을 발휘할 방법을 찾고 있다면 알약 모델보다 득점판 모델을 사용하는 게 좋다. 일을 시작하기 전에 완벽한 해결책을 만드는 것에 집착하지 말고, 문제를 자기 것으로 받아들인 상태에서 열심히 앞으로 나아가라.

도전하라! 시작하라!
조직을 바꿔라!

―――――――― 개인이 업스트림 사고를 활용할 수 있는 마지막 방법은 본인이 일하는 조직을 바꾸는 것이다. 당신은 내부에서 시스템을 개선하는 사람이 될 수 있을 것인가?

2015년에 다르샥 상하비(Darshak Sanghavi)는 연방정부에서 메디케어 및 메디케이드 혁신센터(Center for Medicare and Medicaid Innovation, CMMI)의 예방 및 공중보건 책임자로 일하고 있었다. CMMI는 메디케어와 메디케이드를 운영하는 연방 기관인 CMS(메디케어 & 메디케이드 서비스 센터) 산하에 있는 기관이다(설명이 지루하겠지만 잠깐만 참기 바란다. 곧 재미있어지니까). 상하비가 하는 일은 메디케어와 메디케이드의 돈을 이용해 업스트림 건강 활동에 자금을 대는 방법을 고안하는 것이었다.

연방정부는 특정 의료혁신 방안이 매우 뛰어나고 비용 또한 절감할 경우(혹은 다른 요소들을 유지하면서 이들 요인 가운데 하나를 개선한 경우), 이를 전국적으로 확대하고 CMS를 통해 자금을 지원할 수 있다는 규칙을 갖고 있었다. 이를 위해서는 매우 높은 기준을 충족시켜야 했다. 상하비가 2014년에 CMS에 입사했을 때만 해도, 예방 프로그램 가운데 이 기준을 충족한 것은 하나도 없었다.

그러나 상하비와 동료들은 당뇨병 예방 프로그램(Diabetes Prevention Program, DPP)의 결과를 추적하며 이 프로그램이 목표를 달성할 수 있기를 바랐다. DPP는 당뇨병에 걸릴 위험성이 높지만 아직 걸리지 않은 '당뇨병

전증' 환자들을 돕기 위해 고안된 프로그램이다. 지역 YMCA 혹은 여타 지역사회 단체를 통해 이 프로그램에 등록할 수 있는데, 등록한 사람은 두 가지 과제, 즉 체중을 5퍼센트 감량하고 일주일에 최소 2.5시간씩 힘차게 걷기에 상응하는 신체 활동을 해야 했다. 이 목표를 달성하기 위해 그들은 라이프스타일 코치가 건강한 생활습관을 가르쳐주는 다양한 수업에 참여했고, 일대일 상담도 받았다. 연구를 통해 이 프로그램의 목표를 달성한 이들은 10년 뒤에도 제2형 당뇨병에 걸릴 확률이 대조군보다 3분의 1 정도 낮고, 당뇨병에 걸렸더라도 발병 시기가 평균 4년 정도 늦춰진다는 사실이 밝혀졌다. 다이어트와 운동에 초점을 맞춘 프로그램 대부분이 형편없는 성과를 올린다는 걸 생각하면 이건 놀라운 성공이다.

그래도 관료주의는 어쩔 수 없는지라, CMMI는 자체적인 방법을 이용해 이 프로그램을 재시험하기로 했고 2015년 말에 마침내 결과가 나왔다. 그들이 예상했던 대로 이 프로그램은 환자들이 당뇨병에 걸리는 것을 막거나 지연시켰다. 이 결과는 DPP가 돈을 절약하면서 품질도 높여야 하는 힘겨운 이중 난관을 통과할 수 있음을 시사한다. 이제 상하비와 그의 동료들은 이러한 프로그램이 비용을 절감해준다고 인증하는 업무를 위임받은 CMS의 보험계리인들을 설득해야 했다. 그들이 승인만 해주면 이 프로그램을 전국으로 확대해 시행할 수 있었다. 상하비는 의기양양했다. 마침내 중요한 예방 사례가 성공을 거둘 참이었다.

하지만 그 후 벌어진 운명적인 회의에서, 보험계리사들은 DPP를 비용 절감 프로그램으로 인증해줄 수 없다고 말했다. 이유는? 이 프로그램은 사람들이 더 오래 살도록 돕기 때문이었다. 사람들이 오래 살면 의료비가 더 많이 든다는 것이다.

이건 블랙 유머가 아니다. 이것이 미국에서 가장 많은 의료비를 지불하는 기관인 연방정부의 공식적인 논지였다(이런 논리라면 사람들이 줄담배를 피우고, 교통신호를 어기고, 스카이다이빙을 하도록 가르치는 프로그램이 모든 개입 방법 가운데 최고점을 받을 것이다).

상하비는 도저히 믿을 수가 없어서 가만히 앉아만 있었다. 당시 CMS 부행정관이자 CMMI에서 상하비의 상사로 있던 패트릭 콘웨이는 "진짜야? 정말 그런 이유 때문에 거부한다고?"라고 말하고는 '이건 말도 안 돼. 이 프로그램이 사람들의 생명을 구하기 때문에 프로그램에 투자할 수가 없다니!' 라고 생각했던 걸 기억한다.

상하비와 콘웨이는 이런 식의 비용 계산을 번복할 수 있기를 바라면서 수석 보험계리사에게 항의했다. 그때, 거대한 바퀴에 속한 하찮은 톱니바퀴가 된 기분을 느껴본 사람에게 희망을 주는 일이 일어났다.

2015년 크리스마스 직전, CMS 최고 책임자는 CMS 공식 용지에 쓰인 편지를 한 통 받았다. 그건 최고 책임자 밑에서 일하는, 곧 은퇴를 앞둔 보험계리사가 쓴 것이었다. 편지 첫 단락 말미에는 "이건 내 마음의 외침이기 때문에 말투가 평소보다 격할 수 있다."며 뒷부분의 내용을 예고하는 문구가 쓰여 있었다.

이 편지를 쓴 보험계리사는 CMS가 비용을 계산하는 방식이 정도를 벗어났다고 주장했다. 마치 보험계리사들이 자신들이 가진 "가장 강력한 무기인 숫자를 이용해 수명 증가는 나쁜 것이라고 선언하며 사람들의 주목을 끄는 것 같다."는 것이었다.

그는 대중이 그 정책에 대해 알게 되면 어떻게 반응할지 추측해보라며, 아마 언론들은 헤드라인을 이렇게 뽑을 것이라고 말했다.

▶ 미국의 모든 노인의 이마에 '연명 치료 중지' 낙인이 찍혔다

▶ 보험계리사 : "생명을 구하는 것보다 신탁 자금을 아끼는 게 더 중요"

▶ 메디케어는 살고, 노인은 죽었다

하지만 궁극적으로 그가 편지에서 주장한 것은 대중들의 시선 때문이 아니라 생명 윤리를 위해 그런 계산법을 바꾸라는 것이었다. 그가 너무나 완벽한 문단으로 편지를 마무리했기에, 여러분은 그의 글을 보며 절정으로 치닫는 관현악단 연주를 들을지도 모른다.

> 의학의 첫 번째 원칙인 '프리뭄 논 노체레(Primum non nocere)', 즉 '무엇보다, 해를 끼치지 말아야 한다.'는 원칙은 의사뿐만 아니라 보험계리사를 비롯해 의료 분야에 종사하는 모든 사람이 져야 하는 의무입니다. 나쁜 의사는 소수의 사람에게만 해를 끼칠 수 있습니다. 하지만 나쁜 보험계리사는 수백만 명의 사람에게 해를 끼칠 수 있기에 특히 계리사들은 이 원칙을 명심해야 합니다. 우리는 한 사람의 생명을 구하는 데 따르는 추가 비용을 추정치에 포함시키지 않는다는 엄격한 규칙을 정해야 합니다. 의사와 병원에 지급할 급여를 정할 때는 계산기가 적절한 도구일지 모르지만, 사람들이 얼마나 오랫동안 살 것인지를 정하는 데는 적합하지 않습니다.

결국 정의가 승리했다. 이 보험계리사의 편지, 그리고 상하비와 콘웨이의 항의가 합쳐진 결과 정부 규정에 다음과 같은 법적 용어가 추가됐다. '메디케어 & 메디케이드 서비스 센터는 프로그램 순 지출액을 평가할 때 예상되는 수명 증가과 관련된 비용을 고려하는 것은 적절하지 않다는 결론을 내렸다.'

***

이야기의 클라이맥스로는 지나치게 평범하다. 총격전이나 공수 작전, 소생, 구원 같은 것도 등장하지 않는다. 그냥 평범한 문장이고, 지루하기까지 하다. 연방 규정집에 약간의 법률적인 문장이 추가됐을 뿐이다.

그러나 이건 업스트림 성공이 어떤 모습인지를 너무나도 잘 포착한다. 조용하지만 강력하고, 장기간에 걸쳐 파문처럼 효과가 퍼져나간다. 이 문장은 수수하지만 생명을 연장하고 살릴 수 있다.

'네가 처음 왔을 때보다 이 세상을 조금 더 나은 곳으로 만들어놓고 떠나라.'라는 유명한 말이 있다. 하지만 조사를 해보기 전까지는 이 말을 처음 한 사람이 보이스카우트, 걸스카우트의 창시자이자 여러 세대의 아이들에게 준비에 대해 가르친 로버트 베이든 파월(Robert Baden-Powell)이라는 걸 몰랐다. 여기서 '준비'란 미래를 예측하고 그걸 구체화할 준비를 하는 것을 뜻한다.

우리는 구조와 대응의 영광스러운 모습에 마음이 끌린다. 하지만 불을 끄고 흉악범을 잡고 강에서 익사하는 아이들을 구해 상황을 정상으로 되돌리는 사람만이 우리의 영웅이 되어서는 안 된다. 학생이 다시 궤도에 올라 무사히 졸업할 수 있기를 바라는 마음에 점심까지 거르면서 신입생에게 수학을 가르치는 교사도 영웅에 포함되어야 한다. 학대받는 여자의 집 주변을 눈에 띄게 돌아다님으로써 그녀의 전남편이 돌아오는 걸 망설이게 만드는 경찰도, 소외된 지역사회를 결집시켜 공원을 유치시키고 발전을 위한 자금을 얻기 위해 투쟁하는 활동가도.

정상적인 상황에 만족하지 못하는 사람들과 지금보다 더 나은 세상을 시끄럽게 요구하는 사람들. 이들 모두가 우리의 영웅이 되어야 하는 것이다.

다음 단계

이 책을 다 읽은 뒤 더 많은 걸 알고 싶다면 아래 웹사이트를 방문해보자.

http://www.upstreambook.com/

이 사이트의 '자료(Resources)' 섹션을 확인해보라. 히스 브라더스(Heath Brothers) 뉴스레터에 가입하면 다음과 같은 무료 자료를 볼 수 있다.

▶ 『업스트림』 내용 요약본. 이 책의 1페이지짜리 요약본을 크고 예쁜 컬러 버전으로 다운로드할 수 있다. 책상 옆에 붙여놓기에 안성맞춤이다.

▶ 북클럽 가이드. 북클럽 활동을 위해 이 책을 읽은 경우, 토론할 때 쓸 수 있는 질문 및 주제를 제시한다.

▶ 연관 자료 목록. 이 책의 자료 출처는 책 끝부분의 주석에서 확인할 수 있다. 그러나 이 목록에서는 주제와 관련하여 내가 가장 좋아하는 책, 기사, 동영상을 각 챕터별로 분류했다. 이 책에서 다룬 주제(문제 불감증, 조기 발견, 시스템 사고 등) 가운데 더 깊이 알고 싶은 주제가 있다면 이 문서를 확인해보자.

▶ 〈업스트림으로 가고 싶다면(So You Want to Go Upstream)〉 팟캐스트. 작업 중에 문제를 예방해야겠다는 생각이 들었지만 어디서부터 시작해야 할지 잘 모르겠다면 이 팟캐스트를 들어보자. 상류로 향하기 위해 처음 몇 걸음을 떼는 방법에 대한 간단한 팁을 제공한다.

소수에게는 효과적인 프로그램이 다수에게는 통하지 않는 이유

6장에서 얘기한 것처럼, BAM(Becoming a Man) 프로그램은 처음 두 차례의 무작위 대조군 연구에서 매우 긍정적인 결과를 얻었다. 하지만 훨씬 많은 학생이 참여한 세 번째 연구에서는 그 영향이 매우 미약했다. 관련 데이터는 참여하는 청소년이 많을수록 이 프로그램이 청소년에게 미치는 평균적인 영향력은 적어지고 경험의 가변성은 커진다는 걸 나타낸다.

간단히 말해, 이는 우리가 특정한 프로그램을 성공적으로 확장하는 법을 잘 모른다는 것을 나타낸다. 이는 사회 분야의 모든 부문이 다 마찬가지다. 맥도날드 매장이 하나뿐인 세상을 상상해보라. 스타벅스가 외부로 성장하지 못하고 시애틀에만 머물러 있는 세상도. 이것이 기본적으로 사회과학 분야의 표준이다. KFC만큼 성공적으로 프랜차이즈화된 사회적 프로그램을 찾기는 힘들다(그나마 유치원을 성공적인 사례로 꼽을 수 있다).

물론 그렇게 어려운 데는 충분한 이유가 있다. 아마 감자튀김을 튀기는 훈련을 제대로 받을 수 있는 사람은 전 세계에 60억 명쯤 될 것이다. 하지만 토니 D가 한 일을 자기도 하고 싶다며 열망하는 사람은 얼마나 될까? 운이 좋으면 6백만 명(1000분의 1) 정도? 혼란스럽고 복잡한 인간사 속에서는, 기업이 제품을 제공하는 것처럼 안정적으로 솔루션을 제공하기가 매우 어렵다.

범죄 연구소의 젠스 루드윅은 이렇게 말했다. "프로그램의 규모를 키우는 문제를 두고 연구하는 사람들이 점점 늘고 있지만, 여전히 매우 초기적인 단계에 불과하다. 1천 명의 아이들에게 효과적인 것으로 입증된 사회 프로그램을 5천 명의 아이들에게 훌륭하게 적용할 수 있는 방법을 알아내려면 아직 한참 멀었다."

내 생각에 이건 거의 해결이 불가능한 문제 같다. 인간의 삶을 향상시키는 프로그램 가운데 프라이드 치킨이나 라떼처럼 손쉽게 대량으로 만들 수 있는 건 거의 없다(여기서 내가 말하는 건 BAM처럼 서비스를 제공하는 이들에게 특히 더 의존하는 프로그램이다. 물론 사회보장제도나 신호등처럼 좀 더 시스템적인 접근방식도 존재한다). 따라서 사회 분야에서는 생각을 바꿔야 한다. 특정 프로그램을 충실히 재현해서 규모를 확장한다는 마음가짐을 버리고, 문제를 인정한 뒤 필요에 따라 프로그램을 조정해야 하는 것이다. 이에 대한 자세한 내용은 12장 끝부분의 '알약 vs 득점판' 예시를 참조하도록 하자.

THANKS TO

감사의 글

무엇보다, 2019년 여름에 이 책의 초안에 대한 피드백을 해준 독자들에게 감사하다. 소중한 시간과 통찰을 관대하게 쏟아부어줬다. 독자들의 제안과 비평 덕에 책이 훨씬 좋아졌다. 진심으로 고마움을 느낀다.

이 프로젝트를 진행하는 동안 계속해서 지혜를 주고 길잡이가 되어준 이들이 많다. 그중에서도 특히 나의 형이자 협력자인 칩 히스(Chip Heath)가 이 책을 위해 수많은 아이디어를 제공했다. 또 그 조언자 명단에는 조 맥캐넌, 로잔 해거티, 닉 카네스, 모린 비소그나노, 베키, 크리스틴 마조타, 제프 에드먼슨, 젠스 루드윅, 파르자드 모스타샤리, 저스틴 오소프스키, 그리고 듀크대 CASE 동료들인 에린 워샴과 케이시 클라크 등도 포함되어 있다.

전문적인 지식을 제공한 이들에게도 감사 인사를 해야겠다. 영연방기

금의 루사 티카넨은 세계 각국이 건강관리에 어떻게 돈을 쓰는지 가르쳐줬다. 바이런 펜스톡은 인터페이스의 수익 계산을 도와줬다. 라일 엉거는 기대수명의 구성 요소를 가르쳐줬다. 스트라이브 투게더(StriveTogether)의 브리짓 잔카즈와 제니퍼 블래츠는 시카고 공립학교의 사례를 소개해줬다. 그리고 멜리사 위긴스는 독자들의 피드백을 들을 수 있게 도와줬다.

더럼까지 날아와 나와 함께 하루 내내 업스트림 브레인스토밍을 해준 사회 영역의 리더들, 베스 샌더, 제니퍼 블래츠, 케이트 헐리, 미셸 플래저, 앤 아이델만, 수잔 리버스, 케이티 홍, 탈마 슐츠, 앨리슨 마크주크, 브리지드 아헌, 카틱 크리슈난에게 감사하다.

피터 그리핀과 재닛 번의 편집 능력에 정말 감사하다. 이 책에 나오는 엉성한 구절들은 내가 그들의 충고를 무시한 결과일 가능성이 크다.

내 핵심 연구팀 에반 네스테락, 세라 오바스카 퓨, 레이첼 콘에게 진심으로 감사하다. 이 책 곳곳에 그들의 지문이 묻어 있다. 이들은 매주 빠짐없이 내가 이 책을 계속 밀고 나갈 수 있게 도와줬다. 정말 고맙다. 그리고 에밀리 캘킨스, 스테파니 탐, 메리언 비얼 존슨, 줄리아나 가르보, J. J. 맥코비 등 중요한 도움을 준 다른 연구원들에게도 감사의 마음을 전한다.

나는 지난 15년 동안 적시에 적절한 피드백을 해주는 놀라운 재주를 가진 크리스티 플레처와 일하는 행운을 누렸다. 크리스티와 그녀가 이끄는 팀의 지속적인 지원에 감사하다. 그리고 뛰어난 편집자인 벤 로넨이 책임지고 있는 애비드 리더 프레스가 출판할 1세대 책들 가운데 『업스트림』이 포함되어 영광이다. 메러디스 빌라렐로, 알렉스 프리미아니, 조던 로드먼, 조피 페라리 애들러 등 책 발간을 도와준 애비드 팀원들에게도 고맙다는 말을 하고 싶다.

끝없는 사랑과 성원을 보내준 히스 가족과 앨버트슨 가족에게 진심으로 고마움을 전한다. 끝으로, 내 인생의 기적인 아내 아만다와 딸 조세핀과 줄리아가 없다면 아무것도 할 수 없을 것이다.

주석

서문. 업스트림이란 무엇인가

15 **공중보건과 관련된 우화:** John B. McKinlay, "A Case for Refocusing Upstream: The Political Economy of Illness". Peter Conrad, Valerie Leiter 편집, 『The Sociology of Health & Illness: Critical Perspectives』 10판 (New York: Sage, 2018), 578.

16 **고객 100명 중:** 익스피디아와 관련된 이야기는 다수의 인터뷰에서 나온 것이다. Ryan O'Neill, 2018년 6월, 2018년 7월, 2019년 8월; Tucker Moodey, 2018년 6월, 2019년 8월; Mark Okerstrom, 2018년 8월.

17 **최우선 과제:** Khosrowshahi와의 서면 커뮤니케이션, 2019년 9월.

18 58퍼센트에서 15퍼센트: O'Neill의 말에 따르면 구체적인 비율은 예약 유형에 따라 다르다고 한다. 예를 들어 휴가 패키지의 경우 호텔 예약보다 훨씬 전화가 많이 온다. O'Neill, 인터뷰, 2019년 8월 8일.

21 **경찰관 두 명:** 경찰 부서장, 인터뷰, 2009년 11월.

24 **특정한 행동치료:** Council of Economic Advisers, 《Returns on Investments in Recidivism-Reducing Programs》 보고서, Executive Office of the White House: 2018, 11-12, https://www.whitehouse.gov/wp-content/uploads/2018/05/Returns-on-Investments-in-Recidivism-Reducing-Programs.pdf.

25 **아직 어머니 뱃속에 있을 때:** Richard Tremblay, "Developmental Origins of Chronic Physical Aggression: From Social Learning to Epigenetics". 2014년 11월 29일 MIT Picower New Insight Symposium에서 강연, https://www.youtube.com/watch?v=Br3OeGwGxuY, 오디오 위치: 00:17:20.

트람블레이는 (…) 위험 요소들: 위와 동일한 출처, 오디오 위치: 00:17:20-17:44. 이 연구는 정말 새로웠다. 궁금한 독자들을 위해 좀 더 자세한 내용을 설명하겠다. 다른 논문에서 Tremblay 등은 다음과 같이 썼다. "아이는 부모의 유전자를 혼합해서 물려받으며, 임신 중 어머니의 흡연, 스트레스, 빈곤, 우울증은 후생적 메커니즘을 통해 태아의 뇌 발달에 영향을 미친다. 문제 가정에서 낮은 교육, 행동 문제, 강압적인 양육을 겪은 가난하고 젊고 우울증에 빠진 여성이 만든 물리적, 사회적 환경은 출산 후부터 어린아이의 뇌가 감정과 행동을 통제하는 법을 배우는 데 필요한 보살핌과 교육을 제공하지 못하는 것이 분명하다". 그리고 "행동 문제가 있는 부모는 상호 관련된 많은 경로를 통해 아이들의 DNA 메틸화 작용에 영향을 미치는 등 유아와 성인의 정신 병리에 영향을 주는 침투적인 고위험 환경 조건(예: 낮은 교육 수준, 저소득, 가난한 이웃, 그리고 담배, 술, 약물 사용, 영양 불량 등)을 지니고 있다". Richard E. Tremblay, Frank Vitaro, Sylvana M. Cote, "Developmental Origins of Chronic Physical Aggression: A Bio-Psycho-Social Model for the Next Generation of Preventivc Interventions". 《Annual Review of Psychology 69》 (2018년 4월): 383.407, https://doi.org/10.1146/annurev-psych-010416-044030.

이 요소들은 개선이 가능하다는 것이다: 위와 동일한 출처, 17:40.

여성에게 초점을 맞춰야 한다: Stephen S. Hall, "Behaviour and Biology: The Accidental

Epigeneticist". 《Nature 505》, no. 7481 (2013년 12월 30일), 14-17, https://www.nature.com/news/behaviour-and-biology-the-accidental-epigeneticist-1.14441.

27 **미국 경제의 5분의 1에 달하는 3조 5천억 달러 규모의 의료업계:** Centers for Medicare & Medicaid Services, National Health Expenditure Accounts, 2017년 데이터, https://www.cms.gov/research-statistics-data-and-systems/statistics-trends-and-reports/nationalhealthexpenddata/nationalhealthaccountshistorical.html.

28 **샬럿에 조사 그룹을 두 개 구성:** 조사 결과는 The Health Initiative가 제공하는 데이터 요약본을 통해 얻음. "The Health Initiative(THI) - Public Opinion Research Key Insights to Date". 2018년 12월.

지출 패턴의 유사성이 놀라운 수준: Rocco Perla, 인터뷰, 2019년 2월 11일

29 **다운스트림 (…) 방법이라고 생각한다:** Elizabeth Bradley, Heather Sipsma, Lauren A. Taylor, "American Health Care Paradox - High Spending on Health Care and Poor Health". 《QJM: An International Journal of Medicine》 110, no. 2 (2017): 61-65; 62, fig. 2; 63. Jennifer Rubin et al., 《Are Better Health Outcomes Related to Social Expenditure?: A Cross-national Empirical Analysis of Social Expenditure and Population Health Measures》, RAND, 2016, 11, fig. 1.

미국은 (…) 1달러를 쓴다: Bradley, Sipsma, Taylor, "American Health Care Paradox". 61-65, 63, fig. 2.

34개국 중 9위: 위와 동일한 출처.

30 **한편 미국은 (…) 30퍼센트 많다:** Jennifer Rubin et al., 《Are Better Health Outcomes Related to Social Expenditure?》, 15, 표 6; 16, 표 7.

미국은 무릎 관절 교체 수술 (…) 선두주자다: Elizabeth Bradley & Lauren Taylor, 『The American Health Care Paradox: Why Spending More Is Getting Us Less』 (New York: Public Affairs, 2013), 5.

노르웨이의 사례를 살펴보자: Bradley et al., "American Health Care Paradox - High Spending on Health Care and Poor Health". 《QJM: An International Journal of Medicine》 110, no. 2 (2017): 63, fig. 1.

노르웨이의 우선순위는 미국과 근본적으로 다르다: 위와 동일한 출처.

노르웨이 여성은 (…) 돈을 내지 않는다: "Pregnancy and Maternity Care in Norway". Norway Health Agency, https://helsenorge.no/other-languages/english/pregnancy-and-maternity-care. https://www.irishtimes.com/news/health/norway-shows-the-way-in-childcare-1.467444.

장기휴가를 쓸 권리를 갖게 된다: "Norway's 'Daddy Quota' Means 90% of Fathers Take Parental Leave". 2018년 9월 17일, Apolitical, https://apolitical.co/solution_article/norways-daddy-quota-means-90-of-fathers-take-parental-leave/.

31 **수준 높은 어린이집:** "Age 1, Kindergartens and Schools". New in Norway: Practical Information from Public Agencies, http://www.nyinorge.no/en/Familiegjenforening/New-

in-Norway/Families-and-children-in-Norway-/Kindergarden-and-schools/. 비용, "Prices and Payment, Kindergarten". Oslo commune website, https://www.oslo.kommune.no/english/kindergarten/prices-and-payment/#gref.

매달 백 달러가 조금 넘는 돈: "Child Benefit". Norwegian Labor and Welfare Administration, https://www.nav.no/en/Home/Benefits+and+services/Relatert+informasjon/child-benefit#chapter-1. 월별 금액은 'Rate'. 참조.

노르웨이에서는 등록금이 무료: Rick Noack, "7 Countries Where Americans Can Study at Universities, in English, for Free (or Almost Free)". 《Washington Post》, 2014년 10월 29일, https://www.washingtonpost.com/news/worldviews/wp/2014/10/29/7-countries-where-americans-can-study-at-universities-in-english-for-free-or-almost-free/.

유아 사망률: OECD 데이터, 유아 사망률, https://data.oecd.org/healthstat/infant-mortality-rates.htm, 2019년 10월 3일 접속.

기대수명: OECD 데이터, 출생 시 기대수명, https://data.oecd.org/healthstat/life-expec tancy-at-birth.htm#indicator-chart, 2019년 10월 3일 접속.

스트레스를 가장 적게 받는 나라: "Most Stressed-Out: Countries", 2013년, https://www.bloomberg.com/graphics/best-and-worst/#most-stressed-out-countries.

행복한 정도: John F. Helliwell, Richard Layard, Jeffrey D. Sachs, 《World Happiness Report 2019》, 24-25, fig. 2.7.

32 **1989년, 멕시코시티는 (…) 못하게 했다:** Lucas W. Davis, "The Effect of Driving Restrictions on Air Quality in Mexico City". 《Journal of Political Economy》 116, no. 1 (2008): 38-81.

33 **3억 명의 목숨을 앗아간 것으로 추정되는 천연두:** Colette Flight, "Smallpox: Eradicating the Scourge". BBC, 2011년 2월 17일, https://www.bbc.co.uk/history/british/empire_seapower/smallpox_01.shtml.

54,777명의 사람들이 예방접종: 위와 동일한 출처. David Brown, "The Last Case of Smallpox". 《Washington Post》, 1993년 1월 26일, https://www.washingtonpost.com/archive/lifestyle/wellness/1993/01/26/the-last-case-of-smallpox/46e21c4c-e814-4e2c-99b5-2a84d53eefc1/.

1장. 눈앞에 있는 문제가 문제인지 모르기에: 문제 불감증

39 **마커스 엘리엇:** 모든 인용문은 2019년 8월과 9월에 Marcus Elliott과 진행한 인터뷰에서 나온 것이다. 달리 언급하지 않는 한, 상세 내용도 전부 해당 인터뷰에서 나온 것이다.

부상을 운명으로 받아들이는: Ian McMahan, "Why Hamstring Injuries Are So Common in NFL Players, During Preseason Play". 《Sports Illustrated》, 2016년 8월 18일, https://www.si.com/edge/2016/08/18/hamstring-injuries-nfl-training-camps-new-england-patriots.

40 **햄스트링 부상을 22번 당했다:** 위와 동일한 출처.

42 **졸업률은 52.4퍼센트였다:** Elaine Allensworth, Kaleen Healey, Julia Gwynne, Rene Crispin, 《High School Graduation Rates Through Two Decades of Change: Research Summary》 (Chicago: University of Chicago Consortium on School Research, 2016년 6월), 13.

모든 시스템은 (…) 설계되어 있다: Paul Batalden, Institute of Healthcare Improvement 선임연구원, http://www.ihi.org/communities/blogs/origin-of-every-system-is-perfectly-designed-quote.

시카고 공립학교 전체: 통계 출처 https://cps.edu/About_CPS/At-a-glance/Pages/Stats_and_facts.aspx; 그린베이 학교 재적자 수 https://www.gbaps.org/our_district; 시애틀시 예산 포털 https://openbudget.seattle.gov.

43 **고등학교에 오면 졸업하거나 중퇴하게 될 것:** Elizabeth Kirby와의 인터뷰, 2018년 8월.

80퍼센트의 정확성으로 예측: Elaine Allensworth, "The Use of Ninth-Grade Early Warning Indicators to Improve Chicago Schools". 《Journal of Education for Students Placed at Risk (JESPAR)》 18:1 (2013): 68-83, doi: 10.1080/10824669.2013.745181, 69.

44 **놀라울 정도로 단순한 두 가지 요인:** 위와 동일한 출처. 그리고 2019년 9월에 필자가 Paige Ponder와 주고받은 대화

3.5배 높았다: Elaine Allensworth & John Easton, "The On-Track Indicator as a Predictor of High School Graduatio". (Chicago: University of Chicago Consortium on Chicago School Research, 2005년 6월), 18.

이 지표가 (…) 더 중요하다: Paige Ponder와의 인터뷰, 2019년 3월.

졸업할 확률이 68퍼센트: Allensworth & Easton, "The On-Track Indicator". 7.

시카고에 중학교가 없다: Chicago Public Schools, "Elementary and High School Guide". https://cps.edu/SiteCollectionDocuments/gocps/GoCPS-ES-and-HS-Guide-2019-20-English.pdf.

45 **사람들은 전환 과정에 취약하다:** Sarah Duncan과의 인터뷰, 2018년 3월.

46 **사소한 이유로도 정학 처분을 내린 것이다:** 위와 동일한 출처.

교사와 학생 사이의 관계가 달라졌다: Elaine Allensworth와의 인터뷰, 2018년 3월.

47 **신입생들의 성공을 돕는 팀:** Paige Ponder와의 인터뷰, 2019년 3월.

마이클에게만 신경 쓴다는 것: 위와 동일한 출처.

48 **출석 관리는 FOT 지표 관리의 가장 중요한 부분 중 하나:** 위와 동일한 출처.

졸업률이 78퍼센트로 치솟았다: "Mayor Emmanuel and CPS Announce Record High Graduation Rate of 78.2 Percent". Chicago Public Schools, 보도 자료, 2018년 9월 3일, https://cps.edu/News/Press_releases/Pages/PR1_9_3_2018.aspx.

3만 명의 학생이 추가로: Elaine Allensworth와의 대화, 2019년 6월. Allensworth에게 대략적인 수치를 알려달라고 부탁했다. 이건 단지 정보에 근거한 추정치일 뿐이다.

일평생 30만~40만 달러: "Education and Lifetime Earnings". Social Security Administration, https://www.ssa.gov/policy/docs/research-summaries/education-earnings.html, fig. 1,

총수입 이용(통제 요인 없음).

50 **작은 고릴라가 보이는데:** Trafton Drew, Melissa L.-H. Vo, Jeremy M. Wolfe, "The Invisible Gorilla Strikes Again: Sustained Inattentional Blindness in Expert Observers". 《Psychological Science》 24, no. 9 (2013): 1848-53. 고릴라 이미지를 게재할 수 있게 허락해준 드루에게 감사한다.

52 **유부남은 대개 (…) 좋아하며:** Helen Gurley Brown, 『Sex and the Office』(1964), Kindle 버전, 위치 1426. Tamar Lewin의 기사에서 발견한 인용문, "Sexual Harassment in the Workplace: A Grueling Struggle for Equality". 《New York Times》, 1986년 11월 9일.

조사대상 2천 개 기업 가운데 30퍼센트가: Lewin, "Sexual Harassment in the Workplace".

성희롱이라는 용어: Lin Farley, "I Coined the Term 'Sexual Harassment.' Corporations Stole It". 《New York Times》, 2018년 10월 17일.

'의식 고취' 세션에 (…) 말했다: Brooke Gladstone, "Sexual Harassment, Revisite.". 'On the Media', WNYC 라디오, 2017년 10월 27일, https://www.wnyc.org/story/sexual-harassment-revisited/?tab=transcript.

53 **일하는 여성들은 (…) 즉각적으로 받아들였다:** Farley, "I Coined the Term 'Sexual Harassment.".

54 **3미터 높이의 거름에 묻힐 것:** Stephen Davies, "The Great Horse-Manure Crisis of 1894". Fee, 2004년 9월 1일, https://fee.org/articles/the-great-horse-manure-crisis-of-1894/.

말똥이 화두였다: Elizabeth Kolbert, "Hosed: Is There a Quick Fix for the Climate?". 《The New Yorker》, 2009년 11월 8일.

데보라 델라지라는 브라질 활동가: 인용한 말과 세부 정보의 출처는 2019년 1월의 인터뷰와 2019년 5월의 서면 소통.

55 **제왕절개로 태어난 (…) 차이가 난다:** OECD 국가들의 제왕절개 비율, 2016년(정상 출산아 1,000명 당), https://www.statista.com/statistics/283123/cesarean-sections-in-oecd-countries/.

56 **브라질 내 (…) 84퍼센트의 아이들이:** Agencia Nacional de Saude Suplementar (Brasil), 《Cartilha nova organizacao do cuidado ao parto e nascimento para melhores resultados de saude: Projeto Parto Adequado - fase 1》, Agencia Nacional de Saude Suplementar, Sociedade Beneficente Israelita Brasileira Hospital Albert Einstein, Institute for Healthcare Improvement. Rio de Janeiro: ANS, 2016년 11월.

제왕절개에 어울리는 매니큐어와 마사지: Olga Khazan, "Why Most Brazilian Women Get C-Sections". 《The Atlantic》, 2014년 4월 14일, https://www.theatlantic.com/health/archive/2014/04/why-most-brazilian-women-get-c-sections/360589/. 그리고: https://www.thestar.com/news/world/2015/10/07/luxury-birthing-spawns-caesarean-section-epidemic-in-brazil.html.

훨씬 많은 돈을 벌 수 있다: Paulo Borem과의 인터뷰, 2015년 7월. Marina Lopes, "Brazilian Women Are Pushing Back Against Rampant C-sections". Vice, 2016년 12월 7일, https://

www.vice.com/en_us/article/9a38g8/brazil-c-sections-natural-births.

출산을 (…) 원시적이고: Khazan, "Why Most Brazilian Women Get C-Sections".

57 **1,626명의 여성을 대상으로 진행한 설문조사에서**: C. C. Palma & T. M. S. Donelli, "Violencia Obstetrica em Mulheres Brasileiras".《Psico》48, no. 3 (2017): 216-30, 표 3.

35페이지 분량의 문서: Denuncia da Parto do Principio motiva Acao do Ministerio Publico Federal, Parto de Principio 웹사이트, https://www.partodoprincipio.com.br/den-ncia.altas-taxas-de-ces-reas.

산부인과 간호사 겸 모성 전문가 자쿠에리니 토레스: "Reducing Health Inequities in Brazil". Institute for Healthcare Improvement, http://www.ihi.org/communities/blogs/reducing-health-inequities-in-brazil-institutional-racism-and-the-effects-on-maternal-outcomes.

58 **보렘은 (…) 진행하고**: Paulo Borem과의 인터뷰, 2015년 7월. 그리고 Joelle Baehrend와의 인터뷰, 2015년 12월 3일. "Changing Culture, Changing Care: Reducing Elective C-Section Rates in Brazil". http://www.ihi.org/communities/blogs/_layouts/15/ihi/community/blog/itemview.aspx?List=7d1126ec-8f63-4a3b-9926-c44ea3036813&ID=179.

집중치료실에 들어가는 경우가 많다: Paul Borem과의 이메일 교환, 2019년 9월. "NICUs After Elective C-section". Clinical Perinatology 35, no. 2 (2008년 6월): 373.vii, doi: 10.1016/j.clp.2008.03.006.

자연분만율은 3퍼센트: Joelle Baehrend, "Changing Culture, Changing Care: Reducing Elective C-Section Rates in Brazil". IHI 블로그, 2015년 12월 3일.

그 병원의 시스템은 제왕절개를 유도하도록: Paulo Borem과의 인터뷰, 2018년 11월 20일.

59 **자연분만율이 40퍼센트까지**: Pedro Delgado, Paulo Borem, Rita Sanchez, "The Birth of the Parto Adequado Collective in Brazil". Presentation for Institute for Healthcare Improvement National Forum 2015, Orlando, Florida, http://app.ihi.org/FacultyDocuments/Events/Event-2613/Presentation-12655/Document-10253/Presentation_C11_Collaborative_to_Reduce_C Section_Rates_in_Brazil.pdf.

35개 병원: "Parto Adequad". 프로젝트 웹사이트, Agencia Nacional de Saude Suplementar, 2019년 9월 7일에 접속: http://www.ans.gov.br/gestao-em-saude/parto-adequado.NICU

18개월 동안 (…) 20퍼센트에서 37.5퍼센트로: Agencia Nacional de Saude Suplementar (Brasil), 《Cartilha nova organizacao do cuidado ao parto e nascimento para melhores resultados de saude: Projeto Parto Adequado - fase 1》, 33;

입원이 크게 줄어든 것으로: Agencia Nacional de Saude Suplementar (Brasil), 《Cartilha nova organizacao do cuidado ao parto e nascimento para melhores resultados de saude: Projeto Parto Adequado - fase 1》, 34.

최소 1만 건 이상의 제왕절개를 막은 셈: Projeto Parto Adequado 프로젝트 웹사이트, Agencia Nacional de Saude Suplementar, http://www.ans.gov.br/gestao-em-saude/parto-adequado, 2019년 9월 7일에 접속.

세 배나 더 많은 병원들: 위와 동일한 출처.

첫 단계의 결과는 (…) 희망을 안겨준다: Pedro Delgado와의 대화, 2019년 9월.

브라질에 있는 6천 개가 넘는 병원: 6,400개 병원, "Brazil-Healthcare". International Trade Administration, US Department of Commerce, https://www.export.gov/article?id=Brazil-Healthcare, 2019년 9월 19일에 접속. 이 자료에는 6,300개로 나와 있음: https://thebrazilbusiness.com/article/healthcare-industry-in-brazil.

60 **이 프로젝트에 참여하기 위한 대기 명단**: Jacqueline Torres와의 인터뷰, 2018년 12월.

이 캠페인이 자신의 심금을 울렸다고: Rita Sanchez와의 인터뷰, 2018년 11월.

자각과 불만은 개선의 씨앗이다: 이 조직들이 학습과 개선을 중시하는 문화를 구축할 수 있게 도와준 MIT 부교수 Steve Spear에게 감사한다. 개선 노력은 "참을 수 없는 좌절"에서 시작되어야 한다는 그의 말이 계속 기억에 남는다.

2장. '과연 내가 나서도 될까?'라는 의문: 주인의식 부족

62 **레이 앤더슨은 1994년에**: Richard Todd, "The Sustainable Industrialist: Ray Anderson of Interface". Inc., 2016년 11월 6일, https://www.inc.com/magazine/20061101/green50_industrialist.html.

8억 달러: 위와 동일한 출처.

회사를 주식시장에 상장했다: https://www.interface.com/US/en-US/about/mission/The-Interface-Story-en_US.

조지아주의 작은 마을에서 자란: 앤더슨은 조지아주 웨스트포인트에서 태어났다. Ray Anderson, 『Mid-course Correction. Toward a Sustainable Enterprise: The Interface Model』 (White River Junction, VT: Chelsea Green, 1998), 23. **미식축구 장학금을 받아 조지아 공대에 다녔고**: 위와 동일한 출처, 24. **젊을 때부터 카펫 업계에서 일했다**: Deering Milliken과 Callaway Mills에서 약 14년간 카펫 관련 일을 하다가 인터페이스 설립: https://www.raycandersonfoundation.org/biography.

1969년에 영국 키더민스터를 여행하던 중: Anderson, 『Mid-course Correction』, 29.

63 **모듈식 카펫 타일을 이용하면**: David Grayson, Chris Coulter, Mark Lee, 『All In: The Future of Business Leadership』 (New York: Routledge, 2018), 138.

접착제도 필요 없었다: Anderson, 『Mid-course Correction』, 36.

1973년, 앤더슨은 (…) 설립했다: https://www.interface.com/US/en-US/about/mission/The-Interface-Story-en_US. **38살 때 카펫 타일을 미국으로 들여옴**: Anderson, 『Mid-course Correction』, 28, 34. 엄밀히 말하자면, 첫 번째 합병 당시 인터페이스는 이름이 다른 두 개의 법인이었는데 그 후 이름을 바꿨다. 여기서는 편의를 위해 인터페이스라고 부르겠다.

세계에서 가장 큰 카펫 회사 중 하나: Grayson, Coulter, Lee, 『All In』, 132.

'환경 지속 가능성'에 대한 회사의 입장: Connie Hensler와의 인터뷰, 2018년 11월, 전화 메모.

폴 호켄이 (…) 선물받았다: Grayson, Coulter, Lee, 『All In』, 133-34.
환경 위기에서 벗어나는 방향: Paul Hawken, 『The Ecology of Commerce: A Declaration of Sustainability』 (New York: Harper-Collins, 1993).
앤더슨은 눈물을 흘렸다: Paul Vitello, "Ray Anderson, Businessman Turned Environmentalist, Dies at 77". 《New York Times》, 2011년 8월 10일.

64 **창처럼 내 가슴을 찔렀고:** Anderson, 『Mid-course Correction』, 40.
나일론은 (…) 플라스틱이다: Charles Fishman, "Sustainable Growth-Interface, Inc.". 《Fast Company》, 1998년 3월 31일, http://www.fastcompany.com/33906/sustainable-growth-interface-inc; Connie Hensler와의 인터뷰, 2018년 11월, 전화 메모; https://www.explainthatstuff.com/nylon.html.

65 **의자를 옆으로 옮기는 순간에 대한 기억:** Jeannie Forrest, 서면 연락, 2018년 12월.

66 **담배 회사들은 (…) 최고의 위치에 있다:** World Health Organization(WHO), "Fact Sheet: Tobacco". https://www.who.int/news-room/fact-sheets/detail/tobacco.

67 **심리적 적격 기준:** D. Ramona Bobocel, Aaron C. Kay, Mark P. Zanna, James M. Olson 편저, 『The Psychology of Justice and Legitimacy』 (New York: Psychology Press, 2010), 117-38에 나오는 D. T. Miller, D. A. Effron, S. V. Zak, "From Moral Outrage to Social Protest: The Role of Psychological Standing".

69 **자동차 안전 옹호자인 앤마리 셸니스와 소아과 의사 시모어 찰스:** A. Shelness & S. Charles, "Children as Passengers in Automobiles: The Neglected Minority on the Nation's Highways". 《Pediatrics》 56, no. 2 (1975): 271-84.
어린이의 사망 원인 1위: A. Shelness & S. Charles, "Children as Passengers". 271.
'내부'에서 죽거나 다치는 아이들이 더 많다: 위와 동일한 출처.
모든 신차에는 (…) 의무화되어 있었다: J. Hedlund, S. H. Gilbert, K. A. Ledingham, D. F. Preusser, 《How States Achieve High Seat Belt Use Rates》. US Department of Transportation, National Transportation Safety Administration, 2008년 8월, publication no. HS-810 962, https://crashstats.nhtsa.dot.gov/Api/Public/ViewPublication/810962.
대다수는 (…) 착용하지 않았다: A. Shelness & S. Charles, "Children as Passengers". 271.
카시트도 거의 사용하지 않았다: https://crashstats.nhtsa.dot.gov/Api/Public/ViewPublication/810962; A. Shelness & S. Charles, "Children as Passengers". 272.

70 **초기 카시트는 (…) 않도록 말이다:** A. Shelness & S. Charles, "Children as Passengers". 272.
소아과 의사보다 (…) 없다: A. Shelness & S. Charles, "Children as Passengers". 282.
주인의식을 가지라는 요청은 잘 받아들여졌다: 하버드 공중보건학 교수인 David Hemenway는 『While We Were Sleeping: Success Stories in Injury and Violence Prevention』 (Berkeley and Los Angeles, CA: University of California Press, 2009)이라는 책에, 《Pediatrics》 논문이 "전국의 소아과 의사들과 지지자들에게 경종을 울리는 역할을 했다."고 썼다.
난 그 기사를 읽고 충격을 받았다: Robert Grayson, "Robert S. Sanders, MD: Interviewed by Robert Grayson, MD". Oral History Project, Pediatric History Center, American Academy

of Pediatrics, 2004년 4월 20일, 33. 이 이야기를 살펴보라고 제안해준 Larry Cohen에게 감사한다.

71 **소아과 의사 겸 카운티 보건국장:** 위와 동일한 출처.

예방과 치료에 관한 그런 모든 생각: Pat Sanders와의 인터뷰, 2018년 9월.

테네시주를 대상으로 (…) 의무화하는 법안: Pat Sanders와의 인터뷰, 2018년 9월; Robert Sanders Jr., 『Dr. Seat Belt: The Life of Robert S. Sanders, MD, Pioneer in Child Passenger Safety』(Armstrong Valley: 2008).

4세 미만 아동에게 (…) 법안: Robert Grayson, "Robert S. Sanders". 31, 32.

밥 샌더스는 주말이면 (…) 찾아가곤 했다: Pat Sanders와의 인터뷰, 2018년 9월.

72 **로켓에 태워 달에 보낼:** 위와 동일한 출처.

아동 승차자 보호법이 3분의 2의 지지를 얻어 통과: 테네시주 주의회의 상하원 저널(1977).

테네시주는 미국에서 최초로: Bill Mitchell, "Is Your Child Riding in a Safe Seat".《Tennessean》, 1978년 7월 16일.

'품에 안긴 아기들' 개정안: Robert Grayson, "Robert S. Sanders".

그런데 이제 아기를 안전벨트에 묶으란 말인가?: Mitchell, "Is Your Child Riding in a Safe Seat".

수정안을 (…) '어린아이 으스러뜨리기' 수정안이라고 부르기: Robert Grayson, "Robert S. Sanders".

73 **1981년 (…) 증언대에 섰다:** Larry Daughtrey, "Child Death Told at Auto Hearing".《Tennessean》, 1981년 2월 18일.

3세 미만 어린이 11명이 자동차 충돌사고로 숨졌다: Associated Press, "Youngsters Fight Car Safety Seats: Troopers".《Tennessean》, 1980년 10월 29일.

1981년에 폐지됐다: Larry Daughtrey, "House Passes Bill Closing Loophole in Child Seat Law".《Tennessean》, 1981년 3월 5일.

웨스트버지니아주는 (…) 세 번째 주가 됐고: J. Y. Bae, E. Anderson, D. Silver, J. Macinko, "Child Passenger Safety Laws in the United States, 1978-2010: Policy Diffusion in the Absence of Strong Federal Intervention".《Social Science & Medicine》100 (2014): 30-37, 표 2.

1985년까지 50개 주가 (…) 통과시켰다: S. P. Teret, A. S. Jones, A. F. Williams, J. K. Wells, "Child Restraint Laws: An Analysis of Gaps in Coverage".《American Journal of Public Health》76, no. 1 (1986): 31-34, 31.

1975년부터 2016년까지 (…) 추정하고 있다: National Center for Statistics and Analysis, Occupant protection in passenger vehicles.《Traffic Safety Facts 2016》, Report No. DOT HS 812 494 (Washington, DC: National Highway Traffic Safety Administration, 2018), 7, 표 6.

74 **정말 깜짝 놀랐다:** 앤더슨의 깨달음과 앤더슨의 연설과 관련된 이야기, 『Mid-course Correction』, 39-40.

75 **그가 처음 이 아이디어를 제시했을 때:** Vitello, "Ray Anderson, Businessman Turned

Environmentalist, Dies at 77".

불황에서 아직 완전히 헤어나오지 못한 상태였다: David Grayson, Chris Coulter, Mark Lee, 『All In: The Future of Business Leadership』 (New York: Routledge, 2018), 132.

절약, 재사용, 회수: Anderson, 『Mid-course Correction』, 43.

처음으로 2억 달러 규모의: 보일러의 배출량, 매출 관련 정보 출처는 Charles Fishman, "Sustainable Growth-Interface, Inc.". 《Fast Company》, 1998년 3월 31일, http://www.fastcompany.com/33906/sustainable-growth-interface-inc.

1997년 (…) 사내 회의에서: David Gerson과의 인터뷰, 2018년 11월, 00:14:20; Connie Hensler와의 인터뷰, 2018년 11월, 전화 메모. Ray Anderson, 연설, 1997년, https://youtu.be/Uos8SQi9Vqc?t=1277. **미션 제로:** https://www.interface.com/EU/en-GB/about/index/Mission-Zero-en_GB#.

76 **'미션 제로'를 달성하기 위한 7단계 계획:** https://www.interface.com/EU/en-GB/about/index/Mission-Zero-en_GB#; Gray, Coulter, Lee, 『All In』, xvi.

카펫을 재활용할 수 있는 기술: Eric Nelson과의 인터뷰, 2019년 1월.

77 **몽상가와 행동가들이 선망하는 하나의 문화:** Gray, Coulter, Lee, 『All In』, xvii.

만약 누군가가 (…) 얘기했다면: David Gerson과의 인터뷰, 2015년 10월.

78 **앤더슨은 (…) 평가했다:** 화석 연료 사용 및 물 사용 통계와 인터페이스 진척 상황에 대한 Anderson의 평가 출처는 Cornelia Dean, "Executive on a Mission: Saving the Planet". 《New York Times》, 2007년 5월 22일, http://www.nytimes.com/2007/05/22/science/earth/22ander.html.

앤더슨은 77세의 나이로 세상을 떠났다: Vitello, "Ray Anderson, Businessman Turned Environmentalist, Dies at 77".

보기 드물게 믿음직한 사람: Grist staff, "Paul Hawken Pays Tribute to Green-Biz Visionary Ray Anderson". Grist, 2011년 8월 13일, https://grist.org/sustainable-business/2011-08-12-paul-hawken-pays-tribute-to-green-biz-visionary-ray-anderson/.

어망을 (…) 프로젝트였다: Miriam Turner와의 인터뷰, 2015년 12월; http://net-works.com/about-net-works/locations/philippines/; https://www.econyl.com/blog/architecture-design/net-works-fishing-nets-arrived-in-ajdovscina-for-regeneration/; https://www.youtube.com/watch?time_continue=10&v=1HCfLMVgub8.

79 **연간 수익률은 3.6퍼센트:** 블룸버그의 계산, TILE vs. SPX 지수, 1993년 12월 31일부터 2018년 12월 31일까지.

80 **직원들 사이의 다툼을 해결:** Jeannie Forrest와의 인터뷰, 2019년 2월, 2019년 3월에 이메일을 통해 추가 인터뷰. 던과 엘런의 대화 내용은 포레스트의 기억에 의존해서 구성했다.

3장. 조금만 더 이따가, 급한 일부터 처리한 다음에: 터널링 증후군

83 **존 톰슨은 (…) 잊었다:** John Thompson, 2018년 11월 21일, 작가가 진행한 설문조사에 대한 응답.

리치 머리사도 (…) 깨달음을 얻었다: Rich Marisa, 2018년 11월 20일, 작가가 진행한 설문조사에 대한 응답; Marisa와의 인터뷰, 2019년 1월.

86 **엘다 샤퍼와 센딜 멀레이너선은 (…) '터널링'이라고 부른다:** Sendhil Mullainathan & Eldar Shafir, 『Scarcity: Why Having Too Little Means So Much』 (New York: Henry Holt, 2013), 28.

87 **가난을 겪으면 누구나 시야가 줄어든다:** 위와 출처 동일, 13.

결핍과 (…) 중요하지만 아주 다급하지 않은 일을 미루게 한다: 위와 출처 동일, 117.

88 **병원 8곳에서 일하는 (…) 따라다닌 뒤:** Anita Tucker와의 인터뷰, 2019년 1월. 본래 연구 자료는 Anita L. Tucker, Amy C. Edmondson, Steven Spear의 "When Problem Solving Prevents Organizational Learning". 《Journal of Organizational Change Management》 15, no. 2, (2002): 122-37.

91 **아침마다 만나 (…) 여유를 갖는다:** isha Sikka, Kate Kovich, Lee Sacks, "How Every Hospital Should Start the Day". 《Harvard Business Review》, 2014년 12월 5일, https://hbr.org/2014/12/how-every-hospital-should-start-the-day.

92 **대니엘 길버트는 (…) 주장한다:** Dan Gilbert, "If Only Gay Sex Caused Global Warming". 《Los Angeles Times》, 2005년 7월 2일, http://articles.latimes.com/2006/jul/02/opinion/op-gilbert2.

94 **1974년으로 돌아가보자:** Mario J. Molina & F. S. Rowland, "Stratospheric Sink for Chloro fluoromethanes: Chlorine Atom-Catalysed Destruction of Ozone". 《Nature》 249 (1974), 810-12, https://www.nature.com/articles/249810a0.

95 **과학자들은 (…) 발견했다:** Wendy Becktold, "'Ozone Hole' Shows That We Avoided Planetary Disaster Before". Sierra Club, 2019년 4월 10일, https://www.sierraclub.org/sierra/ozone-hole-shows-we-avoided-planetary-disaster-before-pbs-documentary.

불연성이고 무독성이기 때문에: PBS 영화 〈Ozone Hole: How We Saved the Planet〉(2019)에 나온 내용, https://www.pbs.org/show/ozone-hole-how-we-saved-planet/.

세계의 오존층을 먹어치우는: 위와 출처 동일. 그리고 Justin Gillis, "The Montreal Protocol, a Little Treaty That Could". 《New York Times》, 2013년 12월 9일, https://www.nytimes.com/2013/12/10/science/the-montreal-protocol-a-little-treaty-that-could.html.

세계적인 식량 공급 중단과 피부암: 위와 출처 동일.

아무 일도 없었다: PBS, 〈Ozone Hole: How We Saved the Planet〉, https://www.pbs.org/show/ozone-hole-how-we-saved-planet/ 00:11:50.

브레이크를 슬쩍 밟은 것: Sean Davis, "Lessons from the World Avoided". TEDxTalk,

2017년 10월 11일, https://www.youtube.com/watch?v=sTCnJa_P8xY 00:08:17.

96 **오존층은 고정된 상태가 아니다:** Brad Plumer, "The Ozone Layer Is On Pace for a Full Recovery by 2050, Scientists Say". Vox, 2014년 9월 10일, https://www.vox.com/2014/9/10/6132991/ozone-layer-starting-to-recover.

97 **약 2,150만 명의 미국인들이 (…) 세금 신고를 한다:** Ben Casselman, "Everyone Files Their Taxes at the Last Minute". FiveThirtyEight, 2016년 4월 15일, https://fivethirtyeight.com/features/everyone-files-their-taxes-at-the-last-minute/.

행동의 적극적인 옹호자가 됐다: Shari Roan, "F. Sherwood Rowland Dies at 84; UC Irvine Professor Won Nobel Prize". 《Los Angeles Times》, 2012년 3월 12일, https://www.latimes.com/local/obituaries/la-me-sherwood-rowland-20120312-story.html.

98 **〈올 인 더 패밀리〉:** "Gloria's Shock". 《All in the Family》, 5시즌 7회, 1974; Stephen O. Anderson & K. Madhava Sarma, 『Protecting the Ozone: The United Nations History』 (London: Earthscan, 2012), 375.

에어로졸 스프레이 판매가 눈에 띄게 감소했다: PBS, 〈Ozone Hole: How We Saved the Planet〉, 2019년 4월 10일.

'오존 구멍'이라는 용어: Sebastian Grevsmuhl, "Revisiting the 'Ozone Hole' Metaphor: From Observational Window to Global Environmental Threat". 《Environmental Communication》 12, no. 1 (2018): 71-83.

일부 과학자들은 (…) 반대한다: Kerri Smith, "Past Cast: Discovering the Ozone Layer Hole". 《Nature》, 2019년 5월 31일, https://www.nature.com/articles/d41586-019-01582-z#MO0.

많은 대중에게 쉽게 다가갔다: 위와 출처 동일.

99 **듀폰도 의정서를 지지했다:** PBS, 〈Ozone Hole: How We Saved the Planet〉, 2019년 4월 10일.

듀폰이 의정서를 지지한 것은 (…) 덕분이다: James Maxwell & Forest Briscoe, "There's Money in the Air: The CFC Ban and DuPont's Regulatory Strategy". 《Business Strategy and the Environment》 6, no. 5 (1998): 276-86, 282.

조약을 반대한 (…) 있었다: Richard E. Benedick, "Human Population and Environmental Stress in the Twenty-First Century". 《Environmental Change & Security Project Report 6》 (2000): 5-18, 13.

마거릿 대처도 이런 비난에 앞장서서: PBS, 〈Ozone Hole: How We Saved the Planet〉, 2019년 4월 10일.

100 **도널드 호들은 (…) 알려졌다:** Guy Darst, "Hodel Offends Environmentalists with Lotion-and-Hats Policy". 《Associated Press》, 1987년 5월 30일, https://www.apnews.com/006054380f941f9735f0fb0201ef2056.

호들은 뒤로 물러났고: PBS, 〈Ozone Hole: How We Saved the Planet〉, 00:33:20, 2019년 4월 10일.

우리가 마주할 수도 있었던 (…) 도움이 된다: Davis, "Lessons from the World Avoided".

TEDxTalk, https://www.youtube.com/watch?v=sTCnJa_P8xY, 00:08:39.

4장. 꼭 필요한 사람을 모집해 문제의 심각성을 각인시켜라: 인재

105 **1997년 (…) 한 사진:** Inga Dora Sigfusdottir, Planet Youth Workshop 프레젠테이션, 2019년 3월.

새벽 3시에 찍은 사진인데도: Inga Dora Sigfusdottir와의 인터뷰, 2019년 6월.

아이슬란드에 사는 15세, 16세 청소년 중 42퍼센트가 (…) 있었다: I. D. Sigfusdottir, A. L. Kristjansson, T. Thorlindsson, J. P. Allegrante, "Trends in Prevalence of Substance Use Among Icelandic Adolescents, 1995.2006". 《Substance Abuse Treatment, Prevention, and Policy》 3, no. 1 (2008), 12; Inga Dora Sigfusdottir, Planet Youth Workshop 프레젠테이션, 2019년 3월, 그래프, p. 35.

4분의 1이 매일 담배를 피웠고, 17퍼센트는 이미 대마초를 피운 경험이 있었다: 위와 출처 동일.

106 **골목에서 친구가 토할 수 있게 도와준 기억이 있다:** Dagur Eggertsson 시장, Planet Youth Workshop 강연, 2019년 3월.

사고나 상해 비율이 (…) 두 번째로 높았다: European School Survey Projection Alcohol and Other Drugs (ESPAD), 1995년 보고서, Eggertsson 부록 II, 62 (문서 223페이지).

13세 이하부터 술을 마신 비율: ESPAD 보고서, 1995년, 71.

전년도에 10회 이상 술을 마신 비율: 위와 출처 동일, 67.

107 **약물 남용 비율이 거의 매해 증가하자:** Sigfusdottir, Kristjansson, Thorlindsson, Allegrante, "Trends in Prevalence of Substance Use". 21; Inga Dora Sigfusdottir, Planet Youth Workshop 프레젠테이션, 2019년 3월, 그래프, p. 11. **지도자들도 점점 이를 우려:** 《Drug-free Iceland Final Report》, 2003년 5월, https://www.landlaeknir.is/servlet/file/store93/item10661/IAE_final2003.pdf.

108 **'마약 없는 아이슬란드'라는 약물 남용 반대 운동을 시작했다:** 《Drug-free Iceland Final Report》, 7, https://www.landlaeknir.is/servlet/file/store93/item10661/IAE_final2003.pdf.

도울 생각이 있어 보이는 모든 이들에게 도움을: 위와 출처 동일.

아이슬란드인들 대부분은 (…) 몰려 산다: Andie Fontaine, "Population Figures: Reykvikingar Vastly Outnumber Other Icelanders". 《Reykjavik Grapevine》, 2019년 1월 29일, https://grapevine.is/news/2019/01/28/population-figures-reykvikingar-vastly-outnumber-other-icelanders/.

켄터키와 구별되는 주요 특징: Comparea, http://www.comparea.org/ISL+US_KY.

거부에만 초점을 맞춘 (…) 놓쳤다고 생각했다: Inga Dora Sigfusdottir, Planet Youth Workshop 강연, 2019년 3월; Alfgeir Kristjansson과의 인터뷰, 2019년 1월.

109 **지역사회부터 바꾸고 싶었다:** Inga Dora Sigfusdottir와의 인터뷰, 2019년 6월.

10대들의 약물 남용에 영향을 미치는 위험 요인: Sigfusdottir, Kristjansson, Thorlindsson, Allegrante, "Trends in Prevalence of Substance Use". 12.

술을 마시거나 담배를 피우는 친구: I. D. Sigfusdottir, T. Thorlindsson, A. L. Kristjansson, K. M. Roe, J. P. Allegrante, "Substance Use Prevention for Adolescents: The Icelandic Model". 《Health Promotion International》 24, no. 1 (2008): 16-25, 17, 24.

명확히 계획되지 않은 (…) 위험 요인: 위와 출처 동일, 24.

위험성을 감소시키는 보호 요인: Sigfusdottir, Kristjansson, Thorlindsson, Allegrante, "Trends in Prevalence of Substance Use". 12.

10대들이 더 나은 시간을 보내는 방법: 위와 출처 동일, 12, 8.

질보다 함께 보낸 시간의 양이 더 중요: Planet Youth Workshop 프레젠테이션, 2019년 3월, 00:16:56-19:16.

청소년을 둘러싼 문화를 바꾸자는 것: Sigfusdottir, Kristjansson, Thorlindsson, Allegrante, "Trends in Prevalence of Substance Use". 12.

110 **대중 축제 문화를 (…) 바꾸기 위해 노력**: 《Drug-free Iceland Final Report》, 2003년 5월, 23-26, https://www.landlaeknir.is/servlet/file/store93/item10661/IAE_final2003.pdf.

통금 시간을 에둘러 표현한 것: Inga Dora Sigfusdottir, 사적인 대화 중에서.

모두 규칙을 어긴 것이다: Inga Dora Sigfusdottir와의 인터뷰, 2019년 3월.

외출 가능 시간을 지켜달라고 부탁: 《Drug-free Iceland Final Report》, 23.

편지에는 (…) 냉장고 자석이 동봉되어 있었다: 위와 출처 동일. Inga Dora Sigfusdottir와의 인터뷰, 2019년 3월.

그 규칙을 지키려는 (…) 악당 취급을 받았다: Inga Dora Sigfusdottir와의 인터뷰, 2019년 3월.

이를 지키는 집이 상당히 늘어났다: Sigfusdottir, Thorlindsson, Kristjansson, Roe, Allegrante, "Substance Use Prevention for Adolescents". 22; 《Drug-free Iceland Final Report》, 23; Inga Dora Sigfusdottir와의 인터뷰, 2019년 3월.

111 **밤에 조직적으로 순찰을 돌며**: BBC News, "How Iceland Saved Its Teenagers". 2017년 12월 3일, https://www.youtube.com/watch?v=cDbD_JSCrNo.

하비 밀크맨의 연구에서 비롯됐다: Biography: Metropolitan State University of Denver, MSU Denver Experts Guide, "Harvey Milkman". https://www.msudenver.edu/experts/allexperts/milkman-harvey.shtml.

그들이 원하는 건 자연스러운 도취감: Harvey Milkman과의 인터뷰, 2019년 3월.

스포츠 클럽: Emma Young, "Iceland Knows How to Stop Teen Substance Abuse, But the Rest of the World Isn't Listening". 《Mosaic Science》, 2017년 1월 17일, https://mosaicscience.com/story/iceland-prevent-teen-substance-abuse/; Margret-Lilja-Gudmundsdottir, Planet Youth Workshop 프레젠테이션, 2019년 3월, 16-17.

돈을 받는 전문가들이 고용됐다: Margret-Lilja-Gudmundsdottir, Planet Youth Workshop 프레젠테이션, 2019년 3월.

112 참여를 지원하기 위해: Young, "Iceland Knows How to Stop Teen Substance Abuse".
매년 (…) '아이슬란드의 청소년'이라는 조사를 진행했다: ICSRA 웹사이트, Youth in Iceland 설문조사, http://www.rannsoknir.is/en/youth-in-iceland/.
운영위 모임만 101차례나 열렸다: 《Drug-free Iceland Final Report》, 9.

113 공식적인 스포츠 활동에 참여하는 비율: Sigfusdottir, Thorlindsson, Kristjansson, Roe, Allegrante, "Substance Use Prevention for Adolescents". 22.
부모와 함께 보내는 시간: 위와 출처 동일, 21; Inga Dora Sigfusdottir, Planet Youth Workshop 프레젠테이션, 2019년 3월, 그래프, p. 31.
외출 가능 시간을 준수: Sigfusdottir, Thorlindsson, Kristjansson, Roe, Allegrante, "Substance Use Prevention for Adolescents". 22; Inga Dora Sigfusdottir, Planet Youth Workshop 프레젠테이션, 2019년 3월.
10대 문화는 완전히 달라졌다: Inga Dora Sigfusdottir, Planet Youth Workshop 프레젠테이션, 2019년 3월; Sigfusdottir, Kristjansson, Thorlindsson, Allegrante, "Trends in Prevalence of Substance Use". 12.
오늘날의 10대 청소년 대부분은 그 일을 잘 알지 못한다: Harvey Milkman과의 인터뷰, 2019년 3월; Inga Dora Sigfusdottir와의 인터뷰, 2019년 3월.

114 전 세계가 아이슬란드의 캠페인 성공을 부러워했고: Planet Youth 웹사이트 Q&A, https://planetyouth.org/the-method/qa/.
가장 중요한 요소는 권한 부여: Inga Dora Sigfusdottir와의 인터뷰, 2019년 3월.

115 1997년, 막 대학을 졸업한 (…) 도착했다: Dunne의 가정폭력 업무 참여와 관련된 모든 인용문은 Kelly Dunne과의 인터뷰 내용임, 2018년 10월. 몇몇 세부 사항은 Rachel Louise Snyder의 기사에서 발췌. Rachel Louise Snyder, "A Raised Hand". 《The New Yorker》, 2013년 7월 15일, 35.
잔 가이거 위기센터: 이 센터의 원래 이름은 여성 위기센터였는데, 기이한 추락 사고로 사망한 인근 플럼 섬에 살던 호텔 경영자 Jeanne Geiger의 이름을 따서 개칭하게 됐다. 그녀가 죽은 후, 가족들이 그녀를 기리기 위해 센터에 100만 달러를 기부했다; https://jeannegeigercrisiscenter.org/about-us/who-is-jeanne-geiger/; http://archive.boston.com/news/local/articles/2005/02/27/fatal_fall_stirs_more_questions/.

116 별거 중이던 남편에게 살해당하는 사건: Dorothy Giunta-Cotter의 죽음에 관한 설명, Snyder, "A Raised Hand". 34.
던은 신념의 위기를 겪었다: Kelly Dunne과의 인터뷰, 2018년 10월.

117 캠벨은 (…) 깨달았다: Jacquelyn Campbell과의 인터뷰, 2018년 10월.
여성이 살해당한 경우: E. Petrosky, J. M. Blair, C. J. Betz, K. A. Fowler, S. P. Jack, B. H. Lyons, "Racial and Ethnic Differences in Homicides of Adult Women and the Role of Intimate Partner Violence: United States, 2003-2014". 《Morbidity and Mortality Weekly Report》 66, no. 28 (2017년 7월 21일): 741-46.
범죄현장 사진도 포함: Jacquelyn Campbell과의 인터뷰, 2018년 10월.

118 **캠벨은 (…) 위험 평가 도구를 개발했는데:** J. Campbell, D. Webster, N. Glass, "The Danger Assessment: Validation of a Lethality Risk Assessment Instrument for Intimate Partner Femicide".《Journal of Interpersonal Violence》 24 (2009): 653-74.

최신 버전의 이 위험 평가 도구는: 위험 평가 설문지 (2018년 버전), https://www.dangerassessment.org/uploads/DA_2018%20pdf.pdf.

119 **경보 시스템이라는 사실을 깨달았다:** Kelly Dunne과의 인터뷰, 2018년 10월.

도로시가 (…) 20점 만점에 18점을 받아: Snyder, "A Raised Hand". 37.

던은 2005년에 가정폭력 고위험 팀을 조직했다: 위와 출처 동일.

13~15명의 (…) 한 달에 한 번씩 만나: Robert (Bobby) Wile과의 인터뷰, 2018년 10월.

120 **비상 계획을 세우는 것:** Kelly Dunne과의 인터뷰, 2018년 10월.

근무 시간 중에 차를 몰고 집 근처를 돌아다니는 것: Robert (Bobby) Wile과의 인터뷰, 2018년 10월.

121 **그들이 어디에 있을지 누가 알까?:** 위와 출처 동일.

20년쯤 전에 (…) 얘기를 했다면: Jeanne Geiger Crisis Center 홍보 비디오, Doug Gaudette: DVAdvocacy, https://vimeo.com/117406066.

고위험 사건은 172건 (…) 다시 폭행을 당했다는 신고를 하지 않았다: Domestic Violence High Risk Team 웹사이트, http://dvhrt.org/impact. 첫 12년(2005-2017) 동안의 수치.

가정폭력 관련 사망자가 8명: Dave Rogers, "Stats Show Need for Domestic Violence Team". 《(Newburyport) Daily News》, 2013년 11월 2일, https://www.newburyportnews.com/news/local_news/stats-show-need-for-domestic-violence-team/article_e86c086b-6f3b-530a-84a2-0a237bbeb7a8.html; Kelly Dunne과의 대화, 2019년 6월 13일.

살해당한 여성은 한 명도 없었다: Kelly Dunne과의 인터뷰 및 대화. 2019년 6월에 Dunne이 보낸 이메일: "팀이 만들어지기 전에는 10년 동안 가정폭력 관련 사망자가 8명 있었다. 이 사망자들은 모두 매사추세츠주 에임즈버리에서 발생했다. 에임즈버리는 뉴베리포트와 인접해 있고 DVHRT에 속한 커뮤니티 중 하나다. 팀 창설 후, DVHRT 소속 커뮤니티에서는 가정폭력과 관련된 살인이 한 건도 발생하지 않았다(에임즈버리 포함). 가정폭력과 관련된 살인으로 보기는 어렵지만, 2014년에 매사추세츠주 솔즈베리에서 한 경찰관이 자기 아내를 살해하려던 용의자를 사살한 적은 있다."

123 **학습 목적의 데이터:** Joe McCannon과의 인터뷰, 2019년 3월.

조 맥캐넌은 (…) 전문가로: McCannon은 Millional Institute의 공동 설립자이고 과거 Center for Medicare & Medicaid Innovation의 Learning and Disposition 이사였다. 예전에 의료 부문의 안전을 꾀하기 위한 100,000 Lives Campaign이라는 훌륭한 캠페인을 이끌기도 했다: "Overview of the 100,000 Lives Campaign". https://www.ihi.org/Engage/Initiatives/Completed/5MillionLivesCampaign/Documents/Overview%20of%20the%20100K%20Campaign.pdf.

125 **'시장의 도전' 캠페인에 참여해보라는 얘기를 들었다:** US Inter-agency Council on Homelessness, "Mayor's Challenge to End Veteran Homelessness". https://www.usich.gov/

solutions/collaborative-leadership/mayors-challenge/.
노숙자 문제를 고심해왔다: Larry Morrissey와의 인터뷰, 2018년 11월.
록퍼드가 이제는 미국의 손실 자산이 됐다: Conor Dougherty, "Crisis Plus Five: Welcome to Rockford, the Underwater Mortgage Capital of America". 《Wall Street Journal》, 2013년 9월 7일.
인구도 줄어들었다: US Census Quick Facts, https://www.census.gov/quickfacts/rockford cityillinois.
우리는 평범함에 중독되어 있었다: Larry Morrissey와의 인터뷰, 2018년 10월.
126 **뭐가 달라지겠는가?:** Larry Morrissey와의 인터뷰, 2018년 11월.
그는 마지못해 (…) 참석하기로 했다: 위와 출처 동일.
번쩍하고 불이 켜졌다: Larry Morrissey와의 인터뷰, 2018년 10월.
참전용사들의 노숙 문제를 종식시킨 미국 최초의 도시: Erica Snow, "A City Solves Veteran Homelessness". 《Wall Street Journal》, 2018년 12월 5일.
127 **요정의 존재를 믿게 된 순간:** Jennifer Jaeger와의 인터뷰, 2018년 11월.
재거를 만난 것은 (…) 하고 있었다: 작가 2018년 11월에 방문했을 때 관찰한 사항을 바탕으로 Jaegar의 사무실 설명.
록퍼드팀은 (…) 중요한 변화를 시도했다: Larry Morrissey와의 인터뷰, 2018년 10월.
128 **주거 우선 정책은 그 순서를 반대로 뒤집는다:** Community Solutions, "Housing First: The Cheapest, Most Effective Solution to Homelessness". https://www.community.solutions/sites/default/files/housingfirstfactsheet-zero2016.pdf.
그들을 (…) '집 없는 사람'이라고 생각: Jennifer Jaeger와의 인터뷰, 2018년 11월.
기관 간 연계: Angie Walker와의 인터뷰, 2018년 11월.
129 **해마다 (…) '특정 시점'에 인구조사:** US Department of Housing and Urban Development, "PIT and HIC Guides, Tools and Webinars". https://www.hudexchange.info/programs/hdx/guides/pit-hic/#general-pit-guides-and-tools.
쉼터에 머물지 않는 (…) 아무도 없었다: Angie Walker와의 인터뷰, 2018년 11월.
이름별 목록은 (…) 한두 번씩 만났다: 위와 출처 동일.
130 **회의가 고충 전달을 위한 시간이었다:** Larry Morrissey와의 인터뷰, 2018년 11월.
데이터 자체가 일종의 살아 있는 생명체 같은 느낌이다: Jennifer Jaeger와의 인터뷰, 2018년 11월.
정적인 데이터를 가지고 동적인 문제를 해결할 수는 없다: Beth Sandor와의 인터뷰, 2018년 10월.
131 **156명의 참전용사에게 거처를 제공:** Jennifer Jaeger와의 인터뷰, 2018년 11월.
'기능적 제로'를 달성: Angie Walker와의 인터뷰, 2018년 11월.
2017년에는 (…) 사실상 0명: Angie Walker와의 인터뷰, 2018년 11월. 청년 노숙 인구: Jennifer Jaeger와의 인터뷰, 2018년 11월.
매일매일이 힘들다: Angie Walker와의 인터뷰, 2018년 11월.

'유입' 문제: Jennifer Jaeger & Angie Walker와의 인터뷰, 2018년 11월.

132 **퇴거율이 24퍼센트에 이른다:** 위와 출처 동일. 록퍼드는 해당 주와 미국 전체에서 퇴거율이 가장 높은 지역 중 하나다. Eviction Lab이 퇴거율 기준으로 꼽은 미국 도시 상위 50위에 포함됐다: Eviction Lab, "Eviction Rankings". https://evictionlab.org/rankings/#/evictions?r=United%20States&a=0&d=evictionRate&l=50.

이 도시는 (…) 시범사업을 시행했다: Jennifer Jaeger와 이메일 연락, 2019년 5월.

어떤 경우에는 시가 (…) 협상하기도 하고: Angie Walker와의 인터뷰, 2018년 11월.

살던 집에서 퇴거당해 (…) 30퍼센트 줄었다고: Jennifer Jaeger와의 인터뷰, 2019년 6월.

5장. 문제를 유발하는 구조를 재설계하라: 시스템

133 **앤서니 이턴은 (…) 볼티모어로 이사했다:** Anthony Iton과의 인터뷰, 2019년 4월.

134 **카운티에서 발급하는 (…) 모두 포함되어 있었다:** Anthony Iton, "Change the Odds for Health". TEDxSanFrancisco, 2016년 11월 4일, https://www.youtube.com/watch?v=0H6yte4RXx0.

135 **짧아진 수명:** Suzanne Bohan & Sandy Kleffman, "Day I: Three East Bay ZIP Codes, Life-and-Death Disparities". 《East Bay Times》, 2009년 12월 2일, https://www.eastbaytimes.com/2009/12/02/day-i-three-east-bay-zip-codes-life-and-death-disparities/. 맷 베이어스의 도움을 받아: https://www.eastbaytimes.com/2009/12/03/how-bay-area-news-group-examined-health-inequities-in-the-east-bay/.

다른 도시에서도 이와 똑같은 패턴이 발견됐다: Iton, "Change the Odds for Health".

기대수명이 23년이나 줄어들었다: Julie Washington, "Where You Live Determines How Long You Live". 《Plain Dealer》, 2018년 12월 19일, https://www.cleveland.com/healthfit/2018/12/where-you-live-determines-how-long-you-live.html.

스웨덴과 아프가니스탄이 같은 도시에 존재: Anthony Iton과의 인터뷰, 2018년 11월.

136 **그들은 말 그대로 포위 공격을 받고 있다:** Michael Krasny, "Tony Iton on How to Fix California's Health Care Gap". KQED, 2018년 7월 5일, https://www.kqed.org/forum/2010101866101/tony-iton-on-how-to-fix-californias-health-care-gap.

만성적인 스트레스를 키우는 인큐베이터: Iton, "Change the Odds for Health".

137 **1962년, 야구팀 샌프란시스코 자이언츠:** Noel Hynd, "Giant-Sized Confession: A Groundskeeper's Deeds". 《Sports Illustrated》, 1988년 8월 29일, https://www.si.com/vault/1988/08/29/118286/giant-sized-confession-a-groundskeepers-deeds.

139 **짜증이 난다:** Anthony Iton과의 인터뷰, 2018년 11월.

140 **데이비드 포스터 월리스가 이런 얘기를 한 적이 있다:** "This Is Water". Kenyon College 졸업식 연설, 2005년, https://fs.blog/2012/04/david-foster-wallace-this-is-water/.

141 **가장 훌륭한 공중보건 업적 10가지 중 하나:** Centers for Disease Control and Prevention

(CDC), "Ten Great Public Health Achievements: United States, 1900-1999". 《Morbidity and Mortality Weekly Report》 48, no. 12 (1999): 241; Centers for Disease Control and Prevention (CDC), "Achievements in Public Health, 1900-1999: Fluoridation of Drinking Water to Prevent Dental Caries, 《Morbidity and Mortality Weekly Report》 48 (1999): 933-40. J. O'Connell, J. Rock-ell, J. Ouellet, S. L. Tomar, W. Maas, "Costs and Savings Associated with Community Water Fluoridation in the United States". 《Health Affairs》 35, no. 12 (2016): 2224-32.

5명이 사망: National Highway Traffic Safety Administration, "Motor Vehicle Traffic Fatalities and Fatality Rates, 1899-2017". 2019, https://cdan.nhtsa.gov/tsftables/tsfar.htm.

사망자가 (…) 1명: 위와 출처 동일. List of improvements: Susannah Locke, "You're Less Likely to Die in a Car Crash Nowadays - Here's Why". Vox, 2014년 4월 6일, https://www.vox.com/2014/4/2/5572648/why-are-fewer-people-dying-in-car-crashes.

3만 7천 명이 넘는 사람들: National Highway Traffic Safety Administration, "Motor Vehicle Traffic Fatalities and Fatality Rates, 1899-2017".

142 **고마찰 표면처리 공법:** Federal Highway Administration, "High Friction Surface Treatments: Frequently Asked Questions". 2014년 3월, https://www.fhwa.dot.gov/innovation/everydaycounts/edc-2/pdfs/fhwa-cai-14-019_faqs_hfst_mar2014_508.pdf.

자동차 충돌사고가 80퍼센트 가까이 줄었다: 위와 출처 동일.

반무프는 (…) 불만을 접수했다: Story from Bex Rad, "Our Secret's Out". 《Medium》, 2016년 9월 6일, https://medium.com/vanmoof/our-secrets-out-f21c1f03fdc8. 그리고: May Bulman, "What Happened When a Bike Company Started Putting TVs on the Sides of Its Delivery Packages". 《Independent》, 2016년 9월 25일, https://www.independent.co.uk/news/world/europe/vanmoof-bikes-flatscreen-tv-huge-reduction-delivery-damages-printing-giant-tv-side-of-box-a7328916.html.

143 **오늘은 멍청이들이 없어요, 아빠?:** Charlie Shaw, "32 People Share the Funniest Thing They've Heard a Kid Say". 《Thought Catalog》, 2014년 4월 15일, https://thoughtcatalog.com/charlie-shaw/2014/04/32-people-share-the-funniest-thing-theyve-heard-a-kid-say/.

145 **도너스추스는 (…) 웹사이트다:** DonorsChoose, "Impact". https://www.donorschoose.org/about/impact.html, 2019년 9월 13일에 접속.

147 **기대할 수 있는 수준을 뛰어넘는다:** Charles Best와의 서면 커뮤니케이션, 2019년 8월.

150 **건강한 지역사회 만들기:** California Endowment, Building Health Community, https://www.calendow.org/building-healthy-communities/.

그들은 힘을 발휘하는 것에서부터 시작하고자 했다: 위와 출처 동일.

자신보다 더 큰 무엇인가의 일부분이라는 것: Anthony Iton과의 인터뷰, 2018년 11월.

151 **BHC의 변화 이론:** California Endowment, Building Health Community, https://www.calendow.org/building-healthy-communities/.

시의 책임자는 이 광고가 (…) 거부했고: KFSN ABC 30,"#Parks4All Bus Ad Controversy". 2015, https://www.youtube.com/watch?v=F_4q8yZRXG4.

샌드라 셀레던은 (…) 앞에서 포즈를 취하며: KFSN ABC 30, "#Parks4All Initiative for More and Better Parks". 2015, https://www.youtube.com/watch?v=asV3d6uYCrI.

152 **너무 논란이 많고 정치적이라서:** Ezra David Romero, "City of Fresno Rejects Controversial Bus Banner". KVPR, 2015년 5월 27일, https://www.kvpr.org/post/city-fresno-rejects-controversial-bus-banner.

새로운 '공원 종합계획': Suzanne Bohan, 『Twenty Years of Life: Why the Poor Die Earlier and How to Challenge Inequity』 (Washington, DC: Island Press, 2018), Kindle 에디션, 위치 4552 중 1334.

새로운 스케이트보드 공원: George Hostetter, "Skate Park Is First Taste of City's Parks Pivot".《Sun》, 2016년 4월 13일, http://sjvsun.com/news/fresno/skate-park-is-first-taste-of-citys-parks-pivot/.

교육구는 (…) 개방하기로 합의했다: Tim Sheehan, "Some Fresno Schools Will Double as Parks on Weekends".《Fresno Bee》, 2016년 4월 29일, https://www.fresnobee.com/news/local/article74778512.html.

7만 평 규모의 거대한 땅을 축구공원으로 전환: Tim Sheehan, "There's a Shortage of Parks in Southeast Fresno: One Group Steps Up with Plans to Help".《Fresno Bee》, 2018년 2월 8일, https://www.fresnobee.com/news/local/article199207409.html.

오염 물질 배출권: California Climate Investments, "About California Climate Investments". http://www.caclimateinvestments.ca.gov/about-cci; **TCC 보조금:** California Strategic Growth Council, "Transform Fresno: Transformative Climate Communities". http://sgc.ca.gov/programs/tcc/docs/20190201-TCC_Awardee_Fresno.pdf.

프레즈노 몫으로 7천만 달러를 할당: Johnny Magdaleno, "How This Community Fought for $70 Million in Cleanup Funds - and Won". Next City, 2018년 8월 13일, https://nextcity.org/features/view/how-this-community-fought-for-70-million-in-cleanup-funds-and-won.

그 돈을 어떻게 쓸 것이냐를 두고 논란이 벌어졌다: Sarah Reyes와의 인터뷰, 2019년 1월

153 **프레즈노 시티 대학 (…) 등이 돌아갔다:** Brianna Calix, "How Much Good Can Be Done in Five Years with $66 Million in Southwest Fresno".《Fresno Bee》, 2019년 2월 26일, https://www.fresnobee.com/article226807669.html.

키션 화이트도 만났다: Brianna Calix, "Teen's Data Shows Air Quality Is Worse in South Fresno. He's Taking His Work to Schools".《Fresno Bee》, 2018년 12월 17일, https://www.fresnobee.com/news/local/article222580890.html.

154 **화이트는 천식을 (…) 건강 문제다:** Central Valley Health Policy Institute, "Community Benefits Needs Assessment in South Fresno". California State University, Fresno, 2017, http://www.fresnostate.edu/chhs/cvhpi/documents/Community%20Benefits%20Report%20CVHPI%208-3.pdf.

321건의 정책 승리와 451개의 시스템 변경: Anthony Iton이 제공한 문서, 2019년 9월.
투입되는 힘을 바꿔: Anthony Iton과의 인터뷰, 2019년 4월.
직원의 5분의 1 정도가 퇴직: Tracy Vanderneck, "Does the Nonprofit Industry Have an Employment Problem?". 《NonProfit PRO》, 2017년 5월 18일, https://www.nonprofitpro.com/post/nonprofit-industry-employment-problem/.
메디케어 제도가 생기기까지 50년이 걸렸다: Sandra Celedon과의 인터뷰, 2019년 4월.

6장. 문제 해결에 필요한 지렛대를 찾아라: 개입 지점 탐색

157 한창 범죄가 급증하던: Steven Gray, "Chicago Confronts a Crime Wave". 《Time》, 2008년 8월 3일, http://content.time.com/time/nation/article/0,8599,1828287,00.html.
정책 입안자들이 의지할 수 있는 증거 기반을 구축: 범죄 연구소 설립 배경과 초기 시절에 관한 이야기는 2018년과 2019년에 몇 차례 진행한 Jens Ludwig과 Roseanna Ander와의 인터뷰, 그리고 2018년 8월에 있었던 Harold Pollack과의 인터뷰를 통해 들은 것이다. 그리고: University of Chicago Urban Labs, "Our Approach". https://urbanlabs.uchicago.edu/about 참조.
158 검시관 보고서를 조사: 위와 출처 동일. 그리고: University of Chicago Crime Lab, "Testimony of Harold Pollack, PhD, March 13, 2013". https://blogs.chicagotribune.com/files/mandatory-minimums-testimony20130313.pdf 참조.
아이가 자전거를 훔쳤는지: Roseanna Ander와의 인터뷰, 2018년 3월.
159 내가 만든 기본 방정식은: Harold Pollack과의 인터뷰, 2018년 8월.
160 흔히 '토니 D'라고 불리는: Rob Waters, "A Conversation with Tony D: How 'Becoming a Man' Got to the White House". 《Forbes》, 2016년 3월 9일, https://www.forbes.com/sites/robwaters/2016/03/09/a-conversation-with-tony-d-how-becoming-a-man-got-to-the-white-house/#5c0f2e81666b.
161 그는 자기와 (…) 초대하기 시작했다: Tony D와의 인터뷰, 2018년 8월.
그중에는 '피스트'라는 활동도 있었다: S. B. Heller, A. K. Shah, J. Guryan, J. Ludwig, S. Mullainathan, H. A. Pollack, "Thinking, Fast and Slow? Some Field Experiments to Reduce Crime and Dropout in Chicago". 《Quarterly Journal of Economics》 132, no. 1 (2017): 1-54, 3.
162 '체크인'이라는 관행: Tony D와의 인터뷰, 2018년 8월 8일, 00:14:30, 00:17:30; J. Lansing & E. Rapoport, 《Bolstering Belonging in BAM and Beyond: Youth Guidance's Becoming a Man (BAM) Program Components, Experiential Processes, and Mechanisms》, Report to Youth Guidance (Chicago: Chapin Hall at the University of Chicago, 2016), 43-44.
기분이 차분해져요: J. Lansing & E. Rapoport, 《Bolstering Belonging in BAM and Beyond》, 44.

163 **흥분하지 않고 (…) 일을 받아들였어요:** 위와 출처 동일, 63.

164 **연관성이 있다는 걸 깨달았다:** Jens Ludwig과의 인터뷰, 2018년 8월.

업무 규모를 18개 학교로 확대할 수 있는 기금: S. B. Heller, A. K. Shah 외, "Thinking, Fast and Slow?". 1-54.

165 **자기가 만든 강의록을 (…) 바꾸려고 노력:** Youth Guidance 팀과의 인터뷰, 2018년 8월.

매주 한 시간씩 총 27회의 BAM 프로그램을 진행: S. B. Heller, A. K. Shah 외, "Thinking, Fast and Slow?". 8.

166 **학생 한 명이 체포됐다는 소식:** Harold Pollack과의 인터뷰, 2018년 8월 8일.

체포됐을 확률은 대조군보다 28퍼센트 감소했다: S. B. Heller, A. K. Shah 등의 무작위 통제 실험 결과, "Thinking, Fast and Slow?". 20.

내 생애 최고의 순간 중 하나: Harold Pollack과의 인터뷰, 2018년 8월.

BAM 프로그램이 (…) 성공했다고: S. B. Heler, A. K. Shah 외, "Thinking, Fast and Slow?". 2.

167 **퍼머넌트 메디컬 그룹도 비슷한 전략을 사용했다:** Chip Heath & Dan Heath, 『Decisive: How to Make Better Choices in Life and Work』 (New York: Random House, 2013), 70.

168 **패혈증 환자의 사망률을 60퍼센트로 줄였다:** Kaiser Permanente Institute for Health Policy, "Saving Lives Through Better Sepsis Care". 《Kaiser Permanente Policy Story》, 1, no. 4 (2012), https://www.kpihp.org/wp-content/uploads/2019/03/KP-Story-1.4-Sepsis-Care.pdf.

노인들이 (…) 애썼다: Corgan, "About Corgan". https://www.corgan.com/about-corgan/. 예상: Robin Young & Jack Mitchell, "40 Years in 5 Minutes: Age Simulation Suit Aims to Increase Empathy in Building Design". WBUR, 2019년 6월 3일, https://www.wbur.org/hereandnow/2019/06/03/age-simulation-suit.

170 **5천 명은 (…) 약 0.2퍼센트다:** 시카고의 확정인구는 2,716,540명; City of Chicago, "Facts & Statistics". https://www.chicago.gov/city/en/about/facts.html, 2019년 10월에 접속.

171 **그중 17퍼센트가:** Jens Ludwig, "Crime in Chicago: Beyond the Headlines". 2018년 1월 29일에 City Club of Chicago에서 발표.

총상 한 번으로 발생하는 사회적 비용은 150만 달러: Philip J. Cook & Jens Ludwig, 『Gun Violence: The Real Cost』 (New York: Oxford University Press, 2000), 112. 참고: 책에는 1백만 달러라고 나와 있지만, 이 수치는 1998년에 계산한 것이므로 2018년도 물가 기준으로 환산하면 약 150만 달러에 해당한다.

새로 출발할 기회를 주는 프로그램: Roseanna Ander와의 인터뷰, 2018년 3월. 그리고: Patrick Smith, "A Program Gives Jobs to Those Most at Risk for Violence: Can Chicago Afford It?". NPR, 2019년 6월 6일, https://www.npr.org/local/309/2019/06/06/730145646/a-program-gives-jobs-to-those-most-at-risk-for-violence-can-chicago-afford-it.

응급 진료를 많이 이용하는 소수의 환자: Diane Hasselman, Center for Health Care Strategies, 《Super-Utilizer Summit: Common Themes from Innovative Complex Care Management Programs》, 2013년 10월, https://www.chcs.org/media/FINAL_Super-Utilizer_Report.pdf.

174 건강을 둘러싼 방정식의 극히 일부분: Carmela Rocchetti와의 인터뷰, 2019년 8월.

175 환자에게 자주 배를 곯는지 물어보고: Mahita Gajanan, "US Doctors Advised to Screen Child Patients for Signs of Hunger". 《Guardian》, 2015년 10월 23일, https://www.theguardian.com/us-news/2015/oct/23/doctors-child-patients-hunger-food-pediatricians. Marissa Cabrera & Maureen Cavanaugh, "Report Explores How Doctors Can Help Patients Fight Food Insecurity". KPBS, 2016년 11월 16일, https://www.kpbs.org/news/2016/nov/16/report-how-doctors-can-help-fight-food-insecurity/.

의사들의 교육 방식을 재정립: Hackensack Meridian Health School of Medicine 이야기는 Carmela Rocchetti(2019년 8월), Bonnie Stanton 학장(2019년 8월), 그리고 학생인 Aamirah McCutchen(2019년 9월)과의 인터뷰를 통해 들은 것이다. Rocchetti는 교육과정이 자세히 설명된 문서를 보여줬다. Laurie Pine이 알려준 몇 가지 세부 정보(2018년 5월 30일). "Seton Hall University and Hackensack Meridian Health Celebrate Opening of School of Medicine with Ribbon-Cutting Attended by Gov. Murphy and Key Lawmakers". Hackensack Meridian School of Medicine at Seton Hall University, https://www.shu.edu/medicine/news/celebrating-opening-of-school-of-medicine.cfm.

179 브라이언 스티븐슨은 이를 가리켜 '근접성의 힘'이라고 부른다: Bryan Stevenson, "The Power of Proximity". Fortune CEO Initiative 2018, https://www.youtube.com/watch?v=1RyAwZIHo4Y.

7장. 위험을 예측하는 시스템을 만들어라: 경보 시스템 구축

180 '해지율'이 높았다: LinkedIn과 해지 조기 경고에 관한 이야기는 Dan Shapero(2018년 9월), Roli Saxena(2019년 9월), Archana Sekhar(2019년 9월)와의 인터뷰를 통해 들었다.

183 노스웰 헬스도 (…) 도착하기를 바랐다: Northwell health의 응급의료 서비스와 구급차를 전진 배치하는 방식에 관한 이야기는 Alan Schwalberg & Jonathan Washko와의 인터뷰 및 나중에 지휘본부에 직접 방문해서 들은 것이다. 2019년 9월에 Washko와 추가 인터뷰도 했다. 다른 출처에서 얻은 세부 정보는 아래에 따로 인용했다.

184 소방서가 (…) 살고 있다: US Department of Transportation, "EMS System Demographics". NHTSA, 2014년 6월, https://www.ems.gov/pdf/National_EMS_Assessment_Demographics_2011.pdf, 5.

185 노스웰은 약 6분 30초다: Jonathan Washko와의 서면 커뮤니케이션, 2019년 10월. 전국 평균 출처는 Howard K. Mell 외, "Emergency Medical Services Response Times in Rural, Suburban, and Urban Area". 《JAMA Surgery》 152, no. 10 (2017년 10월): 983-84.

자발 순환 회복률이라는 기준에서 우수한 결과: "Return of Spontaneous Circulation". 《EMT Prep》, 2018, https://emtprep.com/free-training/post/return-of-spontaneous-circulation-rosc.

186 **세계 최고 수준의 지진 조기탐지 시스템:** Alex Greer, "Earthquake Preparedness and Response: Comparison of the United States and Japan". 《Leadership and Management in Engineering》 12, no. 3 (2012): 111-25.

187 **IBM의 한 TV 광고:** BM Watson TV 광고, 'Watson at Work: Engineering', 2017, https://www.ispot.tv/ad/wIha/ibm-watson-watson-at-work-engineering, 2019년 4월 30일에 접속.

188 **요즘 유명 엘리베이터 회사들은 대부분 '스마트' 엘리베이터를 공급하는데:** Oscar Rousseau, "AI, Sensors, and the Cloud Could Make Your Buildings Lift Safer". 《Construction Week Online》, 2019년 2월 18일, https://www.con structionweekonline.com/products-services/169357-ai-sensors-and-the-cloud-could-make-your-buildings-lifts-safer.

문이 닫히는 데 걸리는 시간: George Nott, "IoT, Cloud and Machine Learning Giving Elevator Giants a Lift". 《Computerworld》, 2018년 11월 26일, https://www.computerworld.com.au/article/649993/iot-cloud-machine-learning-giving-elevator-giants-lift/.

심장이 불규칙하게 뛰는 것을 감지하는 스마트 워치: "Heart Rhythm Monitoring with a Smartwatch". 《Harvard Heart Letter》, Harvard Health Publishing, 2019년 4월, https://www.health.harvard.edu/heart-health/heart-rhythm-monitoring-with-a-smartwatch.

189 **버스 기사가 졸음운전을 하면:** Alex Dunham, "Dubai Buses Get Safer Thanks to Facial Recognition Technology". 《TimeOut Dubai》, 2016년 10월 18일, https://www.timeoutdubai.com/aroundtown/news/74054-dubai-buses-get-safer-thanks-to-facial-recognition-technology.

스마트 피그: Phil Hopkins, "WTIA/APIA Welded Pipeline Symposium". 《Learning from Pipeline Failures》 (2008년 3월), 12.

1,600만 명에게 심폐소생술 훈련을 시킨다: "CPR Statistics". American Heart Association, https://cprblog.heart.org/cpr-statistics/.

가벼운 입, 가라앉는 배: Manny Fernandez, "A Phrase for Safety After 9/11 Goes Global". 《New York Times》, 2010년 5월 10일, https://www.nytimes.com/2010/05/11/nyregion/11slogan.html?pagewanted=1&hp.

190 **급격히 증가했다:** Hyeong Sik Ahn, Hyun Jung Kim, H. Gilbert Welch, "Korea's Thyroid-Cancer 'Epidemic': Screening and Overdiagnosis". 《New England Journal of Medicine》 371 (2014년 11월 6일): 1765-67, https://www.ecmstudy.com/up loads/3/1/8/8/31885023/nejm-koreas_thyroid-cancer_epidemic-screening_&_overdiagnosis.pdf.

1993년보다 15배나 늘어났다: 위와 출처 동일, 1766.

5년 뒤 생존율: Gil Welch, "Cancer Screening & Overdiagnosis". 2018, YouTube, https://www.youtube.com/watch?v=lwfZFskoifw, 00:24:59.

의료 관광을 장려: 위와 출처 동일, 00:24:15.

191 **암이 환자를 죽이는 것도 시간문제:** Gil Welch, 『Less Medicine, More Health: 7 Assumptions That Drive US Medical Care』 (New York: Beacon Press, 2015), 57.

암을 (…) 농장 울타리에 비유한다: 위와 출처 동일, 57-58.
증상이 있는 환자들만: Sohee Park, Chang-Mo Oh, Hyunsoon Cho, Joo Young Lee 외, "Association Between Screening and the Thyroid Cancer 'Epidemic' in South Korea: Evidence from a Nationwide Study". 《BMJ》 355 (2016년 11월 30일), https://www.bmj.com/content/355/bmj.i5745.

192 **더 많은 이들이 검진을 받게 되자:** Gina Kolata, "Study Points to Overdiagnosis of Thyroid Cancer". 《New York Times》, 2014년 11월 5일, https://www.nytimes.com/2014/11/06/health/study-warns-against-overdiagnosis-of-thyroid-cancer.html.
갑상선을 제거하는 수술: Welch, "Cancer Screening & Overdiagnosis". YouTube, https://www.youtube.com/watch?v=lwfZFskoifw, 00:22:50.
99.7퍼센트는 생존해 있다: 위와 출처 동일, 00:24:59.
그런 걸 경보 피로라고 한다: B. J. Drew, P. Harris, J. K. Zegre-Hemsey, T. Mammone, D. Schindler, R. Salas-Boni 외, "Insights into the Problem of Alarm Fatigue with Physiologic Monitor Devices: A Comprehensive Observational Study of Consecutive Intensive Care Unit Patients". 《PLoS ONE》 9, no. 10 (2014): e110274, https://doi.org/10.1371/journal.pone.0110274.

193 **한 젊은이가 (…) 벌어졌다:** Sandy Hook Advisory Commission, 《Final Report of the Sandy Hook Advisory Commission》 (2015년 3월 6일), http://www.shac.ct.gov/SHAC_Final_Report_3-6-2015.pdf.

194 **그들은 행동을 원했다:** 별도의 언급이 없는 한, Sandy Hook Promise의 활동과 관련된 이야기는 2018년 가을과 2019년에 몇 차례에 걸쳐 진행된 Nicole Hockley와 Paula Fynboh와의 인터뷰, 그리고 Fynboh 및 다른 직원들과의 서면 커뮤니케이션을 통해 알게 된 내용이다. Sandy Hook Promise가 교육을 위해 제작한 두 개의 문서가 특히 도움이 됐다: "Gun Violence in America Fact-shee". & "Know the Signs". 또 Hockley가 2016년에 한 호소력 짙은 연설도 참조했다: "All Gun Violence Is Preventable If You Know the Signs". TEDxWakeForestU, https://www.youtube.com/watch?v=2DD4wmwBUzc.
수십 년간 총기 금지 정책을 시행하려고 시도했다: Lois Beckett, "Sandy Hook Mom: 'For Christ's Sake, Why Be So Defeatist?",. 《Guardian》, 2017년 10월 4일, https://www.theguardian.com/us-news/2017/oct/04/sandy-hook-mother-nicole-hockley-gun-control.
선진국이 세상에 딱 한 곳 있다: David Frum, "The American Exception". 《The Atlantic》, 2019년 8월 4일, https://www.theatlantic.com/ideas/archive/2019/08/guns-are-american-exception/595450/.

196 **2016년에 〈에반(Evan)〉이라는 동영상을 공개:** Sandy Hook Promise, 《Evan》, 2016, https://www.youtube.com/watch?v=A8syQeFtBKc.

197 **익명 신고 시스템:** "Organizational Accomplishments". Sandy Hook Promise, https://www.sandyhookpromise.org/impact_historical; "Say Something Anonymous Reporting System". https://www.saysomething.net/.

17만 8천 명의 학생들: "Press Release: Attorney General Shapiro Announces Strong Start for Safe2Say School Safety Reporting Program". Office of Attorney General Josh Shapiro, 2019년 1월 23일, https://www.attorneygeneral.gov/taking-action/press-releases/attorney-general-shapiro-announces-strong-start-for-safe2say-school-safety-reporting-program/.

615건의 제보 전화: Myles Snyder, "New School Safety Hotline Gets Over 600 Tips in First Week". ABC27, 2019년 1월 23일, https://www.abc27.com/news/pennsylvania/new-school-safety-hotline-gets-over-600-tips-in-first-week/.

자살과 관련된 (…) 이루어졌다: SHP 팀과의 이메일 연락, 2019년 1월.

198 **경찰은 (…) 사건을 의뢰를 받았다:** WLYN News, Facebook 게시물, 2019년 1월 24일, https://www.facebook.com/wylnnews/photos/a.165259930225293/2112671945484072/?type=3&theater.

199 **도미노를 보지 못했다:** Nicole Hockley, "All Gun Violence Is Preventable". TEDxWakeForestU, https://www.youtube.com/watch?v=2DD4wmwBUzc.

8장. 데이터를 의심하라: 허깨비 승리 방지

203 **밀물은 모든 배를 뜨게 한다:** 보통 John F. Kennedy가 한 말이라고들 한다; JFK Library: https://www.jfklibrary.org/learn/about-jfk/life-of-john-f-kennedy/john-f-kennedy-quotations.

미국 전역에서 범죄가 급격히 감소할 때도: Matt Ford, "What Caused Crime to Decline in the US?". 《The Atlantic》, 2016년 4월 15일, https://www.theatlantic.com/politics/archive/2016/04/what-caused-the-crime-decline/477408/.

어느 도시에서나 경찰서장이: Jens Ludwig와의 인터뷰, 2019년 4월.

204 **수석 엔지니어인 케이티 초:** Katie Choe와의 인터뷰(2019년 1월), Choe, Ramandeep Josen, Christopher Coakley과의 인터뷰(2019년 3월), 그 후의 서면 연락, Choe와 Coakley가 제공해준 문서 등에서 나온 이야기. 다른 출처를 통해 알게 된 사실들은 아래 주석에 기록되어 있다.

인도 중 (…) 평가가 나왔다: Meghan E. Irons, "Boston's Rich and Poor Neighborhoods Show Sidewalk Repair Disparity". 《Boston Globe》, 2018년 3월 4일.

206 **어차피 아무것도 안 해줄 텐데요:** 위와 출처 동일.

209 **어려운 문제에 직면하면:** Daniel Kahneman, 『Thinking, Fast and Slow』 (New York: Farrar, Straus and Giroux, 2011), 12. Google Books 링크: https://books.google.com/books?id=TA7Q27RWlj0C&printsec=frontcover&dq=kahneman+fast+and+slow&hl=en&sa=X&ved=2ahUKEwiG1b3bo6vkAhXic98KHeGuCM8Q6AEwAHoECAAQAg#v=onepage&q=kahneman%20fast%20and%20slow&f=false.

210 홍보 메일을 통해 발생하는 판매량 그 자체를 측정: Susan Athey & Michael Luca, "Economists (and Economics) in Tech Companies".《Journal of Economics》 33, no. 1 (Winter 2019): 209-30, https://doi.org/10.1257/jep.33.1.209.

212 병원 응급실 대기 시간이 너무 긴 것을 우려: Gywn Bevan & Christopher Hood, "What's Measured Is What Matters: Targets and Gaming in the English Public Health Care System".《Journal of Public Administration》 84, no. 3 (2006): 517-38, http://citeseerx.ist.psu.edu/viewdoc/download?doi=10.1.1.454.2524&rep=rep1&type=pdf.

213 뉴욕시의 범죄율이 급격하게 감소했다는 사실: Police Department, City of New York, 《CompStat Report》, 2019년 8월 25일, https://www1.nyc.gov/assets/nypd/downloads/pdf/crime_statistics/cs-en-us-city.pdf. 9.11 테러로 사망한 사람들은 (살해됐다는 사실이 명백한데도 불구하고) 이 수치에 포함되지 않았다는 점에 유의해야 한다.

콤프스탯이라는 새로운 시스템을 구축: Chris Smith, "The Controversial Crime-Fighting Program That Changed Big-City Policing Forever".《New York》, 2018년 3월 2일, http://nymag.com/intelligencer/2018/03/the-crime-fighting-program-that-changed-new-york-forever.html.

데이터 패턴에 근거하여 자원을 배분: "NYPD and CompStat".《Big Data in New York City Management》, School of International and Public Affairs Case Consortium at Columbia, Columbia University, http://ccnmtl.columbia.edu/projects/caseconsortium/casestudies/127/casestudy/www/layout/case_id_127_id_886.html.

범죄를 줄일 책임: New York City Police Department, "6th Precinct". https://www1.nyc.gov/site/nypd/bureaus/patrol/precincts/6th-precinct.page.

2018년, 김렛 미디어가 (…) 방송했다: PJ Vogt & Alex Goodman, "The Crime Machine: Vols. 1 and 2". 〈Reply All〉, 2018년 10월 12일, https://gimletmedia.com/shows/reply-all/76h967/127-the-crime-machine-part-i. 이 인용문을 독자들과 공유할 수 있게 해준 Gimlet Media에 진심으로 감사한다.

214 수치를 조금 더 속여야만 했고요: 위와 출처 동일, vol. 2, https://gimletmedia.com/shows/reply-all/n8hwl7.

215 14년간 (…) 살펴보자: 위와 출처 동일. Baez는 체포 및 소환 '할당량'을 채우지 못했다는 이유로 부당한 처벌을 받았다고 주장하면서 NYPD를 고소해 소송을 진행한 여러 흑인 및 라틴계 경찰관 중 한 명이었다는 사실에 유의하자. 참고 자료: Dana Sauchelli, Frank Rosario, Leonard Greene, "NYPD Targets Minority Officers with Quota Punishments: Suit".《New York Post》, 2015년 3월 2일, https://nypost.com/2015/03/02/nypd-targets-minority-officers-with-quota-punishments-suit/. 그 소송은 나중에 기각됐다.

이봐요, 끔찍한 일이 벌어지고 있어요: 위와 출처 동일.

219 시카고 공립학교의 성공 사례: Elaine Allensworth, Kaleen Healey, Julia Gwynne, Rene Crispin, 《High School Graduation Rates Through Two Decades of Change: Research Summary》 (Chicago: University of Chicago Consortium on School Research, 2016년 6월).

220 **이중 측정법:** Andrew S. Grove, 『High Output Management』 (New York: Random House, 1978; rev. ed. 2015), 18.
뉴욕 경찰은 (…) 질문을 추가했다: Al Baker, "Updated NYPD: Anti-Crime System to Ask: 'How We Doing?'",. 《New York Times》, 2017년 5월 8일, https://www.nytimes.com/2017/05/08/nyregion/nypd-compstat-crime-mapping.html.

9장. 코브라 효과를 경계하라: 부작용 방지

223 **매쿼리 섬은 (…) 중간쯤에 있다:** Macquarie Island 관측소 정보 페이지, Australian Antarc tic Division, Australian Department of the Environment and Energy, http://www.antarctica.gov.au/living-and-working/stations/macquarie-island.
철새들의 소중한 휴식처와 번식지 역할: 매년 철새 350만 마리와 코끼리물범 8만 마리가 이 섬을 찾는다. Macquarie Island World Heritage Area 정보 페이지, Tasmania Parks and Wildlife Service, https://www.parks.tas.gov.au/index.aspx?base=394.
자연 보호 구역이기도 하다: Australian Government Department of the Environment and Energy, "World Heritage Places - Macquarie Island". https://www.environment.gov.au/heritage/places/world/macquarie-island; Macquarie Island는 실제로 UNESCO 세계유산센터의 세계유산목에 등재되어 있다. https://whc.unesco.org/en/list/629/.
많은 희귀종 (…) 살고 있다: Australian Government Department of the Environment, "Macquarie Island: From Rabbits and Rodents to Recovery and Renewal". Commonwealth of Australia, 2014, 1; Blue Petrel, Species Profile and Threats Database, Australian Department of the Environment and Energy, http://www.environment.gov.au/cgi-bin/sprat/public/publicspecies.pl?taxon_id=1059.
성 베드로의 이름을 따서: Craig Campbell, "'Miraculous' St. Peter Bird Is Able to Walk on Water". 《Sunday (Glasgow) Post》, 2016년 9월 16일.
펭귄과 물개가 이 섬을 차지하고 있다: Australian Government Department of the Environment, "Macquarie Island: From Rabbits and Rodents". 1.

224 **펭귄과 바다표범을 잡아 연료로 쓸 천연 기름을 얻기 위해:** Australian Department of the Environment and Energy, Australian Antarctic Division, "Macquarie Island Station: A Brief History". http://www.antarctica.gov.au/about-antarctica/history/stations/macquarie-island.
토끼는 식량으로 쓰려고: "The Pest Problem". Macquarie Island Pest Eradication Project, Tasmania Parks and Wildlife Service.
이런 설치류를 죽이거나 (…) 고양이도 데려왔다: Miss Cellania, "Messing with Mother Nature: The Macquarie Island Ecosystem". Mental Floss, 2012년 3월 27일, http://mentalfloss.com/article/30307/messing-mother-nature-macquarie-island-ecosystem; Nick Holmes, "Unintended Consequences". 'The Pulse', 2018년 7월 27일, 팟캐스트, 36:53.

바이러스를 퍼뜨릴 매개체가 필요하다는: Macquarie 관련 이야기는 2018년 9월에 진행된 Keith Springer, Dana Bergstrom, Aleks Terauds, Jamie Kirkpatrick, Keith Broome, Sue Robinson, Nick Holmes와의 인터뷰를 바탕으로 구성했다. 또 다음의 4개 출처도 활용: Dana Bergstrom, Arko Lucier, Katie Kiefer 외, "Indirect Effects of Invasive Species Removal Devastate World Heritage Island".《Journal of Applied Ecology》46, no. 1 (2009): 73-81. Tasmania Parks and Wildlife, "Plan for the Eradication of Rabbits and Rodents on Subantarctic Macquarie Island". Biodiversity Conservation Branch, Department of Primary Industries and Water, Tasmania, 2007년 3월. Tasmania Parks and Wildlife Service,《Evaluation Report: Macquarie Island Pest Eradication Project》, "Timeline". 2014년 8월, https://parks.tas.gov.au/Documents/Evaluation_Report_Macquarie_Island_Pest_Eradication_Project.pdf. Tasmania Parks and Wildlife Service, "Macquarie Island Pest Eradication Project". 2014년 8월, https://www.parks.tas.gov.au/file.aspx?id=31160.

225 **외래침입종 잡초에 시달리고 있다**: 재미있는 사실은 공원 관리인들도 잡초를 뜯어 먹음으로써 잡초를 막는 데 일조하고 있다는 것이다. 알고 보니 별꽃이라는 잡초는 상당히 맛이 좋다고 한다. See Laura Williams & Alex Fergus, "Macquarie Island Weed Hunters". This Week at Macquarie Island, 2017년 2월 17일자 참조, http://www.antarctica.gov.au/living-and-working/stations/macquarie-island/this-week-at-macquarie-island/2017/this-week-at-macquarie-island-17-february-2017/macquarie-island-weed-hunter.

227 **시스템 전체를 바라보기에 좋은 위치**: Donella Meadows. "Dancing with Systems". Donella Meadows Archives, Donella Meadows Project, Academy for Systems Change, http://donellameadows.org/archives/dancing-with-systems/.

228 **구글에서 일하는 한 젊은 엔지니어**: Benjamin Weiser, "Comptroller Aims to Curb Personal-Injury Claims Against New York City".《New York Times》, 2014년 7월 9일, https://www.nytimes.com/2014/07/09/nyregion/comptroller-aims-to-curb-personal-injury-claims-against-new-york-city.html.

떨어진 나뭇가지로 인한 보상금 합의 사건: Office of the New York City Comptroller Scott M. Stringer,《ClaimStat: Protecting Citizens and Saving Taxpayer Dollars》, 2014년 7월, 2.

1,150만 달러에 합의된: Benjamin Weiser, "Comptroller Aims to Curb Personal-Injury Claims".《New York Times》, 2014년 7월 9일.

절약했다고 생각한 돈을 전부: David Saltonstall과의 인터뷰, 2019년 8월.

새로운 데이터 기반 도구: Office of the New York City Comptroller Scott M. Stringer, "Comptroller Stringer Releases ClaimStat: New Data-Driven Analysis of Legal Claims to Help Save Taxpayer Dollars and Make the City Safer". 보도 자료, 2014년 7월 9일, https://comptroller.nyc.gov/newsroom/comptroller-stringer-releases-claimstat-new-data-driven-analysis-of-legal-claims-to-help-save-taxpayer-dollars-and-make-the-city-safer/, 2019년 9월 25일에 접속.

해마다 약 3만 건의 보상금 청구 사건: Saltonstall과의 인터뷰, 2019년 8월.

놀이터에서 아이들이 당한 부상: Office of the New York City Comptroller Scott M. Stringer, "ClaimStat Alert: Protecting Kids on NYC Playgrounds". 2015년 3월, https://comptroller.nyc.gov/wp-content/uploads/documents/ClaimStat_Playground_February_2015.pdf.

229 **누군가 가서 (…) 않았을 것이다:** Saltonstall과의 인터뷰, 2019년 8월.

고유종의 멸종을 막는 것을 사업으로 삼은: Island Conservation, "Mission and History". https://www.islandconservation.org/mission-and-history/.

230 **먹이 그물 같은 보존 모델:** E. S. Zavaleta, R. J. Hobbs, H. A. Mooney, "Viewing Invasive Species Removal in a Whole-Ecosystem Context".《Trends in Ecology & Evolution》16, no. 8 (2001): 454-59.

섬은 시스템: Nick Holmes와의 인터뷰, 2015년 12월.

코브라 효과는 (…) 뜻하는 말이다: Dale Hartley, "The Cobra Effect: Good Intentions, Perverse Outcomes".《Psychology Today》, 2015년 10월 8일, https://www.psychologytoday.com/us/blog/machiavellians-gulling-the-rubes/201610/the-cobra-effect-good-intentions-perverse-outcomes.

231 **그는 이걸로 문제를 해결할 수 있을 거라 기대했다:** Stephen Dubner & Steven Levitt, "The Cobra Effect". 'Freakonomics' 팟캐스트, 2012년 10월 11일, 에피소드 96.

다른 코브라 효과 사례는 더 미묘하다: 이 이야기는 2018년 11월에 있었던 Amantha Imber와의 인터뷰, 그리고 2019년 8월의 후속 커뮤니케이션 과정에서 들었다.

232 **하버드 교수인 (…) 발표한 연구:** Ethan Bernstein과의 인터뷰, 2018년 11월. 그리고: Ethan S. Bernstein & Stephen Turban, "The Impact of the 'Open' Workspace on Human Collaboration".《Philosophical Transactions of the Royal Society B: Biological Sciences》373 (1753), 2018년 7월 2일, https://royalsocietypublishing.org/doi/full/10.1098/rstb.2017.0239.

233 **여러분이 아는 모든 것 (…) 기억하라:** Donella Meadows, "Dancing with Systems". 3.

임버는 (…) 좋겠다고 말했다: Imber와의 커뮤니케이션. 2019년 8월 15일, State Library Victoria 웹사이트, https://www.slv.vic.gov.au.

235 **먼저 (…) 알고 있어야 한다:** Andy Hackbarth와의 인터뷰, 2019년 3월.

239 **하루 8시간씩 숏 연습을 할 수도 있지만:** Jim Afremow,『The Champions Comeback: How Great Athletes Recover, Reflect and Re-Ignite』(New York: Rodale, 2016), Google https://books.google.com/books?id=8iu5CwAAQBAJ&pg=PA76&dq=#v=onepage&q&f=false, p. 76.

서밋 CPA 그룹 소유주들은: Summit CPA 그룹과 검토 회의에 관한 이야기는 2019년 8월에 진행한 Jody Grunden & Jamie Nau와의 인터뷰에서 들은 것이다.

242 **1천억 개의 비닐봉지를 사용한다:** Tatiana Homonoff, Lee-Sien Kao, Doug Palmer, Christina Seybolt,《Skipping the Bag: Assessing the Impact of Chicago's Tax on Disposable Bags》, Chicago Mayor's Office, 2018년 9월, 3.

다른 면에서는 오히려 더 나쁘다: 위와 출처 동일.

종이봉투는 3번 (…) 결론이 나왔다: Chris Edwards & Jonna Meyhoff Fry, 'Life Cycle Assess ment of Supermarket Carrier Bags: A Review of the Bags Available in 2006', UK Environ mental Agency, 2011, 8.

243 **두꺼운 비닐봉지를 제공했다:** Alexia Elejalde-Ruiz, "The Result of Chicago Plastic Bag Bank: Shopping Bags to Be Sturdier". 《Chicago Tribune》, 2015년 6월 20일, https://www.chicagotribune.com/business/ct-plastic-bag-ban-0622-biz-20150622-story.html.

캘리포니아 유권자들은 (…) 주 전체에 금지령을 통과시켰다: "State Plastic and Paper Bag Legislation". National Conference of State Legislatures, 2019년 8월 15일, http://www.ncsl.org/research/environment-and-natural-resources/plastic-bag-legislation.aspx.

중소형 비닐 쓰레기봉투 판매가 급증했다: Greg Rosalsky, "Are Plastic Bags Garbage". 《Planet Money》 뉴스레터, 2019년 4월 9일, https://www.npr.org/sections/money/2019/04/09/711181385/are-plastic-bag-bans-garbage.

감소한 비닐봉지 사용량 가운데 28.5퍼센트는 (…) 알아냈다: Rebecca L. C. Taylor, "Bag Leakage: The Effect of Disposable Carryout Bag Regulations on Unregulated Bags". 《Journal of Environmental Economics and Management》 93 (2019): 254-71, 다운로드 버전에서는 17.

244 **2017년 미국에서 (…) 말한다:** Paul Sisson, "What Is Causing an Outbreak That Has Infected 181 People and Killed Four?". 《San Diego Union-Tribune》, 2017년 6월 24일.

허세 부리지 말고 얼어붙지도 말고: Donella Meadows, "Dancing with Systems". 3.

7센트의 세금: Tatiana Homonoff 외, 《Skipping the Bag》.

245 **시스템을 통제하거나 이해할 수는 없지만:** Donella Meadows, "Dancing with Systems". 2.

10장. 결국, 문제는 돈이다: 비용

246 **미시간주 (…) 비난했다:** A. A. Clark, "Restriction and Prevention of the Dangerous Communicable Diseases". 《Proceedings of the Sanitary Convention》, Battle Creek, Michigan, 1890년 6월 25-26일, 23.

247 **1900년 (…) 47.3세였다:** 이 계산의 출처는 E. Arias, J. Xu, K. D. Kochanek, "United States Life Tables, 2016". 《National Vital Statistics Report》 68, no. 4 (2019), 48, 표 19; 49, 표 20.

248 **자연수명:** Amanda Ruggeri, "Do We Really Live Longer Than Our Ancestors". BBC, 2018년 10월 3일, http://www.bbc.com/future/story/20181002-how-long-did-ancient-people-live-life-span-versus-longevity.

전염병 때문에 죽었다: Rebecca Tippett, "Mortality and Causes of Death, 1900 vs. 2010". Carolina Demography, University of North Carolina at Chapel Hill, 2016년 6월 16일, https://demography.cpc.unc.edu/2014/06/16/mortality-and-cause-of-death-1900-v-2010.

이런 질병은 특히 아이들에게 치명적이었다: Centers for Disease Control and Prevention,

"Achievements in Public Health, 1900 to 1999: Control of Infectious Diseases".《Morbidity and Mortality Weekly Review》, 1999년 7월 30일, https://www.cdc.gov/mmwr/preview/mmwrhtml/mm4829a1.htm.

2010년에는 3퍼센트 미만으로 감소: Tippett, "Mortality and Causes of Death".

개선된 위생환경, 깨끗한 물: Laura Helmuth, "Why Are You Not Dead Yet?". Slate, 2013년 9월 5일, https://slate.com/technology/2013/09/life-expectancy-history-public-health-and-medical-advances-that-lead-to-long-lives.html. 이 Slate 시리즈에는 클라크 교수가 연설을 한 시기인 1890년을 비롯해 다양한 시대의 사망 확률과 원인을 살펴보는 "Wretched Fat".라는 인터랙티브 게임이 포함되어 있다.

다섯 중 한 명은 죽었을 거라는 얘기다: 1900년의 평균 기대수명: E. Arias, J. Xu, K. D. Kochanek, "United States Life Tables, 2016".《National Vital Statistics Report》 68, no. 4 (2019), 49, 표 20.

우리는 (…) 너무 적게 투자한다: John Auerbach와의 인터뷰, 2019년 6월.

249 **889억 달러라고 (…) 2.5퍼센트에 불과하다:** A. B. Martin, M. Hartman, B. Washington, A. Caitlin, "National Health Care Spending in 2017: Growth Slows to Post-Great Recession Rates, Share of GDP Stabilizes".《Health Affairs》 38, no. 1 (2019년 1월), 102, 증거 5. 왜 이것이 서문에서 강조한 업스트림 대 다운스트림 비율과 다른지 궁금할 것이다. 업스트림 부분에는 연금, 실업 보험, 공공주택처럼 사람들을 더 건강하게 만드는 지출이 포함되어 있다는 걸 기억하자. 여기서는 특히 사망과 질병 발생률을 줄이는 것과 관련해서 주민 건강을 위해 지출하는 액수를 얘기하려고 한다. 다시 말해, '업스트림 건강'은 공공보건을 일부 포함하는 확대집합이다.

담당자들이 해야 할 일을 하고 나면 예산이 줄어든다: Julie Pavlin과의 인터뷰, 2018년 8월.

인슐린 대금으로 연 4만 달러는 지불했겠지만: Patrick Conway와의 인터뷰, 2019년 8월.

MRI 스캔 이용률이 세계 최고 수준: Dan의 쪽지: 자료를 많이 뒤져봤지만 이런 언급을 하게 된 원래의 정보 출처를 찾을 수가 없었다. 내 기억으로는 필자들이 MRI 이용률이 높다고 자랑했다. 어쩌면 강연에서 들었을 가능성도 있다. 미국이 MRI 스캔 이용률 면에서 세계적인 선두주자 중 하나라는 사실과 관련된 정보 출처는 다음과 같다(혹시나 해서 말해두는데, 이들은 그 사실을 자랑하지는 않는다): I. Papanicolas, L. R. Woskie, A. K. Jha, "Health Care Spending in the United States and Other High-Income Countries".《JAMA》 319, no. 10 (2018): 1024-39.

251 **업스트림 활동에 대한 (…) 전문점이 있다:** Diana Yin과의 인터뷰, 2019년 1월.

허리를 많이 다쳤다: Occupational Safety and Health Administration, "Healthcare: Safe Patient Handling". https://www.osha.gov/SLTC/healthcarefacilities/safepatienthandling.html.

252 **요양원은 (…) 알게 됐다:** Centers for Disease Control and Prevention, "Ten Great Public Health Achievements: United States, 2001-2010".《Mobility and Mortality Weekly Report》, 2011년 5월 20일, https://www.cdc.gov/mmwr/preview/mmwrhtml/mm6019a5.htm?s_cid=fb2423.

253 데이비드 올즈가 1970년대에 만들었다: Andy Goodman, "The Story of David Olds and the Nurse Home Visiting Program". Robert Wood Johnson Foundation, 2006년 7월 25일, 7-8.
그가 만든 NFP는: 프로그램에 관한 세부 정보는 다양한 출처에서 얻음: Nurse-Family Partnership, "Nurses and Mothers". https://www.nursefamilypartnership.org/wp-content/uploads/2018/11/Nurses-Mothers.pdf; Nurse-Family Partnership, "Overview". https://www.nursefamilypartnership.org/wp-content/uploads/2019/07/NFP-Overview.pdf; Goodman, "The Story of David Olds". 11; Joan Riemer, "This Nurse Helps New Moms When They're Most Vulnerable". 《Woman's Day》, 2019년 1월 8일, https://www.womansday.com/life/real-women/a25805099/nurse-family-partnership-facts/; T. R. Miller, "Projected Outcomes of Nurse-Family Partnership Home Visitation During 1996-2013, USA". 《Prevention Science》 16, no. 6 (2015): 765-77; Michelle Andrews, "'Pay for Success' Approach Used to Fund a Program That Supports New Moms". Shots: Health News from NPR, 2017년 8월 9일, https://www.npr.org/sections/health-shots/2017/08/09/542110282/pay-for-success-approach-used-to-fund-a-program-that-supports-new-moms.

254 미국 뉴욕주 (…) 진행됐다: T. R. Miller, "Projected Outcomes of Nurse-Family Partnership". 777; Nurse-Family Partnership, "Research and Outcomes". https://www.nursefamilypartnership.org/wp-content/uploads/2018/11/Research-Trials-and-Outcomes.pdf.
최소 6달러 50센트의 이익: Ted R. Miller, 《Nurse-Family Partnership Home Visitation: Costs, Outcomes, and Return on Investment》, HSBA (2012년 9월; 2013년 4월 30일 수정), https://www.researchgate.net/publication/264972035_Nurse-Family_Partnership_Home_Visitation_Costs_Outcomes_and_Return_on_Investment_Executive_Summary.

255 조산이 감소하면 (…) 농무부도 비용을 절약할 수 있다: Miller, "Projected Outcomes of Nurse-Family Partnership". 765-77.
여성 한 명당 약 1만 달러가 드는: Nurse-Family Partnership, "Nurse-Family Partnership: Outcomes, Costs and Return on Investment in the US". 2019.

256 잘못된 주머니 문제: Pay for Success, "What Is the 'Wrong Pockets Problem'?". Urban Institute, https://pfs.urban.org/faq/what-wrong-pockets-problem.
성공을 위해 돈을 지불하는 모델: South Carolina's Department of Health and Human Services, "Fact Sheet: South Carolina Nurse-Family Partnership Pay for Success Project". 2016, https://www.scdhhs.gov/sites/default/files/021616%20SC%20NFP%20PFS%20Fact%20Sheet.pdf.

257 세상에서 가장 분명하다고 생각했던 것: Christian Soura와의 인터뷰, 2018년 11월.
관련 참가 기관 명단을 살펴보자: Nonprofit Finance Fund, Pay for Success, "South Carolina Nurse-Family Partnership". 2017년 12월 7일, https://www.payforsuccess.org/project/south-carolina-nurse-family-partnership.
협상 과정에서는 (…) 답을 제시해야 했다고 한다: Christian Soura와의 인터뷰, 2018년 11월

6일, 00:06:29.

258 **산모 3,200명에게 추가로 서비스를 제공:** South Carolina's Department of Health and Human Services, "Fact Sheet: South Carolina Nurse-Family Partnership Pay for Success Project".

260 **현대의 홈서비스 산업:** Brandon Ridenour와의 인터뷰, 2019년 2월.

261 **메디케어는 (…) 많은 돈을 지출한다:** Perry Undem Research & Communications, 《The Revolving Door: A Report on US Hospital Readmissions》, Robert Wood Johnson Foundation, 2013년 2월, 3, 34.

262 **책임의료조직을 만나보자:** CMS.gov, Centers for Medicare & Medicaid Services, "Accountable Care Organizations (ACOs)". https://www.cms.gov/Medicare/Medicare-Fee-for-Service-Payment/ACO/index.html.

ACO가 생기기 전에는 의사들이 (…) 돈을 한 푼도 벌지 못했다: Farzad Mostashari와의 인터뷰, 2019년 8월; "Our Company". Aledade, https://aledade.com/our-company/.

조너선 릴리와 애기를 나눴는데: Jonathan Lilly와의 인터뷰, 2019년 8월.

263 **결제 모델인 '균일 할당제':** "Capitation Payments". Investopedia, https://www.investopedia.com/terms/c/capitation-payments.asp; "How Kaiser Permanente Providers Are Paid". https://healthy.kaiserpermanente.org/static/health/en-us/pdfs/cal/ca_how_providers_are_paid.pdf; Kaiser Permanente, "About". 1,200만 명: https://about.kaiserpermanente.org/who-we-are/fast-facts.

카이저 퍼머넌트는 (…) 흔치 않은 사례다: J. Pines, J. Selevan, F. A. McStay, M. George, M. McClellan, 《Kaiser Permanente-California: A Model for Integrated Care for the Ill and Injured》, Center for Healthcare Policy at Brookings, 2015년 5월 4일, https://www.brookings.edu/wp-content/uploads/2016/07/KaiserFormatted_150504RH-with-image.pdf.

264 **가이징거 헬스 시스템은:** Andrea T. Feinberg, Jonathan R. Slot-kin, Allison Hess, Alistair R. Erskine, "How Geisinger Treats Diabetes by Giving Away Free, Healthy Food". 《Harvard Business Review》, 2017년 10월 25일, https://hbr.org/2017/10/how-geisinger-treats-diabetes-by-giving-away-free-healthy-food.

265 **건강관리 산업의 총 규모:** Yasmeen Abutaleb, "US Healthcare Spending to Climb 5.3 Percent in 2018: Agency". Reuters, 2018년 2월 14일, https://www.reuters.com/article/us-usa-healthcare-spending/us-healthcare-spending-to-climb-53-percent-in-2018-agency-idUSKCN1FY2ZD.

나이키의 2018년 글로벌 매출: "Nike Inc., Reports Fiscal 2018 and Fourth Quarter and Full Year Results". 2018년 6월 28일, https://news.nike.com/news/nike-inc-reports-fiscal-2018-fourth-quarter-and-full-year-results.

11장. 불가항력적이거나 처음 겪는 문제에 맞서는 법

269 **1999년에 VHS 테이프로:** 〈Y2K Family Survival Guide with Leonard Nimoy〉, 1999, https://www.youtube.com/watch?v=EEhEQEG43RU.

271 **최악의 사태를 (…) 존 코스키넨이었다:** Y2K 대비와 관련된 이야기는 2019년 5월에 진행된 코스키넨과의 두 차례 인터뷰와 그의 미발표 회고록 초안에서 발췌한 것이다. 그 밖의 출처에서 얻은 세부 정보는 아래에 따로 정리해두었다.

273 **연방준비제도이사회는 (…) 지시했다:** Bert Caldwell, "Bank Regulators Feel Confident Federal Reserve Prints Extra $50 Billion in Currency". 《Spokesman Review》, 1999년 12월 4일; Ruth Simon, "Wall Street Deploys Troops to Battle Y2K - Nervous Investors Hoard Cash Gold as Chaos Hedges". 《Wall Street Journal》, 1999년 12월 22일.

274 **몇몇 정보위성과의 연락이 몇 시간동안 두절됐다:** President's Council, 《The Journey to Y2K: Final Report of the President's Council on Year 2000 Conversion》, 2000년 3월 29일, https://itlaw.wikia.org/wiki/The_Journey_to_Y2K:_Final_Report_of_the_President%27s_Council_on_Year_2000_Conversion.

급여 지연이나 지불 정지, 반복적인 신용카드 비용 청구: 위와 출처 동일.

저고도 전단풍 경고 시스템: 위와 출처 동일.

275 **애초에 그렇게 큰 문제가 아니었던 거야:** John Koskinen과의 인터뷰, 2019년 5월.

느긋하게 하품을 하면서 찾아올 것: David Robert Loblaw, "Millennium Bug Is a Misnomer". 'Just a Number' 블로그, 1999, http://www.angelfire.com/oh/justanumber/whatitis.html.

너 사기당할 거라고 내가 말했잖아: David Robert Loblaw, "You Got Conned and I Told You So". 《Globe and Mail》, 2000년 1월 6일, https://www.theglobeandmail.com/opinion/you-got-conned-and-i-told-you-so/article765168/.

아무 일도 벌어지지 않은 이유는: Martyn Thomas와의 인터뷰, 2019년 3월.

277 **밤잠을 설칠 만큼 가장 두려운 건 뭡니까?:** Madhu Beriwal과의 인터뷰, 2019년 3월.

그릇 밑바닥: Richard Campanella, "How Humans Sank New Orleans". 《The Atlantic》, 2018년 2월 6일, https://www.theatlantic.com/technology/archive/2018/02/how-humans-sank-new-orleans/552323/.

9.11 테러 이후 몇 년 동안: Christopher Cooper & Robert Block, 『Disaster: Hurricane Katrina and the Failure of Homeland Security』 (New York: Henry Holt, 2006), 작가 노트

80만 달러에 계약 체결: 위와 출처 동일, 2 & 6.

임무는 (…) 허리케인 대응 계획을 수립: Madhu Beriwal, "Preparing for a Catastrophe: The Hurricane Pam Exercise". Statement Before the Senate Homeland Security and Governmental Affairs Committee, 2006년 1월 24일.

53일 만에 완료했다: 위와 출처 동일, 2.

약 300명의 핵심 관계자를 일주일간 소집했다: 위와 출처 동일, 4.

278 **대피할 시간은 충분했지만:** Christopher Cooper & Robert Block, 『Disaster: Hurricane

Katrina』, 1.

279 마법 같은 해결책은 없을 것: 위와 출처 동일, 19.

280 시뮬레이션과 현실을 비교한 표: Madhu Beriwal, "Preparing for a Catastrophe". 6.

281 기자 스콧 골드의 이야기: Scott Gold, "Trapped in an Arena of Suffering". 《Los Angeles Times》, 2005년 9월 1일, https://www.latimes.com/archives/la-xpm-2005-sep-01-na-superdome1-story.html.

282 허리케인 팸과 허리케인 카트리나의 가장 큰 차이점: Chart, Madhu Beriwal, "Preparing for a Catastrophe". 7.

이 둘 사이의 차이는 역방향 통행: Madhu Beriwal과의 인터뷰, 2019년 3월 26일, 00:23:50.

'역방향 통행'이란 (…) 비상 절차다: "Hurricane Evacuation Contraflow Videos". Texas Department of Transportation, https://www.txdot.gov/driver/weather/hurricane-contraflow-vids.html.

283 허리케인 팸 (…) 상륙했다: "Mass Evacuations: Using Multiple Contraflow Loading Points". US Department of Homeland Security, Lessons Learned.

최대 12시간 동안 고가도로 위에 발이 묶였다: 위와 출처 동일.

이반이 동쪽으로 방향을 틀어: Tony Reichhardt, "Hurricane Ivan Highlights Future Risk for New Orleans". 《Nature》, 2004년 9월 22일, https://www.nature.com/articles/431388b.

284 역방향 통행 계획을 재정비했다: "Mass Evacuations: Using Multiple Contraflow Loading Points". US Department of Homeland Security, Lessons Learned.

지도 150만 개를 인쇄: Johnny B. Bradberry, "Written Testimony Before the US Senate Committee on Homeland Security and Governmental Affairs". 2006년 1월 31일, 4.

운전자들은 (…) 차를 멈췄고: "Mass Evacuations: Using Multiple Contraflow Loading Points". US Department of Homeland Security, Lessons Learned.

블랑코는 (…) 지시했다: Bradberry, "Written Testimony". 8, 9.

교통 흐름은 (…) 훨씬 좋았다: 위와 동일 출처, 10.

120만 명이 넘는 사람들이 대피했다: 위와 동일 출처, 11.

285 우리는 수만 명의 생명을 구했다: Ivor van Heerden과의 인터뷰, 2019년 3월 12일, 00:30:05.

여러 차례의 추가 훈련을 계획: Beriwal, "Preparing for a Catastrophe".

여비를 마련할 수 없다면서: Christopher Cooper & Robert Block, 『Disaster: Hurricane Katrina』, 21.

620억 달러가 넘는 추가 지출: "FEMA Budget So Complex It Defies Consensus". Associated Press, 2005년 9월 24일, http://www.nbcnews.com/id/9460436/ns/us_news-katrina_the_long_road_back/t/fema-budget-so-complex-it-defies-consensus/#.XPV8RYhKhDE.

286 피싱 범죄: 《2019 Verizon Data Breach Investigations Report》, https://enterprise.verizon.com/resources/executivebriefs/2019-dbir-executive-brief.pdf.

노비포라는 업체: Don Ringelestein과의 인터뷰, 2019년 5월.

287 학생이 문제가 (…) 개설할 수 있다: 위와 출처 동일; "Education Technologies: Data Collec tion and Unsecured Systems Could Pose Risks to Students". Federal Bureau of Investigation, Public Service Announcement, 2018년 9월 13일, https://www.ic3.gov/media/2018/180913.aspx.

288 최근에는 평균 5퍼센트로 떨어졌다: Don Ringelestein과의 인터뷰, 2019년 5월, 그 후에 취한 연락 및 피싱 보안 시험 데이터.

291 취약한 세계의 가설: Nick Bostrom, "The Vulnerable World Hypothesis". 2018, https://nickbostrom.com/papers/vulnerable.pdf.

292 DNA '복제기'가 존재한다: Rob Stein, "DNA Printing, A Big Boon to Research, But Some Raise Concerns". NPR, 2015년 5월 7일, https://www.npr.org/sections/health-shots/2015/05/07/404460240/dna-printing-a-big-boon-to-research-but-some-raise-concerns.

우리는 아틀란티스가 맞은 운명을 기억한다: 《Y2K Family Survival Guide with Leonard Nimoy》, https://www.youtube.com/watch?v=EEhEQEG43RU.

293 스스로의 실현을 방해하는 예측이다: "Self-Defeating Prophecy". https://www.oxfordreference.com/view/10.1093/oi/authority.20110803100453214.

인류미래연구소를 설립한: Bostrom의 연구에 대해 자세히 알아보려면, 이 매력적인 프로필을 확인해보자: Raffi Khatchadourian, "The Doomsday Invention: Will Artificial Intelligence Bring Us Utopia or Destruction?". 《The New Yorker》, 2015년 11월 23일, https://www.newyorker.com/magazine/2015/11/23/doomsday-invention-artificial-intelligence-nick-bostrom.

『모두를 죽이려면 여기를 클릭하세요』: Bruce Schneier, 『Click Here to Kill Everybody: Security and Survival in a Hyper-connected World』 (New York: Norton, 2018).

294 달에서 온 병균에 감염될 위험: Michael Meltzer, 『When Biospheres Collide: A History of NASA's Planetary Protection Programs』 (US National Aeronautics and Space Administration, 2010), BiblioGov, 215.

당시는 (…) 훈련하던 때였다: 핵 낙진 대피소: Robert Klara, "Nuclear Fallout Shelters Were Never Going to Work". History, 2017년 10월 16일, 2018년 9월 1일에 업데이트, https://www.history.com/news/nuclear-fallout-shelters-were-never-going-to-work; 생물전: Joshua Lederberg, "The Infamous Black Death May Return to Haunt Us". 《Washington Post》, 1968년 8월 31일, https://www.nlm.nih.gov/hmd/lederberg/pdf/bbabtv.pdf; 쿠바 미사일 위기: "Cuban Missile Crisis". Wikipedia, https://en.wikipedia.org/wiki/Cuban_Missile_Crisis; 학교에서 핵전쟁 수칙 훈련: Sarah Pruitt, "How 'Duck-and-Cover' Drills Channeled America's Cold War Anxiety". 2019년 3월 26일, https://www.history.com/news/duck-cover-drills-cold-war-arms-race.

『안드로메다 스트레인』: Michael Crichton, 『The Andromeda Strain』 (New York: Centesis Corporation, 1969).

두 종류의 오염을 경고했다: Michael Meltzer, When Biospheres Collide, 18.

'후방 오염'은 (…) 행성의 오염이다: Erin Mahoney, "New Report Addresses Limiting Interplanetary Contamination During Human Missions". NASA, 2016년 11월 2일, 2017년 8월 6일에 업데이트, https://www.nasa.gov/feature/new-report-addresses-limiting-interplanetary-contamination-during-human-missions.

295 레더버그가 '외계 생물학'이라고 이름 붙인: Michael Meltzer, 『When Biospheres Collide』, 32.

외계 생물학은 (…) 지대한 영향을 미쳤다: Caleb Scharf, "How the Cold War Created Astrobiology: Life, Death and Sputnik". 《Nautilus》, 2016년 1월 21일, http://nautil.us/issue/32/space/how-the-cold-war-created-astrobiology-rp.

행성보호 책임자: https://sma.nasa.gov/sma-disciplines/planetary-protection.

296 이 직책은 지금도 존재한다: Catharine Conley와의 인터뷰, 2019년 5월.

12장. 업스트림으로 나아가는 이들을 위한 마지막 조언

297 트리샤 디알의 남편 저스틴은: 별도의 언급이 없는 한, 대디 돌 이야기의 출처는 2019년 1월과 7월에 진행된 Tricia Dyal과의 인터뷰, 2019년 1월에 있었던 Elena Grace Dyal과의 인터뷰, 그리고 다음 기사다: Noelle McGee, "Ex-Danville Woman's Toys Bring Comfort to Military Children". 《(Champaign, IL) News-Gazette》, 2007년 12월 2일, https://www.news-gazette.com/news/ex-danville-womans-toys-bring-comfort-to-military-children/article_89ace243-46da-51a9-a52a-e6e295b28902.html.

299 1천 개가 넘는 대디 돌을: Stephanie Heinatz, "Dolls Help Children of Deployed Parents". 《Chicago Tribune》, 2001년 9월 12일, https://www.chicagotribune.com/news/ct-xpm-2006-09-12-0609120147-story.html.

허그 히어로 인형: 회사 웹사이트, https://daddydolls.com/HugAHero.

300 아이들에게 영향을 미친다: Liz Byrne과의 인터뷰, 2019년 1월.

우주생물학의 창시자인 조슈아 레더버그는: Caleb Scharf, "How the Cold War Created Astrobiology". 《Nautilus》, 2016년 1월 21일, http://nautil.us/issue/32/space/how-the-cold-war-created-astrobiology-rp.

301 테니스 코치인 제이크 스탭은: Pagan Kennedy, 『Inventology: How We Dream Up Things That Change the World』 (New York: Houghton Mifflin Harcourt, 2016), 서문, ix.x.

302 결혼한 지 25년이 지나자: Steve Sosland가 2018년 12월에 보낸 설문조사 응답지와 그 후에 주고받은 이메일.

304 행동은 서두르고 결과는 인내하라: Maureen Bisognano와의 인터뷰, 2019년 7월.

샐리 헌든 같은 활동가가 생각난다: 노스캐롤라이나의 Project ASSIST에 관한 이야기는 몇 년 전에 형과 함께 쓴 칼럼을 각색한 것이다. Chip Heath & Dan Heath, "Why True Grit Matters in the Face of Adversity". 《Fast Company》, 2011년 3월, https://

www.fastcompany.com/1722712/why-true-grit-matters-face-adversity.

20퍼센트를 흡연 공간으로 의무화하는 법안: North Carolina General Statute 367 (1993), North Carolina General Assembly, https://www.ncleg.net/Sessions/1993/Bills/House/PDF/H957v5.pdf, 2.

310 연방정부는 (…) 규칙을 갖고 있었다: Patrick Conway와의 인터뷰, 2019년 8월; CMMI 웹사이트에도 설명되어 있다, https://innovation.cms.gov/about/.

당뇨병 예방 프로그램의 결과를 추적하며: 별도의 언급이 없는 한, 이 작업과 관련된 이야기는 2019년 4월에 있었던 Darshak Sanghavi와의 인터뷰, 2019년 8월에 한 Patrick Conway와의 인터뷰, 그리고 Sanghavi가 프레젠테이션에서 들려준 이야기를 바탕으로 한다: Darshak Sanghavi, "Quality Talks 2018". YouTube. https://www.youtube.com/watch?v=-LYWUqc2mSc, 2018년 11월 8일.

311 두 가지 과제 (…) 해야 했다: Research Behind the National DPP, Centers for Disease Control and Prevention, https://www.cdc.gov/diabetes/prevention/research-behind-ndpp.htm, 2019년 10월 9일에 접속.

제2형 당뇨병에 걸릴 확률이 대조군보다 3분의 1 정도 낮고: 위와 출처 동일.

312 CMS 최고 책임자는 (…) 편지를 한 통 받았다: 익명의 보험계리인, "Subject: Ethical Concerns in Using Lifetime Costs for Scoring Proposals". CMS 최고 책임자에게 보내는 공식 서신, 2015년 12월 15일.

314 이 보험 계리사의 (…) 추가됐다: Paul Spitalnic, "Certification of Medicare Diabetes Prevention Program". Office of the Actuary, CMS, 2016년 3월 14일.

네가 처음 왔을 때보다 이 세상을 조금 더 나은 곳으로 만들어놓고 떠나라: Robert Baden-Powell, Introduction, Scouts.org, https://www.scout.org/node/19215?language=en.

NOTE

업스트림
Upstream

옮긴이 **박선령**

세종대학교 영어영문학과를 졸업하고 MBC 방송문화원 영상번역과정을 수료했다. 현재 출판번역 에이전시 베네트랜스에서 전속 번역가로 활동 중이다. 옮긴 책으로는 『타이탄의 도구들』 『지금 하지 않으면 언제 하겠는가』 『북유럽 신화』 『우리는 달에 가기로 했다』 등이 있다.

업스트림

초판 1쇄 발행 2021년 7월 2일
초판 6쇄 발행 2024년 1월 29일

지은이 댄 히스 **옮긴이** 박선령

발행인 이봉주 **단행본사업본부장** 신동해
편집장 김예원 **표지 디자인** 오필민 **본문 디자인** 데시그 호예원
마케팅 최혜진 백미숙 **홍보** 반여진 허지호 정지연 송임선
국제업무 김은정 김지민 **제작** 정석훈

브랜드 웅진지식하우스
주소 경기도 파주시 회동길 20
문의전화 031-956-7362(편집) 031-956-7129(마케팅)
홈페이지 www.wjbooks.co.kr
인스타그램 www.instagram.com/woongjin_readers
페이스북 www.facebook.com/woongjinreaders
블로그 blog.naver.com/wj_booking

발행처 ㈜웅진씽크빅
출판신고 1980년 3월 29일 제406-2007-000046호

ISBN 978-89-01-25168-4 03320

* 웅진지식하우스는 ㈜웅진씽크빅 단행본사업본부의 브랜드입니다.

* 책값은 뒤표지에 있습니다.
* 잘못된 책은 구입하신 곳에서 바꾸어드립니다.